Basic Grooming

NCS 학습을 기반으로 한

반려동물(애완동물) 기본 미용

강수민 · 이현경 · 강효민 · 권혜영
이호형 · 유태순 · 서영교 · 엄규리 · 박진수

메디시인

머리말

오늘날 우리나라에서 기르는 반려동물은 2017년 2만에서 2022년 2월 현재 1500만 마리를 육박하고 있으며, 우리나라 전체 가구의 29.7%인 604만 가구가 반려동물과 함께 생활하고 있습니다.

이처럼 급격하게 늘어난 원인으로, 전문가들은 1인 가구의 증가와 노령화, 가족 세대 간의 대화 등 소통 부족에 있다고 지적하고 있으며, 반려동물과의 생활을 통해 사회적 고립에서 벗어나 외롭고 무료한 환경에서 삶의 위안을 삼을 수 있을 것이라는 분석을 발표하였습니다.

동물 관련 TV 프로그램으로 '동물의 왕국' 등 제한적이었던 과거와는 달리, 요즈음에는 지상파, 종합편성 등 여러 TV 채널에서 반려동물 관련 프로그램을 경쟁적으로 방송하면서 시청자들로부터 호응과 인기를 얻고 있습니다.

이와 더불어 반려동물 용품은 물론, 의료 · 식품 등 관련 산업 또한 큰 성장세를 보이고 있어서 2027년에는 그 시장규모가 6조원에 이를 것이라는 전망입니다.

이러한 사회 변화는 반려동물을 가족으로의 인식이 전환되면서 동물보호, 나아가 동물의 복지와 안전에 대한 국민 인식이 바뀌어 성숙된 반려동물 문화가 정착되어가고 있습니다.

이 책은 반려동물의 건강은 물론, 미용을 국가직무능력표준(NCS, National Competency Standards)에 따라 기본미용 (Basic Grooming), 피부와 피모의 이해, 목욕(Bathing), 귀 및 발톱 관리, 그리고 기본적인 그루밍 실습 등을 체계적으로 다루었습니다.

우리나라에서는 이와 같이 반려동물의 건강과 미용을 체계적으로 다룬 교재가 부족한 실정에 비추어 전문가나 입문하고자 하는 학생뿐만 아니라 반려동물 가족들에게도 도움이 될 것을 기대합니다.

끝으로 미지의 분야를 개척하시는 여러 전문가들의 조언과 독자들의 성원을 바라오며, 출판을 위해 음지에서 힘을 보태주신 여러분들과 (주)메디시언 임직원 여러분들께 심심한 감사를 드립니다.

임인년 새 봄에

필자 대표

차례

Contents

차례

Contents

Chapter 5. 귀 관리와 발톱관리

Chapter 6. 베이직 그루밍

차례

Chapter 1

NCS 2 수준 베이직 그루밍의 이해

1. 교과목 PROFILE
2. NCS 기반 강의 계획서
3. 주차별 강의계획서

Chapter 1

NCS 2 수준 베이직 그루밍의 이해

1. 교과목 PROFILE

대분류	중분류	소분류	세분류
농림 · 어업	축산	축산자원개발	애완동물미용
능력단위 수준	2수준		
학습모듈 명칭	애완동물 목욕 〈2402010604_15v1〉_2수준 애완동물 기본미용 〈2402010605_15v1〉_2수준		
교과목표	1. 애완동물 목욕이란 애완동물 피모의 건강을 위하여 대상에 맞는 미용도구를 활용하여 브러시, 샴푸, 린스, 드라이 작업을 수행하는 능력이다. 2. 애완동물 기본미용이란 애완동물의 건강과 청결함을 유지하기 위하여 미용도구 활용법을 파악하여 발톱과 귀를 관리하고, 기본 클리핑, 기초 시저링을 하는 능력이다.		

능력단위 명칭〈코드〉	단원명 (능력단위 요소명)	교과내용
애완동물 목욕 2402010604_15v1	브러시 작업하기 〈2402010604_15v1.1〉	1.1 목욕과 드라이를 수월하게 하기 위해 애완동물 모질에 맞는 빗의 종류를 선택할 수 있다. 1.2 그루밍 매뉴얼을 활용하여 애완동물 모질에 맞는 브러싱 방법을 실시할 수 있다. 1.3 피부의 손상을 방지하기 위해 피부 면과 각도를 조절하면서 브러시 작업을 실시할 수 있다. 1.4 피부의 손상을 방지하기 위해 빗질의 강도를 조절하면서 브러시 작업을 실시할 수 있다.
	샴푸하기 〈2402010604_15v1.2〉	2.1 애완동물 피모의 오염도와 상태를 파악하여 샴푸의 종류를 선택할 수 있다. 2.2 피모의 특성에 따라 샴푸 방법을 선택할 수 있다. 2.3 애완동물의 상해를 방지하기 위해 물의 온도와 수압을 조절할 수 있다. 2.4 애완동물의 전신에 물을 적신 후 항문낭 액을 배출시킬 수 있다. 2.5 애완동물의 호흡기에 물이 들어가지 않도록 주의하여 샴푸를 할 수 있다. 2.6 샤푸의 자여물이 남아 있지 않도록 피모를 깨끗하게 헹구어 줄 수 있다.
	린스하기 〈2402010604_15v1.3〉	3.1 애완동물의 피모 상태를 파악하여 린스의 종류를 선택할 수 있다. 3.2 샴푸 사용으로 인한 알칼리성 잔여물 제거를 위해 린스를 실시할 수 있다. 3.3 정전기와 엉킴 방지를 위해 린스를 실시할 수 있다. 3.4 피모의 상태에 따라 린스의 적용 시간과 양을 조절할 수 있다. 3.5 린스의 잔여물이 남아 있지 않도록 피모를 깨끗하게 헹구어 줄 수 있다.
	드라이하기 〈2402010604_15v1.4〉	4.1 드라이어 작업 전 수분 제거를 위해 타월링을 할 수 있다. 4.2 애완동물 모질의 특성에 따라 드라이어 종류를 선택, 드라이 방법을 결정할 수 있다. 4.3 애완동물 상태를 고려하여 신체 대상 부위의 순서에 따라 드라이를 실시할 수 있다. 4.4 화상과 찰과상 방지를 위해 온도와 빗질을 조절하여 드라이를 실시할 수 있다. 4.5 시저링 작업의 용이함을 위해 웨이브 코트가 남아 있지 않도록 드라이어 풍향과 브러시 각도를 조절하여 드라이를 실시할 수 있다. 4.6 수분이 남아 있지 않도록 피모를 건조시킬 수 있다. 4.7 애완동물 모질 상태 점검을 위해 마무리 빗질을 실시할 수 있다.

능력단위 명칭〈코드〉	단원명 (능력단위 요소명)	교과내용
애완동물 기본미용 〈2402010605_ 15v1〉	미용도구 활용법 파악하기 〈2402010605_ 15v1.1〉	1.1 애완동물 미용 작업을 위해 빗의 종류와 모질에 따른 빗 사용 방법을 파악할 수 있다. 1.2 애완동물 미용 작업을 위해 귀 청소 도구의 사용 방법을 파악할 수 있다. 1.3 애완동물 미용 작업을 위해 발톱 깎기 사용 방법을 파악할 수 있다. 1.4 애완동물 미용 작업을 위해 클리퍼(Clipper) 사용 방법을 파악하고 클리퍼 날을 장착하고 탈착할 수 있다. 1.5 애완동물 미용 작업을 위해 클리퍼 날의 사이즈와 종류에 따른 적용 부위와 사용 방법을 파악할 수 있다. 1.6 애완동물 미용 작업을 위해 가위의 사용 방법을 파악할 수 있다.
	발톱 관리하기 〈2402010605_ 15v1.2〉	2.1 애완동물의 특성에 따라 발톱 길이를 조절하여 발톱 깎기를 수행할 수 있다. 2.2 애완동물의 생활환경에 맞는 발톱 길이를 결정하여 발톱 깎기를 수행할 수 있다. 2.3 애완동물 몸의 구조 변형과 파행 방지를 위해 발톱 깎기를 수행할 수 있다. 2.4 발톱 깎기 작업 후 애완동물의 특성과 생활환경에 따라 발톱 갈기를 수행 할수 있다. 2.5 발톱의 출혈이 있을 경우 지혈제를 이용하여 지혈을 시킬 수 있다.
	귀 관리하기 〈2402010605_ 15v1.3〉	3.1 애완동물을 보정한 후 귀의 구조를 파악하고 겸자를 이용하여 상처가 나지 않도록 귀 청소 작업을 할 수 있다. 3.2 귀 청결 관리를 위해 이어 파우더와 겸자를 이용하여 귀 안쪽의 털을 제거할 수 있다. 3.3 귀 이물질을 용해하기 위해 이어 클리너를 이용하여 귀 마사지를 할 수 있다. 3.4 귀 안의 이물질을 용해한 후 겸자와 탈지면을 이용하여 이물질을 제거하고 건조시킬 수 있다.
	기본 클리핑하기 〈2402010605_ 15v1.4〉	4.1 애완동물을 바른 자세로 보정한 후 클리퍼 날의 면과 피부 면을 평행하게 유지할 수 있다. 4.2 클리퍼 사용 매뉴얼을 활용하여 발에 상처를 입히지 않도록 주의하며 클리퍼로 발바닥 사이의 털을 제거할 수 있다. 4.3 클리퍼 사용 매뉴얼을 활용하여 상처를 입히지 않도록 주의하며 애완동물 종류와 성별에 맞게 클리퍼로 복부 털을 제거할 수 있다. 4.4 클리퍼 사용 매뉴얼을 활용하여 상처를 입히지 않도록 주의하며 클리퍼로 항문과 생식기 주변의 털을 제거할 수 있다. 4.5 클리퍼 사용 매뉴얼을 활용하여 고객의 요구와 미용법에 맞게 클리퍼로 발등의 털을 제거할 수 있다. 4.6 클리퍼 사용 매뉴얼을 활용하여 고객의 요구와 미용법에 맞게 주둥이의 털을 제거할 수 있다.

	기초 시저링하기 〈2402010605_15v1.5〉	5.1 애완동물을 바른 자세로 보정한 후 가위를 안정적으로 잡을 수 있다. 5.2 시저링 매뉴얼을 활용하여 모근부터 빗질하여 해당 부위 털을 세울 수 있다. 5.3 시저링 매뉴얼을 활용하여 안정적인 가위 사용으로 눈 주변의 털을 커트할 수 있다. 5.4 시저링 매뉴얼을 활용하여 가위로 항문과 생식기 주변의 털을 커트할 수 있다. 5.5 시저링 매뉴얼을 활용하여 가위로 복부의 털을 커트할 수 있다. 5.6 시저링 매뉴얼을 활용하여 가위로 발 주변의 털을 커트할 수 있다. 5.7 커트 작업 후 애완동물에 남은 털과 잔여물을 정리할 수 있다.

2. NCS 기반 강의계획서

<table>
<tr><td>능력단위명
〈코드〉</td><td colspan="3">애완동물 목욕 〈2402010604_15v1〉_2수준
애완동물 기본미용 〈2402010605_15v1〉_2수준</td></tr>
<tr><td rowspan="2">이수구분</td><td>이수시간</td><td>학점</td><td>학년/학기</td></tr>
<tr><td></td><td>3학점</td><td></td></tr>
<tr><td>강의실</td><td></td><td>요일</td><td></td></tr>
<tr><td>담당교수</td><td>(인)</td><td>연구실</td><td></td></tr>
<tr><td>연락처</td><td></td><td>E-mail</td><td></td></tr>
<tr><td>학습환경</td><td>실습강의실</td><td>학습자료</td><td>교재</td></tr>
<tr><td>인력양성
유형</td><td>목욕관리사</td><td>관련자격증</td><td></td></tr>
<tr><td>교과목표</td><td colspan="3">1. 애완동물 목욕이란 애완동물 피모의 건강을 위하여 대상에 맞는 미용도구를 활용하여 브러시, 샴푸, 린스, 드라이 작업을 수행하는 능력이다.
2. 애완동물 기본미용이란 애완동물의 건강과 청결함을 유지하기 위하여 미용도구 활용법을 파악하여 발톱과 귀를 관리하고, 기본 클리핑, 기초 시저링을 하는 능력을 함양</td></tr>
<tr><td>실습장비 및
재료</td><td colspan="3">• 견체모형(선택)* • 미용도구세트 • 온수기 • 애완동물(선택)* • 지혈제
• 애완동물 샤워장비 • 물림방지 도구 • 이어파우더 • 타월 • 스탠드 드라이기
• 이어클리너 • 샴푸 • 테이블 고정 암(arm) • 소독제 • 린스 • 미용 테이블
• 위그 • 냉각제</td></tr>
<tr><td>교재 및
참고도서</td><td colspan="3"><table>
<tr><td>구분</td><td>교재명</td><td>저자</td><td>출판사</td><td>출판년도</td></tr>
<tr><td>주 교재</td><td></td><td></td><td>메디시언</td><td>2022</td></tr>
<tr><td>참고도서</td><td colspan="4"></td></tr>
</table></td></tr>
<tr><td>수업진행
방식</td><td colspan="3"><table>
<tr><td>이론강의</td><td>실습</td><td>발표</td><td>토론</td><td>팀 프로젝트</td><td>현장견학</td><td>코 · 티칭 등 기타</td></tr>
<tr><td>√</td><td>√</td><td></td><td></td><td></td><td></td><td></td></tr>
</table></td></tr>
<tr><td>평가방법</td><td colspan="3"><table>
<tr><td>A</td><td>B</td><td>C</td><td>D</td><td>E</td><td>F</td><td>G</td><td>H</td><td>I</td><td>J</td><td>K</td><td>L</td><td>M</td><td>출석</td><td>계(%)</td></tr>
<tr><td>√</td><td></td><td>√</td><td></td><td></td><td></td><td>√</td><td>√</td><td></td><td></td><td></td><td>√</td><td></td><td></td><td></td></tr>
<tr><td colspan="15">A. 포트폴리오 B. 문제해결시나리오 C. 서술형시험 D.논술형시험, E. 사례연구 F.평가자 질문 G.평가자체크리스트 H. 피평가자체크리스트 I. 일지/저널 J. 역할연기 K. 구두발표 L. 작업장평가 H. 기타</td></tr>
</table></td></tr>
</table>

능력단위 명칭〈코드〉	단원명 (능력단위 요소명)	수행준거 (평가내용)
애완동물 목욕 2402010604_15v1	브러시 작업하기 〈2402010604_15v1.1〉	1.1 목욕과 드라이를 수월하게 하기 위해 애완동물 모질에 맞는 빗의 종류를 선택할 수 있다. 1.2 그루밍 매뉴얼을 활용하여 애완동물 모질에 맞는 브러싱 방법을 실시할 수 있다. 1.3 피부의 손상을 방지하기 위해 피부 면과 각도를 조절하면서 브러시 작업을 실시할 수 있다. 1.4 피부의 손상을 방지하기 위해 빗질의 강도를 조절하면서 브러시 작업을 실시할 수 있다.
	샴푸하기 〈2402010604_15v1.2〉	2.1 애완동물 피모의 오염도와 상태를 파악하여 샴푸의 종류를 선택할 수 있다. 2.2 피모의 특성에 따라 샴푸 방법을 선택할 수 있다. 2.3 애완동물의 상해를 방지하기 위해 물의 온도와 수압을 조절할 수 있다. 2.4 애완동물의 전신에 물을 적신 후 항문낭 액을 배출시킬 수 있다. 2.5 애완동물의 호흡기에 물이 들어가지 않도록 주의하여 샴푸를 할 수 있다. 2.6 샴푸의 잔여물이 남아 있지 않도록 피모를 깨끗하게 헹구어 줄 수 있다.
	린스하기 〈2402010604_15v1.3〉	3.1 애완동물의 피모 상태를 파악하여 린스의 종류를 선택할 수 있다. 3.2 샴푸 사용으로 인한 알칼리성 잔여물 제거를 위해 린스를 실시할 수 있다. 3.3 정전기와 엉킴 방지를 위해 린스를 실시할 수 있다. 3.4 피모의 상태에 따라 린스의 적용 시간과 양을 조절할 수 있다. 3.5 린스의 잔여물이 남아 있지 않도록 피모를 깨끗하게 헹구어 줄 수 있다.
	드라이하기 〈2402010604_15v1.4〉	4.1 드라이어 작업 전 수분 제거를 위해 타월링을 할 수 있다. 4.2 애완동물 모질의 특성에 따라 드라이어 종류를 선택, 드라이 방법을 결정할 수 있다. 4.3 애완동물 상태를 고려하여 신체 대상 부위의 순서에 따라 드라이를 실시할 수 있다. 4.4 화상과 찰과상 방지를 위해 온도와 빗질을 조절하여 드라이를 실시할 수 있다. 4.5 시저링 작업의 용이함을 위해 웨이브 코트가 남아 있지 않도록 드라이어 풍향과 브러시 각도를 조절하여 드라이를 실시할 수 있다. 4.6 수분이 남아 있지 않도록 피모를 건조시킬 수 있다. 4.7 애완동물 모질 상태 점검을 위해 마무리 빗질을 실시할 수 있다.

능력단위 명칭〈코드〉	단원명 (능력단위 요소명)	수행준거 (평가내용)
애완동물 기본미용 〈2402010605_15v1〉	미용도구 활용법 파악하기 〈2402010605_15v1.1〉	1.1 애완동물 미용 작업을 위해 빗의 종류와 모질에 따른 빗 사용 방법을 파악할 수 있다. 1.2 애완동물 미용 작업을 위해 귀 청소 도구의 사용 방법을 파악할 수 있다. 1.3 애완동물 미용 작업을 위해 발톱깎기 사용 방법을 파악할 수 있다. 1.4 애완동물 미용 작업을 위해 클리퍼(Clipper) 사용 방법을 파악하고 클리퍼 날을 장착하고 탈착할 수 있다. 1.5 애완동물 미용 작업을 위해 클리퍼 날의 사이즈와 종류에 따른 적용 부위와 사용방법을 파악할 수 있다. 1.6 애완동물 미용 작업을 위해 가위의 사용 방법을 파악할 수 있다.
	발톱 관리하기 〈2402010605_15v1.2〉	2.1 애완동물의 특성에 따라 발톱 길이를 조절하여 발톱깎기를 수행할 수 있다. 2.2 애완동물의 생활환경에 맞는 발톱 길이를 결정하여 발톱깎기를 수행할 수 있다. 2.3 애완동물 몸의 구조 변형과 파행 방지를 위해 발톱깎기를 수행할 수 있다. 2.4 발톱 깎기 작업 후 애완동물의 특성과 생활환경에 따라 발톱 갈기를 수행할 수 있다. 2.5 발톱의 출혈이 있을 경우 지혈제를 이용하여 지혈을 시킬 수 있다.
	귀 관리하기 〈2402010605_15v1.3〉	3.1 애완동물을 보정한 후 귀의 구조를 파악하고 겸자를 이용하여 상처가 나지 않도록 귀 청소 작업을 할 수 있다. 3.2 귀 청결 관리를 위해 이어 파우더와 겸자를 이용하여 귀 안쪽의 털을 제거할 수 있다. 3.3 귀 이물질을 용해하기 위해 이어 클리너를 이용하여 귀 마사지를 할 수 있다. 3.4 귀 안의 이물질을 용해한 후 겸자와 탈지면을 이용하여 이물질을 제거하고 건조시킬 수 있다.
	기본 클리핑하기 〈2402010605_15v1.4〉	4.1 애완동물을 바른 자세로 보정한 후 클리퍼 날의 면과 피부 면을 평행하게 유지할 수 있다. 4.2 클리퍼 사용 매뉴얼을 활용하여 발에 상처를 입히지 않도록 주의하며 클리퍼로 발바닥 사이의 털을 제거할 수 있다. 4.3 클리퍼 사용 매뉴얼을 활용하여 상처를 입히지 않도록 주의하며 애완동물 종류와 성별에 맞게 클리퍼로 복부 털을 제거할 수 있다. 4.4 클리퍼 사용 매뉴얼을 활용하여 상처를 입히지 않도록 주의하며 클리퍼로 항문과 생식기 주변의 털을 제거할 수 있다. 4.5 클리퍼 사용 매뉴얼을 활용하여 고객의 요구와 미용법에 맞게 클리퍼로 발등의 털을 제거할 수 있다. 4.6 클리퍼 사용 매뉴얼을 활용하여 고객의 요구와 미용법에 맞게 주둥이의 털을 제거할 수 있다.

	기초 시저링하기〈2402010605_15v1.5〉	5.1 애완동물을 바른 자세로 보정한 후 가위를 안정적으로 잡을 수 있다. 5.2 시저링 매뉴얼을 활용하여 모근부터 빗질하여 해당 부위 털을 세울 수 있다. 5.3 시저링 매뉴얼을 활용하여 안정적인 가위 사용으로 눈 주변의 털을 커트할 수 있다. 5.4 시저링 매뉴얼을 활용하여 가위로 항문과 생식기 주변의 털을 커트할 수 있다. 5.5 시저링 매뉴얼을 활용하여 가위로 복부의 털을 커트할 수 있다. 5.6 시저링 매뉴얼을 활용하여 가위로 발 주변의 털을 커트할 수 있다. 5.7 커트 작업 후 애완동물에 남은 털과 잔여물을 정리할 수 있다.

능력단위 명칭〈코드〉	관련 지식(K), 기술(S), 태도(A)	
애완동물 목욕 2402010604_15v1	지식(K)	• 드라이 방법 • 드라이어의 종류 • 린스의 종류 • 린싱 방법에 대한 지식 • 모질의 특성 • 브러시 사용 방법 • 샴푸 방법 • 샴푸의 종류 • 신체 대상 부위에 대한 드라이 순서 • 애완동물 몸의 구조 • 애완동물 행동 특성 • 콤 사용 방법 • 피부의 상태 • 피부의 상태 지식
	기술(S)	• 드라이어 사용 기술 • 린싱 기술 • 브러시 사용 기술 • 빗 사용 기술 • 샴핑 기술 • 애완동물 다루는 기술 • 애완동물 피모 상태 파악 능력 • 콤 사용 기술 • 항문낭 액 배출 기술
	태도(A)	• 고객 요청 수용 의지 • 고객 요청에 대한 적극적인 수용 의지 • 동물을 사랑하는 태도 • 드라이어 사용 매뉴얼 준수 노력 • 린스 제품 사용 매뉴얼 준수 노력 • 빗 청결 유지 노력 • 샴푸 제품 사용 매뉴얼 순수 노력 • 안전수칙 준수 의지 • 피모의 손상을 방지하려는 노력

능력단위 명칭〈코드〉	관련 지식(K), 기술(S), 태도(A)	
애완동물 기본미용 〈2402010605_15v1〉	지식(K)	• 가위의 종류 • 가위의 종류와 사용 방법 • 겸자 사용 지식 • 대상 부위에 따른 시저링 방법 • 대상 부위에 따른 클리핑 방법 • 발톱깎기 사용 방법 • 발톱깎기 사용 지식 • 발톱갈이 사용 지식 • 빗의 종류와 사용 방법 • 시저링 부위별 애완동물 보정 지식 • 안정적인 가위 사용 방법 • 애완동물 귀의 구조 • 애완동물 발톱의 구조 • 애완동물 보정 지식 • 애완동물 상해 시 대응 지식 • 애완동물 생활환경에 따른 발톱 관리 지식 • 애완동물 종에 따른 발톱 관리 지식 • 애완동물 종에 따른 보정 지식 • 이어 클리너 사용 지식 • 이어 파우더 사용 지식 • 이어 파우더, 이어 클리너, 겸자 사용 방법 • 작업복과 작업용 신발 관리 방법 • 지혈제 사용 방법 • 지혈제 사용 지식 • 클리퍼 날 사이즈에 따른 사용 방법 • 클리퍼 날 사이즈의 종류 • 클리퍼 사용 방법 • 클리퍼의 종류와 사용 방법
	기술(S)	• 가위 사용 기술 • 겸자 사용 기술 • 귀 이물질 용해 제거 기술 • 귀 청소 도구 사용 기술 • 도구 관리 기술 • 도구 소독 기술 • 미용 테이블 운용 기술 • 발톱깎기 사용 기술 • 발톱갈이 사용 기술 • 빗 사용 기술 • 애완동물 보정 기술 • 애완동물 미용 테이블 운용 기술 • 이어 클리너 · 이어 파우더 활용 능력 • 작업자의 손과 작업복 및 작업화 관리 기술 • 지혈제 사용 능력 • 클리퍼 사용 기술 • 클리퍼, 클리퍼 날 소독 및 관리 기술

	태도(A)	• 고객의 요청에 대해 적극적으로 대응하고 수용하는 태도 • 도구 안전 사용 방법 준수 • 도구를 청결하고 위생적으로 사용하려는 노력 • 애완동물과 작업자 안전사항 준수 • 애완동물과 작업자의 상해 발생 방지 노력 • 애완동물과 작업자의 상해에 주의하려는 의지 • 애완동물을 배려하는 태도 • 작업자의 개인 위생관리에 대한 노력

3. 주차별 강의계획서

주차	학습내용 (단원명)		수업(수행)목표	수업 방식	수업매체 및 자료	평가
1	피부와 피모		• 피모의 특징을 이해할 수 있다. • 털의 기능을 파악하고 털의 주기에 대해 이해할 수 있다. • 형태적인 피모의 특징을 파악할 수 있다.	강의	교재	
2	브러싱		• 브러싱의 효과와 특징을 이해할 수 있다. • 브러싱의 순서와 주의 사항을 파악할 수 있다. • 종류별 브러시의 종류를 파악하고 활용할 수 있다. • 코밍으로 점검할 수 있다.	강의, 실습	교재	
3	베이싱 실습	샴핑	• 샴핑의 목적과 샴푸의 특징과 기능을 파악할 수 있다. • 항문낭의 관리를 할 수 있다. • 샴푸의 종류와 샴푸 작업의 주의 사항을 파악하고 작업을 할 수 있다.	강의, 실습	교재	
4		린싱	• 린스의 목적을 파악할 수 있다. • 린스의 기능과 종류를 파악하고 활용할 수 있다. • 린스 작업의 주의 사항을 파악하고 린싱을 할 수 있다.	강의, 실습	교재	1차
5		드라잉	• 드라이 작업의 목적을 파악하고 여러 가지 드라이 방법을 파악할 수 있다. • 드라이의 활용 방법을 파악할 수 있다. • 주의 사항을 파악하고 드라이 작업을 할 수 있다.	강의, 실습	교재	
6		양치질과 베이싱 마무리	• 반려견의 양치질 방법을 파악하고 작업을 할 수 있다. • 반려견의 베이싱 마무리 작업을 할 수 있다.	강의, 실습	교재	

7		어린 반려견 베이싱	• 어린 반려견의 샴푸와 린스를 할 수 있다. • 어린 반려견의 드라이와 마무리를 할 수 있다. • 워터리스 샴핑과 목적을 파악할 수 있다. • 워터리스 샴핑을 할 수 있다.	강의, 실습	교재	
8		아로마 스파	• 아로마 목욕을 파악하고 이해할 수 있다. • 아로마 버블 스파의 작업을 할 수 있다. • 아로마 탄산 스파의 작업을 할 수 있다.	강의, 실습	교재	2차 (서술형)
9	미용도구활용	콤과 가위	• 애완동물 미용 작업을 위해 빗의 종류와 모질에 따른 빗 사용 방법을 파악할 수 있다. • 가위의 사용 방법을 파악할 수 있다.	강의, 실습	교재	
10		클리퍼 겸자 발톱깎이	• 클리퍼(Clipper) 사용 방법을 파악하고 클리퍼 날을 장착, 탈착과 클리퍼 날의 사이즈와 종류에 따른 적용 부위와 사용 방법을 파악할 수 있다. • 겸자 사용방법을 파악할 수 있다. • 발톱깎이 사용 방법을 파악할 수 있다.	강의, 실습	교재	
11	기본미용실습	귀 관리하기	• 귀의 구조를 이해할 수 있다. • 귀 관리 도구를 파악하고 사용할 수 있다. • 귀 관리를 할 수 있다.	강의, 실습	교재	
12		발톱 관리하기	• 니퍼형 발톱깎이로 발톱을 자를 수 있다. • 혈관이 보이는 발톱과 보이지 않는 발톱 관리를 할 수 있다. • 변형된 발톱의 종류를 파악할 수 있다. • 발톱 갈이를 사용할 수 있다.	강의, 실습	교재	
13		기본 클리핑	• 클리퍼 사용 범위를 이해하고 클리퍼 날의 면과 피부 면을 평행하게 유지할 수 있다. • 발바닥 클리핑을 할 수 있다. • 발등과 발가락 사이 클리핑을 할 수 있다. • 머즐 클리핑을 할 수 있다.	강의, 실습	교재	3차
14		기초 시저링	• 블런트 가위를 사용하여 푸들발의 풋라인을 시저링 할 수 있다. • 블런트 가위를 사용하여 동그란 발 미용스타일을 시저링 할 수 있다. • 눈 주변의 털을 시저링 할 수 있다.	강의, 실습	교재	
15		기본미용	• 기본미용에 대해 이해할 수 있다. • 기본미용 순서대로 작업을 할 수 있다. • 미용도구를 활용할 수 있다. • 반려동물을 보정할 수 있다.	강의, 실습	교재	4차

Chapter 2

피부와 피모의 이해

1st week

피부와 피모

학습내용(단원명)	수업 목표
피부와 피모의 종류 및 특징	• 피모의 특징을 이해할 수 있다. • 털의 기능을 파악할 수 있다. • 털의 주기에 대해 이해할 수 있다. • 형태적인 털의 특징을 파악할 수 있다.

1. 피부와 피모

1. 피부와 피모

반려동물의 피부와 털에 관한 지식을 브러시 작업을 위해 학습하고 털의 특징에 관한 정보를 습득한다. 개를 예로 든 모질과 피부의 기능과 특징은 다음과 같다.

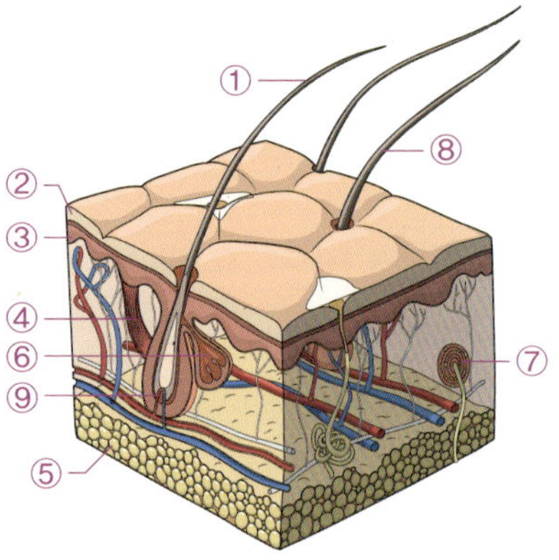

① 주모 [Primary(guard) hair]
② 표피 [Epidermis]
③ 진피 [Dermis]
④ 입모근 [Arrector pili]
⑤ 피하지방 [Subcutaneous fat]
⑥ 피지선 [Sebaceous gland]
⑦ 땀샘 [Sweat gland]
⑧ 부모 [Secondary hair(undercoat)]
⑨ 모낭 [Papilla]

피부의 명칭과 구조

주모 (primary hair)	오버코트- 뻣뻣하며 굵고 길다.
표피 (epidermis)	고양이와 개의 표피는 털 있는 부위가 얇고, 피부 외층 부분이다.
진피 (dermis)	혈관, 입모근, 신경, 임파관 등이 분포한다.
입모근 (arrector pilimuscle)	불수의근으로 공포와 추위를 느꼈을 때 털을 세우는 근육이다.
피하지방 (subcutaneous fat)	근육과 피부밑 사이에 분포하는 지방이다.
피지선 (sebaceous gland)	피부의 털이 난 부위에 분포하고 화학, 물리적 장벽을 형성하며, 피지는 페로몬 성분을 함유하고, 항균 작용을 한다.
땀샘 (sweat gland)	아포크린선(apocrine gland)은 관 형태 또는 꼬인 낭(주머니) 형태로 모든 털이 나 있는 피부에 분포한다. 분포하지 않는 곳은 비경이다. 항균, 페로몬 성분이 있으며, 발 볼록살에서만 에크린한선(eccrine sweat gland)이 보인다. (Scott, Miller & Griffin, 1999).
부모 (secondary hair)	언더코트 – 짧은 털로 피부 보호와 보온 기능을 하며, 주모를 도와 바로 설 수 있게 한다.
모낭 (papilla)	주머니 모양의 구조물로 모근을 싸고 있으며, 털을 단단히 지지하고 보호 한다.

2. 피모의 기능

(1) 솜털(wool hair)

단열재의 역할을 하며 보호털보다 짧고 부드럽다.

(2) 보호털(guard hair)

두껍고 긴 털로 방수기능과 체온 유지를 하며 몸의 외형을 이룬다.

(3) 촉각털(tactile hair)

보호털보다 크고 두꺼우며 감각 정보를 수용하며 안면부에 집중돼 있다.

3. 피모의 주기(hair cycle)

털은 성장주기를 각각 다르게 갖는데 이를 털의 주기라고 한다. 털 주기를 각기 다르게 갖는 것을 모자이크 타입(mosaic type)이라 하며, 털의 주기가 전체 일치하는 것을 싱크로니스틱 타입(synchronistic type)이라 한다. 털은 광주기, 주위 온도, 영양, 전신 건강 상태, 호르몬, 유전자 등에 의해 제어된다.

고양이와 개는 모자이크 형태로 털갈이가 진행되는데, 이것은 이웃한 모낭이 일정 시기에 털 주기가 다른 단계에 있기 때문이다. 광주기에 주로 반응하며 주위 온도에 영향을 일부분 받는다. 온대 기후의 고양이와 개는 봄가을에 털이 현저하게 빠진다(Scott, Miller & Griffin, 1999).

몰티즈와 요크셔테리어는 가지고 있는 털 주기가 모자이크 타입이므로 털의 길이를 일정하게 유지하면서 털갈이가 진행되고, 싱크로니스틱 타입의 진돗개는 봄과 가을에 털갈이 진행이 된다. 또한 태아기에 형성되어 태어난 후 약 3개월령까지 있는 배냇 털이 빠지면서 털갈이로 새로운 성체의 털로 나게 되며, 암컷은 출산 후 호르몬의 변화로 인한 털갈이가 있다.

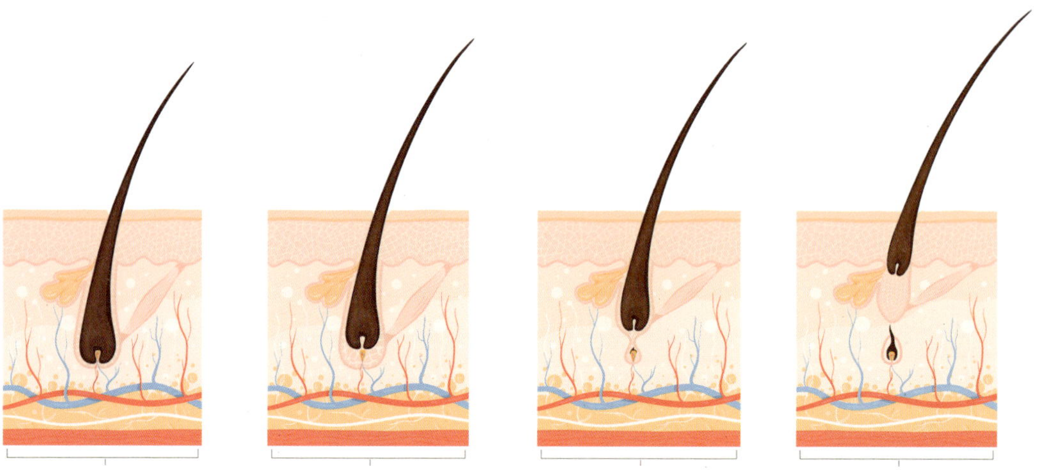

성장기 (Angen)
털이 자라는 시기

퇴행기 (Catagen)
성장을 멈추면서 휴지기로 가기 전의 단계

휴지기 (Telogen)
털이 성장을 완전히 멈추고 새로운 털이 올라오기 직전의 단계

교체기 (Exogen)
죽은 털이 빠져나오고 새로운 털이 자라서 올라오는 시기

모발의 성장주기

피모의 성장주기는 세포분열이 왕성한 성장기(anagen), 털 주머니의 끝부분이 피부의 표피 표면으로 올라가 곤봉 털을 이루게 되는 퇴행기(catagen), 성장이 멈추고 털 망울의 끝부분이 기름샘의 관 부위에 위치하게 되는 휴지기(telogen)로 나뉜다.

털의 성장주기에 영향을 주는 요소

털 성장주기에 영향을 미치는 호르몬은 성호르몬, 뇌하수체와 송과선 호르몬, 부신피질 호르몬, 갑상선 호르몬 등이 있다.

호르몬이 체내에서 불균형을 이루거나 제대로 분비되지 않는 경우 털이 자라는데 문제가 생길 수 있다.

4. 형태적인 피모의 특징

개의 경우, 털의 형태가 다양하며, 길이와 모량에 따라 단모, 장모, 털이 없는 종 등으로 나눈다. 또한 모질에 따라 실키 코트(silky coat), 스무스 코트(smooth coat), 와이어 코트(wire coat), 컬리 코트(curly coat) 등으로 나눈다.

(1) 길이와 모량에 따른 특징

① 단모

미세하고 거친 형태로 분류하며 거친 단모로는 많은 테리어종 등과 로트와일러(rottweiler)가 이러한 형태를 보인다. 피모는 부모가 무게가 적고 수가 적으며 약하게 성장 하며, 주모는 강하게 성장한다.

미세한 단모로는 미니어처핀셔(miniaturepinscher), 복서(boxer), 닥스훈트(Dachshund) 등으로 이 피모의 형태는 단위 면적당의 털 수가 가장 많다(Scott, Miller & Griffin, 1999).

② 장모

포메라니안(Pomeranian), 코커스패니얼(cocker spanial)등은 털의 단위 면적당 무게가 적고 미세하여 장모에 속한다. 케리블루테리어(kerry blue terrier), 베들링턴테리어, 푸들 등은 부모의 털의 수가 80%이고 전체의 무게 중 부모의 무게는 70%를 차지하며, 다른 부모와 비교할 때 털이 적게 빠지며 비교적 거칠다. (Scott, Miller & Griffin, 1999).

③ 털이 없는 종

털이 없는 종은 차이니스헤어리스(Chinese coatless), 멕시칸헤어리스(Maxican coatless)가 있으며 다리, 꼬리 등과 일부 머리에 털이 나 있다. 이 개체들은 털이 없어서 피부 보호막 형성을 위한 분비물이 피부에서 많다. 그러므로 주기적인 점검과 관리가 이루어져야 한다. 그렇지 않으면 피부질환의 발생과 피부 분비물의 산화로 좋지 않은 냄새가 날 수 있다. 또한 샴핑 후 영양공급과 보습으로 피부를 보호하기 위한 관리를 필요로 한다.

모량과 길이에 따른 품종

종 류	견 종
장모	• 포메라니안(Pomeranian) • 푸들(poodle) • 베들링턴테리어(Bedlington terrier) • 코커스패니얼(cocker spanial) • 케리블루테리어(kerry blue terrier) 등
단모	• 복서(Boxer), 닥스훈트(Dachshund) • 로트와일러(rottweiler) • 미니어처핀셔(miniaturepinscher) 등
헤어리스	• 차이니스헤어리스(Chinese coatless) • 멕시칸헤어리스(Maxican coatless) 등

(2) 모질의 종류별 특징

① 컬리 코트

곱슬거리는 털의 형태로 자주 빗질해 주어 엉키지 않도록 관리하는 것이 중요하다. 털 손질과 목욕 후에는 필요에 따라서 털을 가위로 커트해 주어야 한다. 견종으로는 베들링턴테리어(Bedlington terrier), 케리블루테리어(kerry blue terrier), 에어데일테리어(airedale terrier), 푸들(poodle) 등이 있다.

② 실키 코트

부드럽고 긴 털의 형태이며 브러싱할 때 피부의 관리에 주의해야 한다. 견종으로는 몰티즈(Maltese), 요크셔테리어(Yorkshire terrier), 실키테리어(silky terrier) 등이 있다.

③ 스무스 코트

짧고 부드러운 털을 가지고 있으며 부드러운 루버 브러시 등을 사용하여 관리한다. 브러싱으로 죽은 털을 제거하고 피부에 자극을 주어서 윤기 있고 건강하게 관리를 할 수 있다. 견종으로는 보스톤테리어(Boston terrier), 불독(bulldog), 치와와(Chihuahua), 퍼그(pug) 등이 있다.

④ 와이어 코트

두껍고 거친 형태로 관리방법은 털을 뽑아주는 것이다. 견종으로는 와이어헤어드 닥스훈트(wire haired Dachshund), 노리치테리어(Norwich terrier), 와이어헤어드폭스테리어(wire haired fox terrier) 등이 있다.

Chapter 3 베이싱

2주 브러싱
3주 샴푸하기
4주 린스하기
5주 드라이 하기
6주 베이싱 마무리
7주 어린 반려견 베이싱과 워터리스 샴핑
8주 아로마 스파

Chapter 3 베이싱

2nd week

브러싱

학습내용(단원명)	수업 목표
브러싱 하기 콤(comb) 사용하기	• 브러싱의 효과와 특징을 파악할 수 있다. • 브러싱의 순서와 주의 사항을 파악할 수 있다. • 종류별 브러시의 종류를 파악하고 활용할 수 있다. • 코밍으로 점검할 수 있다.

1. 브러싱

1. 브러싱

그루밍의 기본적인 작업은 브러싱이다. 브러싱 전에 반려견의 외부 구조와 피부에 관한 이해와 학습, 그리고 개체별 특성과 품종에 관한 정보의 습득은 작업자가 그루밍을 하는 과정에서 반드시 필요하다. 반려견의 털을 관리해 주지 않아서 너무 많이 엉켜 있으면 엉켜 있는 털을 푸는 작업이 필요하다. 그렇지만, 이 작업으로 인해 반려견이 스트레스와 고통을 받을 수 있다면 엉킨 털을 깎는 것이 좋다.

2. 브러싱의 효과

(1) 적당한 자극을 피부에 주어 혈액순환과 신진대사를 촉진하여 털의 건강함을 유지할 수 있다.

(2) 털 관리의 상태, 건강의 상태, 이물질과 기생충의 점검 등을 확인하고, 관리할 수 있다.

(3) 털갈이 시기인 반려견의 기본 관리이다.

(4) 작업자와 반려견의 사이에 익숙한 손길로 친숙함이 형성된다.

3. 목욕 전 브러싱 작업을 하는 이유

(1) 꼼꼼하게 빗질하지 않으면 외형은 잘 빗겨진 모습으로 보이지만 자세히 털의 안을 살펴보면 모근 주위에 엉킨 털이 남아 있거나 털의 서로 엉퀴어져 있다.

(2) 산책 시 반려견의 털에 붙어 온 씨앗과 풀, 음식 섭취로 인한 입 주변에 묻은 오물, 생식기 주변, 항문과 눈 등의 분비물이 엉킨 털과 목욕물에 뭉쳐 젖으면 더욱 단단한 털 상태가 되어 빗질이 어려워지고 드라이 시간이 길어져 작업자와 반려견이 함께 힘든 상황이 된다. 이를 예방하기 위해서 목욕 전에 반드시 브러싱으로 점검해야 한다.

(3) 브러싱 작업이 충분히 되어야 베이싱 작업을 원활하게 할 수 있다.

4. 브러싱 작업 순서

(1) 개체의 특성을 파악한다.

고객과 상담하여 반려견의 개체 특성을 파악하고 브러싱 작업에 들어가도록 한다. 개체의 사육 환경과 성격 등의 정보를 미리 알아 두면 교상의 위험과 반려견의 스트레스를 최소화할 수 있으며 브러싱 작업에 도움이 된다.

(2) 피모의 상태를 점검한다.

빗질로 피부와 털의 관리 상태와 질병 등을 점검할 수 있으며, 이에 따라 반려견의 상태에 대한 상담을 고객과 할 수 있다.

(3) 털의 끊김과 피부 손상에 주의하여 브러싱 한다.

엉킨 털을 풀어야 할 때 털이 잡아당겨져서 브러싱이 고통스럽지 않도록 강도를 조절하여 빗질한다. 털을 장모로 유지하고 있는 반려견에게 엉킴이 있는 경우 컨디셔너를 노포하여 털의 엉킴을 푸는 것에 도움을 주어 털이 손상되는 것을 최소화 해야 한다.

(4) 찰과상에 주의하면서 빗질한다.

눈 주변, 얼굴, 관절과 귀 등 돌출된 뼈가 있는 부위와 피부가 연약한 부위를 주의하여 빗질하며 목, 서혜부, 겨드랑이, 항문, 생식기 주변, 꼬리 등 움직임이 많아서 마찰 등으로 털의 엉킴이 생기는 부위를 확인하고 찰과상에 유의하며 브러싱한다.

(5) 콤으로 엉킨 부위 점검을 한다.

브러싱을 마무리하고 털의 흐름에 따라 콤으로 엉킨 부위가 없는지 코밍하여 마지막으로 점검한다.

(6) 브러싱 작업의 순서를 정한다.

빗질할 때 브러시를 사용하여 털이 난 방향과 털의 흐름에 맞게 순서대로 브러싱하면 빠진 부위 없이 꼼꼼하게 할 수 있다. 반려견의 컨디션에 따라 순서는 변경될 수 있다.

① 머리와 귀를 브러싱한다.
② 몸통과 사지를 브러싱한다.
③ 배와 엉덩이를 브러싱한다.
④ 꼬리를 브러싱한다.
⑤ 엉킨 부위가 남아 있는지 코밍하여 점검한다.
⑥ 점검 후에 엉킨 곳을 브러싱하여 풀어준다.

5. 브러싱 작업 주의 사항

(1) 반려동물의 머리, 관절, 안구, 피부 등 돌출된 부위 사용 시에는 찰과상에 주의한다.

(2) 피모의 손상에 주의해야 하고, 피부의 면과 강도, 각도를 조절하여 브러시를 사용한다.

(3) 반려동물의 찰과상 예방을 위해 정기적인 빗으로 파손 여부를 확인한다.

(4) 반려동물의 개체별 특징을 숙지한다.

(5) 반려동물의 건강 상태를 작업 중에 수시로 확인한다.

(6) 작업 장소는 통풍이 잘되고 청결해야 한다.

(7) 반려동물의 낙상과 도주 방지를 위한 테이블 고정 장치를 사용한다.

(8) 작업 장소는 반려동물의 탈출 경로 차단이 되어 있어야 한다.

(9) 질병이 있거나 노령인 반려동물은 행동이나 호흡 등의 상태에 각별히 주의한다.

(10) 미용 장비와 미용 도구는 반려동물의 질병 감염을 예방하기 위해 소독과 위생에 대한 관리를 철저하게 한다.

(11) 슬리커 브러시의 핀은 끝이 뾰족하고 촘촘하므로 작업자의 손톱 밑이나 피부에 상처가 나거나 찔릴 수 있으므로 주의한다.

(12) 브러시 작업은 작업 테이블의 높이가 작업자와 반려동물이 편안함을 느낄 수 있도록 안전한 곳에서 실시한다.

(13) 브러시 작업을 일상적으로 받아들일 수 있도록 습관화시켜 작업하는 동안 앉히거나 서게 하거나 옆으로 눕힌다.

(14) 털이 손상될 수 있으므로 브러시를 용도에 알맞게 사용한다.

(15) 털의 결의 흐름에 따라서 일정하게 빗질의 방향과 순서를 정해 놓은 상태로 브러싱을 한다.

(16) 브러싱으로 눈, 항문 주변, 생식기의 털에 묻은 이물질과 분비물 등을 제거한다.

(17) 털갈이 시기는 목욕하기 전에 빗질을 하여 속 털을 제거한다.

6. 브러시의 종류별 활용 방법

(1) 슬리커 브러시

슬리커 브러시는 일반적으로 많이 사용되고 있는 빗으로 엉킨 털과 죽은 털을 제거하고 털을 빗는데 사용한다. 털갈이 시기에 관리 도구로 중요하게 사용하며, 곱슬거리는 털에 사용하면 효과적이다.

① 슬리커 브러시 종류

슬리커 브러시는 크기별로 Small, Medium, Large로 나뉘고 핀의 굵기에 따라 하드 타입과 소프트 타입으로 나뉜다.

크기별 슬리커 브러시

㉠ 하드 타입

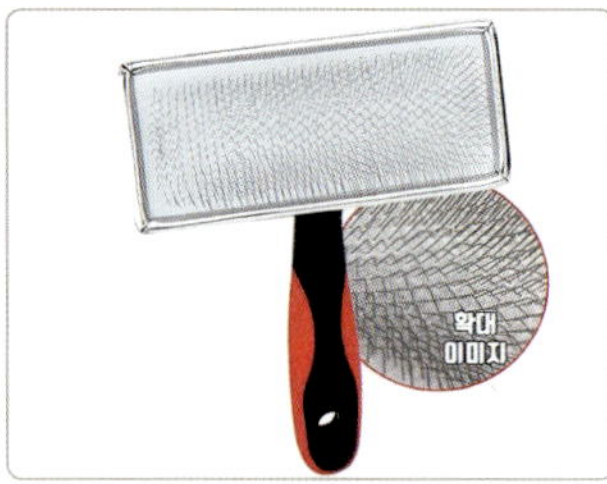

- 핀이 딱딱하고 엉킨 털을 빗을 때 편리하게 사용된다.
- 핀이 딱딱하고 뾰족하기 때문에 한 곳만 집중해서 빗질하면 개체의 피부에 손상을 줄 수 있다.
- 기술이 숙련된 전문가용으로 많이 사용된다.

㉡ 소프트 타입

- 핀이 부드러우므로 털의 엉킴이 심할 경우 사용하기가 어렵다.
- 핀 끝이 둥글고 약하기 때문에 작업 시간이 오래 걸린다.
- 가정에서 부담 없이 편리하게 사용할 수 있다.

② 슬리커 브러시 사용 방법

슬리커 브러시의 사용 방법을 파악하고 실습한다.

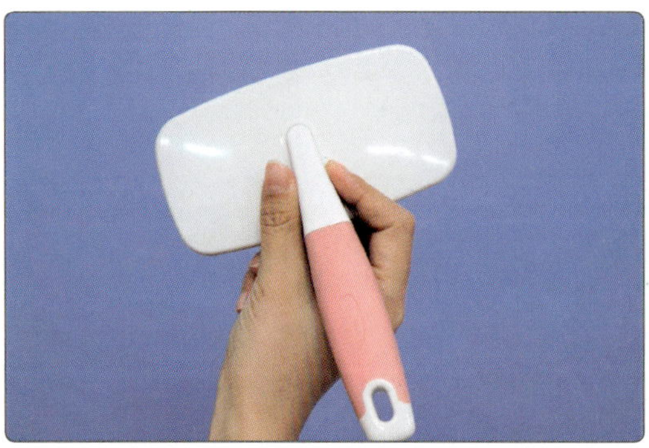

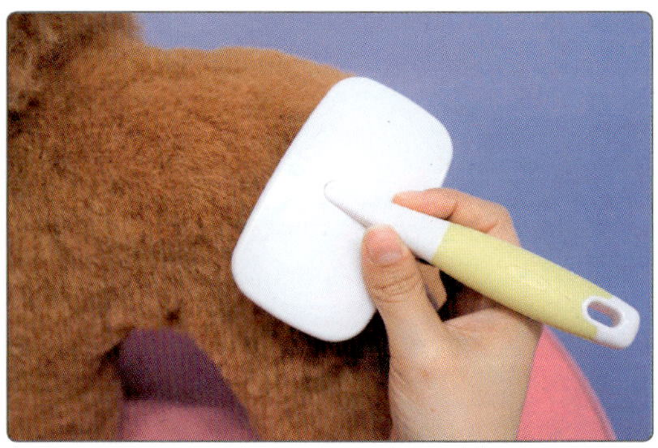

㉠ 브러시를 가볍게 손에 쥔다.
㉡ 엄지손가락과 집게손가락으로 가볍게 손잡이를 움켜쥐고 남아 있는 손가락으로 손잡이를 잘 받쳐준다.
㉢ 흔들리지 않도록 브러시를 고정한다.
㉣ 브러싱은 손목의 스냅을 이용한다.
㉤ 부드럽게 움직여서 피부에 닿지 않게 브러싱 한다.
㉥ 브러싱 하지 않는 다른 손으로 반려견을 보정하거나 피부와 털을 고정시킨다.

③ 피모별 브러싱 방법

㉠ 컬리코트(파상모)의 브러싱 방법을 파악한다.

브러싱 전

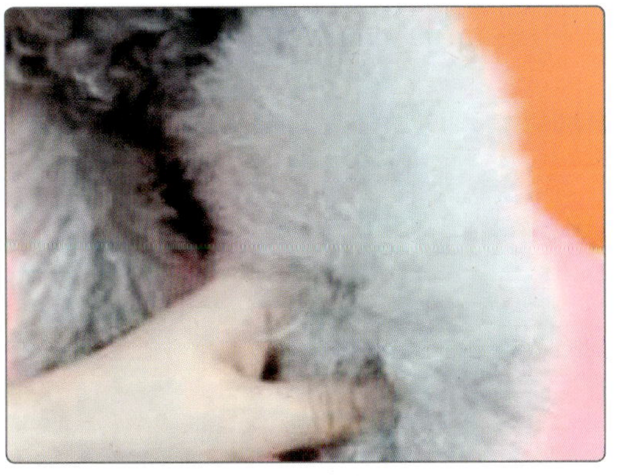
브러싱 후

컬리코트는 털이 곱슬거리기 때문에 브러시를 사용해서 곱슬한 털이 스트레이트로 펴지게 빗어주어야 한다. 컬리코트의 모질은 모량이 풍부한 경우가 많기 때문에 털 관리가 되지 않으면 털이 엉키기 쉽다.

엉킨 털을 풀기 위해서는 피부에 자극이 갈 수 있기 때문에 털 관리는 자주해 주는 것이 좋다. 꼬리에서 머리쪽을 향해 빗질하고 모근에서 털의 끝을 향해 털의 역방향으로 브러싱 한다.

㉡ 실키코트의 브러싱 방법을 파악한다.

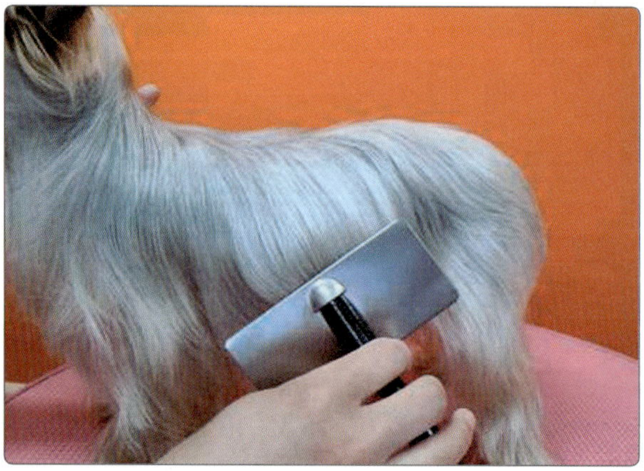

실키코트는 모질이 가볍고 부드럽기 때문에 정전기가 발생하기 쉽다. 브러싱 컨티셔너를 사용해서 브러싱하면 정전기를 예방할 수 있다. 털이 얇기 때문에 털의 뭉침은 다른 모질에 비해 덜 하지만 유분이 많아지면 털이 갈라지고 뭉치게 된다. 실키코트의 브러싱은 머리에서 꼬리 방향으로 털의 난 방향 즉, 털이 흐름대로 가볍게 브러싱 한다.

㉢ 단모종의 브러싱 방법을 파악한다.

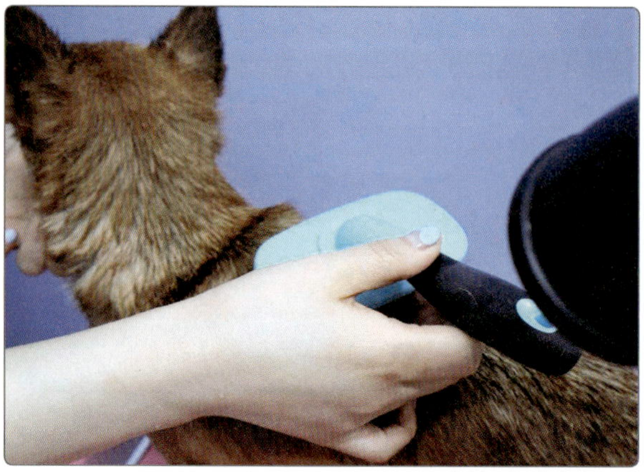

단모종은 털은 짧지만 장모종에 비해 털 빠짐이 많기 때문에 되도록 매일 브러싱을 해주는 것이 좋다. 브러싱의 방향은 털이 난 방향대로 머리에서 꼬리를 향해 브러싱 한다.

④ 슬리커 브러시의 점검과 손상

㉠ 오랫동안 사용하면 스테인리스로 된 핀이 절단되거나 꺾여서 피부를 다치게 할 수 있으므로 이상을 발견하면 점검하여 교체한다.

㉡ 습기에 방치하면 녹슨 핀이 생길 수 있으니 소독, 건조하여 습기가 없는 장소에 보관한다.

(2) 핀 브러시 (pin brush)

장모종의 견종과 쇼 미용 스타일 브러싱에 사용되며, 슬리커 브러시와 사용 방법은 같지만 장모종에 사용된다는 특징이 있다.

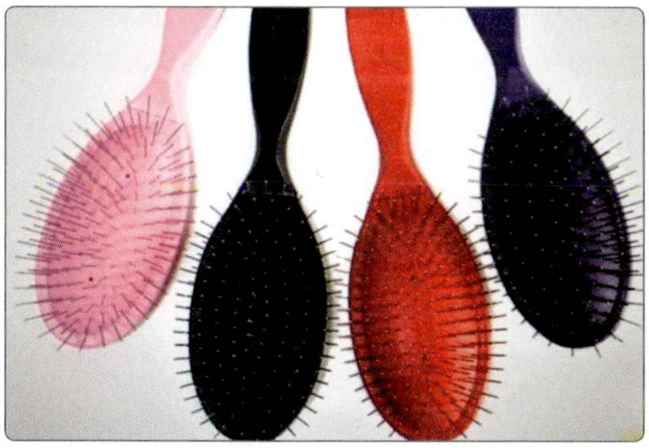

• 브러시 패드의 부드러운 정도에 따라 개체에 맞는 브러시를 선택한다.

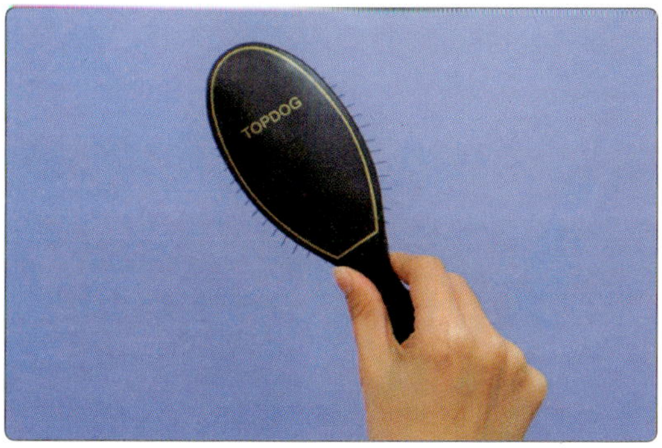

① 브러시를 가볍게 손에 쥔다.
② 브러시가 흔들림이 없도록 손잡이를 움켜쥐어 고정한다.
③ 브러시의 무게로만 가볍게 누른다.
④ 브러시의 핀 전체의 면을 사용하여 브러싱 한다.
⑤ 손목의 탄력으로 원을 그리듯이 움직여 가며 브러싱 한다.
⑥ 빗질하지 않는 다른 손으로 반려견을 보정하거나 피부와 털을 고정시킨다.

(3) 루버 브러시 (louver brush)

단모종의 피모 마사지와 죽은 털 제거에 사용하며, 반려동물의 윤기 있는 털을 브러싱 작업으로 유지시킬 수 있다. 또한 용도에 따라 베이싱 작업 시 샴푸 거품과 함께 마사지 도구로 사용할 수 있다.

고무 재질의 루버 브러시는 돌기와 판으로 구성되어 있으며, 손으로 거머쥐듯 잡는 브러시 형태와 한 손에 끼워 넣는 글로브 형태가 있다.

① 브러시 안에 샴푸와 물을 넣고 잘 섞이도록 흔들어준다.

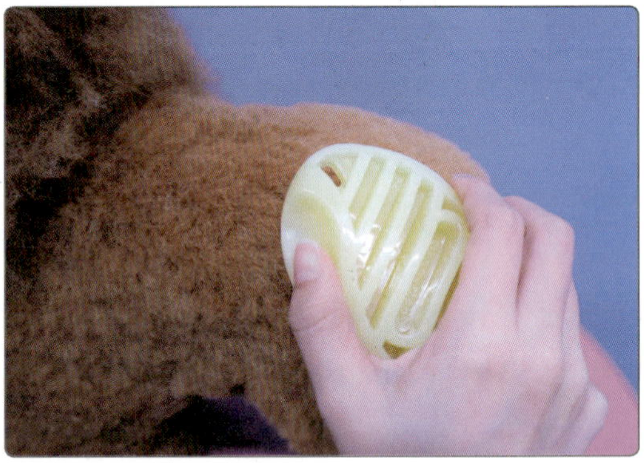

② 미끄러지지 않도록 빗 전체를 거머쥐듯이 잡는다.

③ 피부를 마사지하듯이 털 방향의 흐름에 따라 빗어준다.

④ 빗질하지 않는 다른 손으로 반려견을 보정하거나 피부와 털을 고정시킨다.

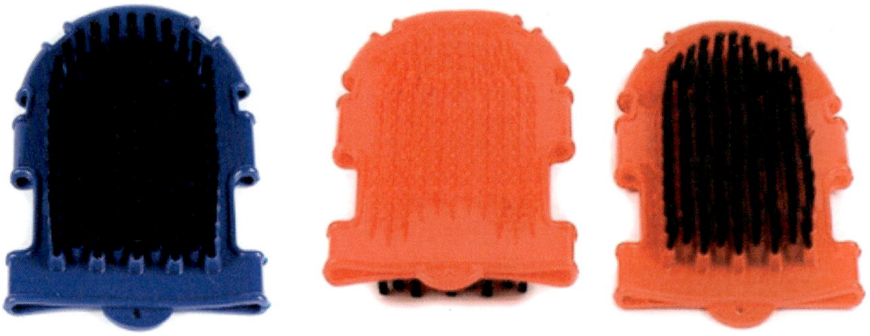

⑤ 글로브 형태는 한 손에 끼워서 사용한다.

(4) 콤 (comb)

일자 빗이라고 하며 죽은 털 제거와 털의 정리, 엉킨 털을 풀어주는 등 다양하게 사용한다.

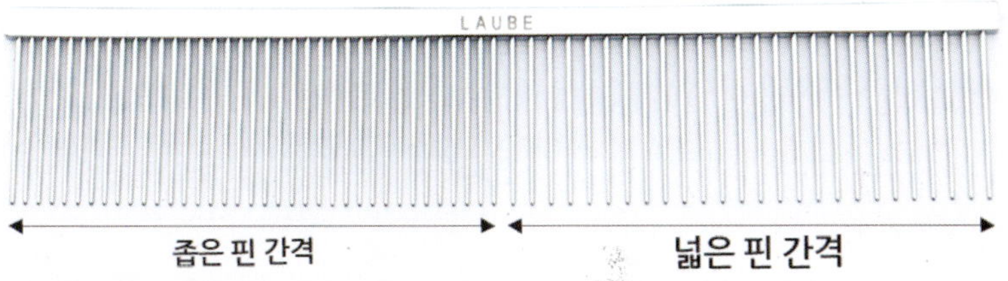

① 콤을 가볍게 잡는다.

② 윗면의 1/3 지점에 엄지손가락과 집게손가락으로 감싸 쥔다.

③ 흔들리지 않도록 콤을 고정한다.

④ 팔에 힘주지 않으면서 손목의 움직임만으로 코밍 한다.

⑤ 털이 자라난 방향과 수직이 되게 코밍 한다.

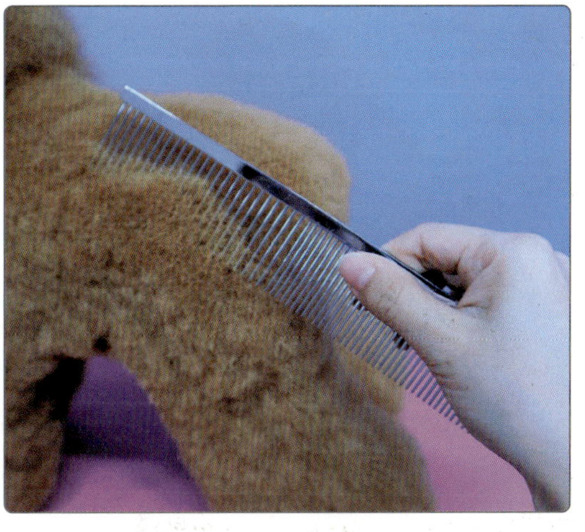

⑥ 손에 힘이 들어가면 끊어지는 털이 생기거나 피부에 상처가 발생할 수 있으므로 주의한다.

⑦ 많은 모량일 경우에는 엉킴을 확인할 수 있도록 면을 나누어 코밍 한다.

⑧ 코밍하지 않는 다른 손으로 반려견을 보정하거나 피부와 털을 고정시킨다.

7. 코밍으로 점검

샴핑을 하기 전에 브러싱이 잘 되었는지 부위별 코밍을 하여 오염되거나 엉킨 부위가 없는지 확인하고 전체 점검한다.

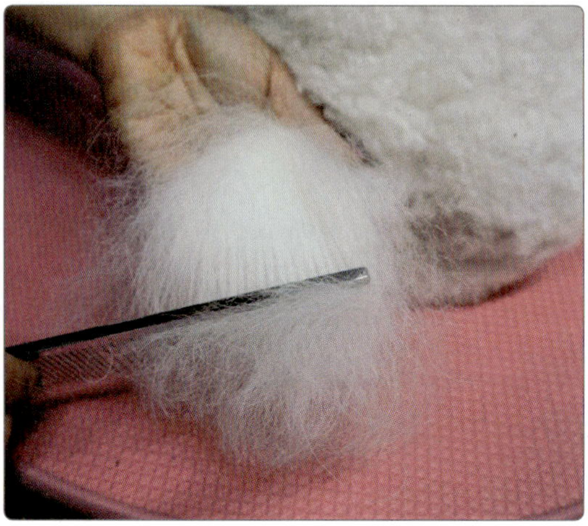

① 뒷다리, 앞다리, 몸통, 겨드랑이와 서혜부 주변, 꼬리의 털을 브러싱이 잘 되었는지 코밍하여 점검을 한다.

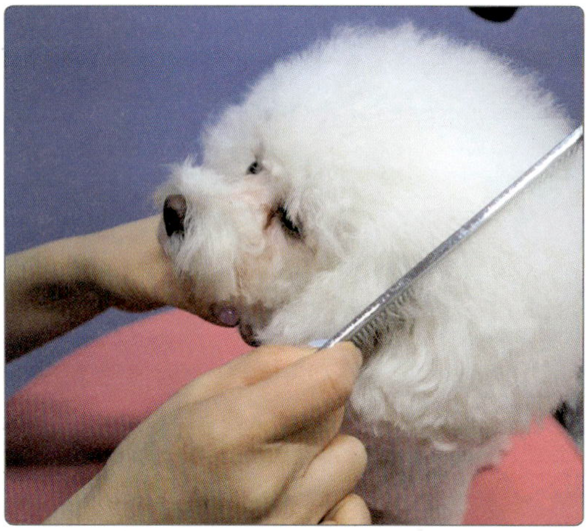

② 얼굴, 머리, 귀 안쪽과 눈 주변, 입 주변의 털이 브러싱이 잘 되었는지 코밍하여 목욕 직전 전체 마무리 점검을 한다.

교수 방법

③ 다양한 빗의 종류별로 사용하는 방법을 설명하고 시연한다.
④ 반려동물의 모질에 알맞은 브러싱 방법을 설명하고 시연한다.
⑤ 반려동물의 피부 손상을 방지하기 위한 브러싱 방법을 설명하고 시연한다.
⑥ 브러싱하여 브러싱 방법을 설명하고 시연한다.
⑦ 브러싱에 대한 전반적인 내용을 정리, 요약하여 설명한다.

학습 방법

① 다양한 빗의 종류별로 사용하는 방법을 익히고 반복 연습하여 충분히 숙지한다.
② 반려동물의 모질에 알맞은 브러싱 방법을 익히고 숙지한다.
③ 반려동물의 피부 손상을 방지하기 위한 브러싱 방법을 익히고 숙지한다.
④ 브러싱하여 브러싱 방법을 반복 연습하여 충분히 숙지한다.
⑤ 브러싱에 대한 전반적인 내용을 이해하고 충분히 숙지한다.

실습 과정 사진	
사진	설명

실습 완료 사진

브러싱 전 사진

완성 사진

학생 자가 진단 및 교수평가

능력단위명 〈코드〉	애완동물 목욕 〈2402010604_15v1〉_2수준 애완동물 기본미용 〈2402010605_15v1〉_2수준

진단 영역	진 단 문 항	학생 평가					교수평가				
		매우 미흡	미흡	보통	우수	매우 우수	매우 미흡	미흡	보통	우수	매우 우수
브러시 작업하기	1. 나는 목욕과 드라이를 수월하게 하기 위해 반려동물 모질에 맞는 빗의 종류를 선택할 수 있다.	①	②	③	④	⑤	①	②	③	④	⑤
	2. 나는 그루밍 매뉴얼을 활용하여 반려동물 모질에 맞는 브러싱 방법을 실시할 수 있다.	①	②	③	④	⑤	①	②	③	④	⑤
	3. 나는 피부의 손상을 방지하기 위해 빗질의 면과 각도를 조절하면서 브러시 작업을 실시할 수 있다.	①	②	③	④	⑤	①	②	③	④	⑤
	4. 나는 피부의 손상을 방지하기 위해 빗질의 강도를 조절하면서 브러시 작업을 실시할 수 있다.	①	②	③	④	⑤	①	②	③	④	⑤

[교수 평가의견]

[평가자 체크리스트]

학습 내용	평가항목	성취 수준		
		상	중	하
브러싱	1. 목욕과 드라이를 수월하게 하기 위한 반려동물의 피모 특징에 알맞은 빗의 종류와 이해			
	2. 그루밍 매뉴얼을 활용하여 반려동물의 모질에 알맞은 빗의 종류와 이해			
	3. 피부의 손상을 방지하기 위해 피부 면과 각도를 조절하면서 브러싱하는 방법의 이해			
	4. 피부의 손상을 방지하기 위해 빗질의 강도를 조절하면서 브러싱하는 방법의 이해			

[작업장 평가]

학습 내용	평가항목	성취 수준		
		상	중	하
브러싱	1. 반려동물의 모질에 알맞은 빗의 종류 선택			
	2. 반려동물의 모질에 알맞은 브러싱 방법 실시			
	3. 피부 면과 각도를 조절하면서 브러싱 실시			
	4. 빗질의 강도를 조절하면서 브러싱 실시			

진단영역	평가 문항 수	점수	점수 ÷ 문항 수
브러시 작업하기	4		

※ 점수를 문항 수로 나눈 값이 '3점' 이하에 해당하는 영역은 직무수행 능력이 부족한 것으로 향상 학습이 요구되며 4점 이상이면 직무수행 능력 우수로 심화학습이 요구됨.

Chapter 3 베이싱

3rd week

샴푸하기

학습내용(단원명)	수업 목표
샴푸하기	• 샴핑의 목적과 샴푸의 특징과 기능을 파악할 수 있다. • 항문낭의 관리를 할 수 있다. • 샴푸의 종류를 파악하고 활용할 수 있다. • 샴푸 작업의 주의 사항을 파악하고 작업을 할 수 있다.

1. 샴푸하기

1. 샴핑(shampooing)의 목적

반려견의 피부 표면은 피지와 분비물이 피지 분비선에서 분비되어 피부 보호막을 형성한다. 외부와 피지에서 부착되는 여러 오염 물질들이 피부에 쌓이게 되면 피부가 건강하지 못하여 털의 건강 상태도 좋지 못하게 된다.

그러므로 샴핑을 정기적으로 하면 건강한 피모의 상태를 점검하고 관리할 수 있다. 또한, 오염되어 있는 피모를 청결히 하고 피부의 건강과 털의 발육을 위한 관리가 샴핑의 목적이며, 잦은 세정과 과도한 피지의 제거는 피부 보호막의 정상적인 기능을 약화시킬 수 있으므로 주의해서 관리해야 한다.

2. 샴푸의 특징과 기능

샴핑은 때와 피지, 외부 먼지를 제거하고 모질을 빛나고 부드럽게 하여 브러싱하기 쉽도록 해야 하며, 눈에 자극이 없고, 오물을 잘 제거할 수 있어야 하며, 잔류물을 남기지 않아야 한다. 대부분의 샴푸에는 향수 기능, 계면 활성제 등 다양한 첨가제, 보습 물질과 영양 성분이 함유되어 있다.

개의 피부(pH 7~7.4)는 사람 피부(pH 4.5~5.5)와는 다르며, 중성에 가깝다. 따라서, 개의 피부에 사람용 샴푸는 자극적일 수 있다. 최근에는 피모에 자극이 적은 천연 성분이 함유되어 있는 다양한 기능성 제품들이 있다.

3. 항문낭의 관리

항문낭은 항문의 양쪽에 위치해 있으며 개체별 특색 있는 체취를 주머니에 담은 것으로 항문낭 액은 끈적한 타르 형태이며 냄새가 난다. 항문낭의 문제로 불편함이 생겨서 그것을 완화시키기 위한 공통적인 행동 특징은 엉덩이 끌기와 핥기이며, 앉을 때 이상 행동으로 갑자기 놀라기도 한다.

항문 선이 막히거나 부은 경우에 치료하지 않고 방치하게 되면 염증이 유발되고 배변이 고통스러워지며 항문낭을 제거하는 수술을 하는 상황까지 될 수 있다. 꾸준한 관리와 점검을 하여 항문낭의 질병을 예방해야 한다.

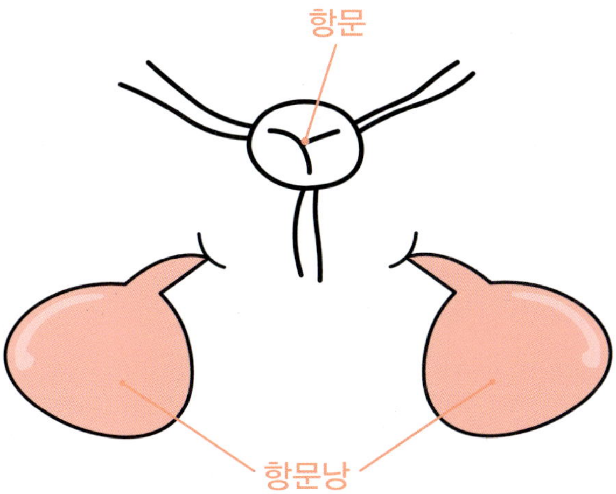

항문낭의 구조

4. 샴푸의 기능과 종류

현재 시판 중인 샴푸는 기능과 종류가 다양하며 사용할 수 있는 선택의 폭이 넓다. 샴푸의 기능에 관한 정보를 습득하여 개체별 특징에 맞은 제품을 사용한다. 또한, 건강한 피모를 관리하기 위해서는 샴푸의 선택이 매우 중요하다. 세정력이 강한 샴푸는 일반적으로 알칼리성이 강하다. pH가 중성에 가깝게 선택하여 샴푸를 사용한다. 천연 성분이 함유되어 있는 천연 제품을 사용하여 자극을 최소화할 수 있다.

(1) 털의 모색과 모질에 따라 샴푸를 선택한다.

털의 형태와 종류에 따라 샴푸 선택이 가능하며 모색의 강화용으로 블랙 코트용, 컬러 코트, 화이트닝용이 있다. 모질에 맞추어 와이어 코트의 뜨는 털을 가라 앉히거나, 납작하게 눕게 하여 가위 커트가 수월할 수 있게 도와주는 기능이 있는 샴푸와 컬리 코트의 경우 털에 볼륨을 주어 가위 커트를 용이하게 해주는 샴푸도 있다.

엉킨 털용 샴푸

화이트닝 샴푸

볼륨 샴푸

(2) 샴푸의 종류를 털의 상태에 따라서 선택한다.

영양 보습용 샴푸

심한 오염 제거용 샴푸

민감한 피모용 샴푸

외부 기생충의 예방과 퇴치, 민감, 보습, 영양 강화, 드라이 샴푸 등 털의 상태에 맞는 샴푸의 종류를 사용할 수 있도록 선택한다.

(3) 샴푸 희석 용기를 사용한다.

반려동물 샴푸나 린스를 희석할 때 사용한다. 샴푸나 린스의 제품 사용설명서에 명시되어 있는 권장 희석 비율에 맞추어 사용하면 된다. 예를 들면 8:1이나 16:1 등의 비율로 표기되어 있으므로 용기의 눈금을 확인하고 활용하면 된다.

샴푸나 린스 희석 시 물의 온도는 목욕 물의 온도와 맞추어 주는 것이 좋다. 반려동물의 피부에 바로 뿌려 주기 때문에 너무 차갑거나 뜨거운 물로 희석을 하게 되면 반려동물이 놀라서 돌발 행동을 일으킬 수 있다. 사용 후에는 통 내부를 깨끗이 세척한다. 여러 가지 기능성 샴푸나 린스를 사용하게 되면 성분이 섞이지 않도록 주의해야 한다.

5. 샴푸의 활용

(1) 반려동물의 피모 상태와 오염도를 파악하여 샴푸를 알맞게 선택할 수 있다.

(2) 반려동물의 피모의 특성에 맞추어 샴핑할 수 있다.

(3) 반려동물의 상해 방지를 위해 수압과 물의 온도를 조절할 수 있다.

(4) 반려동물에게 물을 전신에 적시고 난 후에 항문낭 액 배출을 시킬 수 있다.

(5) 반려동물의 호흡기 속에 물이 들어가는 것을 방지하도록 주의하여 샴핑할 수 있다.

(6) 샴푸의 잔여물이 반려동물의 피모에 남지 않도록 깨끗하게 세정할 수 있다.

6. 주의 사항

(1) 반드시 반려견의 특이 사항과 건강 상태 등을 작업하기 전에 파악한다.
(2) 작업 중에도 반려견의 건강 상태는 수시로 확인한다.
(3) 반려견의 개체별 특성을 반드시 숙지하고 있어야 한다.
(4) 장비와 목욕 도구는 반려견의 질병 감염 예방을 위해 소독과 위생을 철저히 관리해야 한다.
(5) 작업에 사용하는 장비와 도구의 사용 방법을 반드시 숙지하고 있어야 한다.
(6) 작업 장소는 통풍이 잘되고 청결하여야 한다.
(7) 작업 장소는 반려견의 탈출 경로가 반드시 차단되어 있어야 한다.
(8) 반려견의 목욕 시 동물 전용 샴푸를 사용한다.
(9) 샴푸는 작업 전 제품 사용설명서를 숙지한 후 사용한다.
(10) 질병이 있거나 노령의 반려견의 경우 행동이나 호흡 등의 상태에 각별히 주의하여 목욕시켜야 한다.
(11) 욕조의 바닥은 반드시 미끄럽지 않아야 한다.
(12) 반려견의 화상을 방지하기 위해 물 온도는 온수기에서 일정하게 유지되어야 하며, 물 공급이 충분히 가능해야 한다.

7. 샴푸 작업순서

(1) 안전장치를 설치한다.

고정목줄

미끄럼 방지 매트

욕조 안에서 반려견이 샴핑을 하는 동안 도주하거나 뛰어내리는 등의 사고를 안전 장치를 하여 방지하는 것이 필요하다. 욕조의 바닥이 미끄럽지 않도록 미끄럼 방지 매트를 깔아 주고 적당히 짧게 목줄을 매어 반려견의 활동 반경을 좁히면서 작업에 순응하도록 하여 안정을 시킨다.

(2) 샴푸의 종류를 개체에 맞게 선택하고 수압과 물의 온도를 조절한다.

개의 정상적인 체온은 사람보다 1℃~2℃ 가량 높다. 사람의 체온으로 느낄 때 목욕 물은 약간 따뜻한 39℃ 정도가 적당하다. 반려견이 놀라서 목욕을 거부하지 않도록 물을 조심스럽게 수압을 조절하여 튼다. 호흡기나 귀에 물이 들어가지 않도록 주의 하고 귓속에 물이 들어간 경우는 몸 전체를 털 수 있도록 하고 전신을 충분히 물로 적셔 주어 털 깊숙이 스며들도록 한다.

(3) 장모나 전체 가위 커트를 하는 반려견의 샴핑을 한다.

샴푸를 희석하거나 희석한 샴푸를 목욕 타월이나 스펀지 등에 적셔서 사용하면 샴푸의 낭비를 줄일 수 있고 희석 액이 골고루 전신에 퍼져 샴핑을 효과적으로 할 수 있다. 또한, 희석한 샴푸를 루버 마사지 브러시를 활용하여 샴푸와 마사지를 할 수 있다.

① 몸과 얼굴을 물에 적신다.

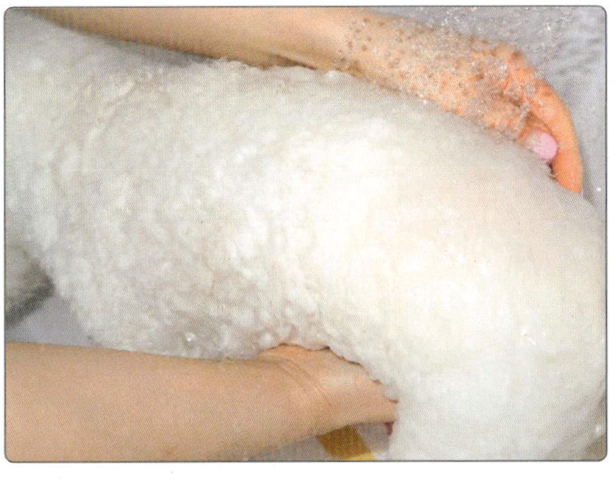
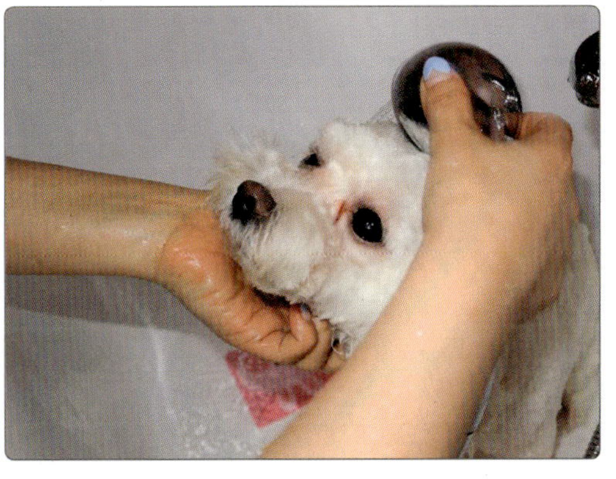

물의 수압과 온도를 조절하고 심장에 무리가 가지 않도록 심장에서 먼 부위인 엉덩이와 꼬리에서 시작해서 머리와 얼굴을 물로 충분히 적셔 준다.

② 항문낭 액을 배출시킨다.

항문낭 액의 배출은 반려견의 샴핑 전에 한다. 샴푸로 끈적이는 액상 형태와 냄새의 항문낭 액을 제거할 수 있다. 힘을 무리하게 주면 반려견이 고통스러워 할 수 있으며, 염증의 원인이 될 수 있으므로 주의해야 한다.

꼬리를 한 손으로 들어 올려 항문낭을 돌출시키고, 항문 안쪽에 동그란 형태의 꽉 찬 돌출 부위를 4시 8시 방향으로 집게손가락과 엄지손가락을 이용하여 배출을 부드럽게 시킨다. 배출 시 항문낭 액이 다른 곳에 튈 수 있으니 손등을 위로 가려주면 이런 부분을 예방할 수 있다. 항문낭 액이 배출되면 온수로 세정한다.

> 항문낭 액 배출 시 주의 사항
>
> - 항문낭 액을 배출시킬 때 주변의 벽과 작업복 등에 튈 수 있으므로 주의한다.
> - 항문낭 액이 꽉 차서 항문낭이 부풀어 있는데 배출이 되지 않으면 배출을 무리하게 하지 않아야 한다. 항문낭 선이 염증이 있거나 막혀 있을 수 있으므로 진료를 받도록 한다.

③ 샤워 볼을 사용하여 거품을 낸다.

샴푸는 희석 용기를 사용하는 것도 좋지만 샤워 볼을 사용할 경우 거품이 훨씬 더 풍부해진다.

④ 반려견의 피모에 샴푸를 도포한다.

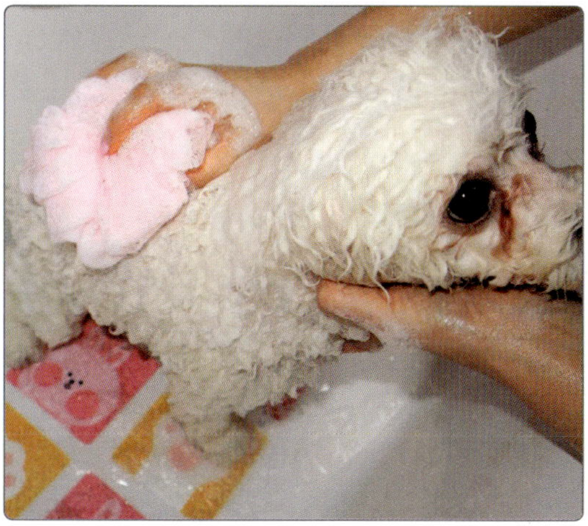

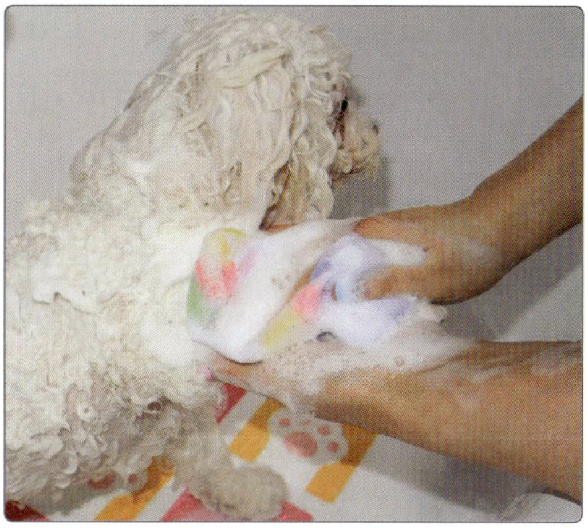

엉덩이와 꼬리부터 시작해서 샴푸를 도포하고 등과 뒷다리, 앞다리 순서로 해주고 겨드랑이와 서혜부, 발바닥과 발가락 사이사이 빠짐없이 도포하고 마사지 해준다.

⑤ 루버 브러시를 사용한다.

루버 마사지 브러시를 사용하기 위해 브러시 안에 샴푸와 물을 넣고 흔들어서 희석해준다.

일반적으로 샴푸를 도포 한 후 샤워 볼이나 루버 브러시 중 한 가지 방법을 선택해서 사용한다.

⑥ 루버 브러시로 마사지해 준다.

샴핑용 루버 브러시에 물과 샴푸를 넣어 희석하고 반려견의 피모에 도포하면서 마사지해 준다.

⑦ 눈 주변의 털은 안면 빗을 사용한다.

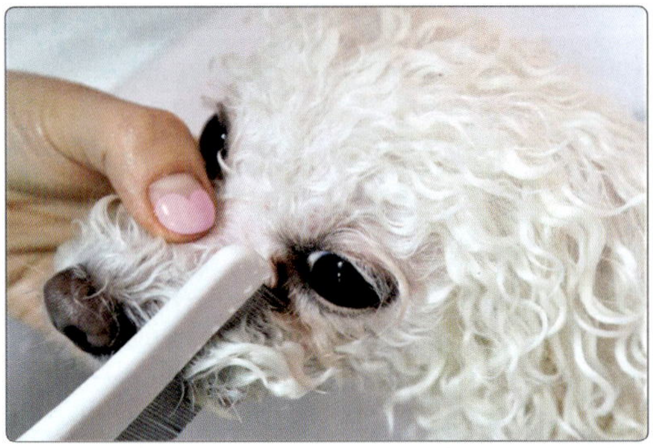

눈 주변의 분비물과 눈곱 등으로 오염이 심할 경우는 눈 주변의 털을 샴푸로 도포하고 온수로 불려서 조심스럽게 안면 빗을 사용하여 제거한다.

⑧ 샴푸와 잔여물을 세정한다.

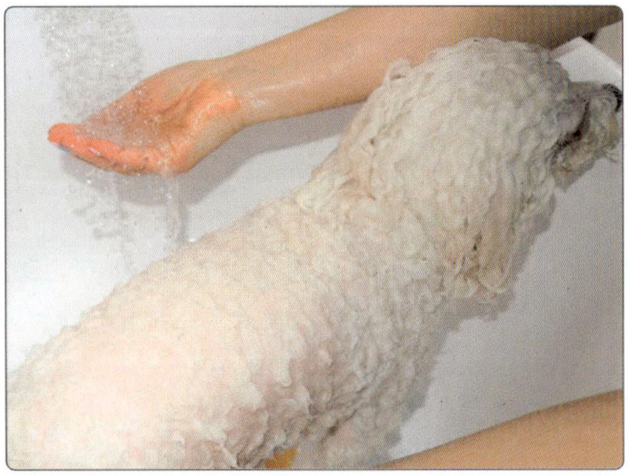

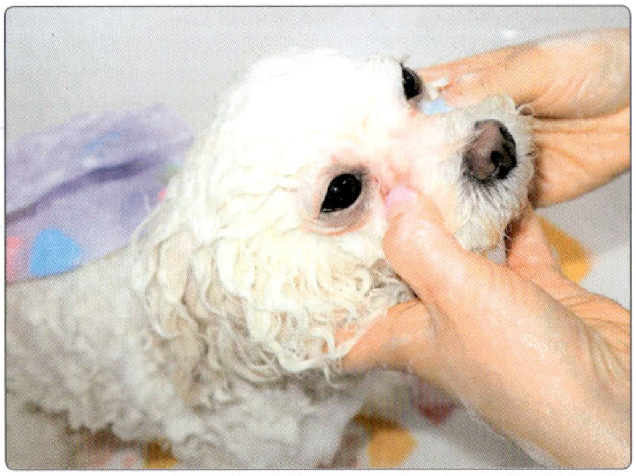

반려견의 피모에 남아 있는 샴푸를 호흡기와 눈에 물살이 직접 닿지 않도록 샤워기의 방향을 주의해 가며 깨끗이 반복하여 거품이 없어질 때까지 세정한다. 샴푸의 잔여물로 인해 피부에 자극을 주어 질환이 생길 수 있으므로 순서를 정하여 빠진 곳이 없는지 확인하면서 꼼꼼히 반복하며 세정한다.

(4) 단모종과 전체 클리핑을 하여 코트가 짧은 반려견의 샴핑을 실시한다.

샴푸를 희석하거나 희석한 샴푸를 목욕 타월이나 루버 마사지 브러시를 활용하여 샴핑을 한다.

① 샴핑을 준비한다.

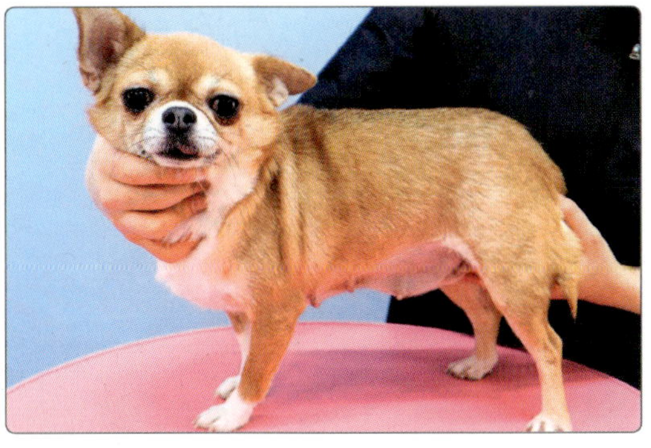

짧은 털을 가진 단모종의 반려견이나 전체 클리핑을 하여 털이 짧아진 반려견의 피모에 오염이나 상처로 인한 딱지 등이 없는지 확인하고 샴핑을 준비한다.

② 몸과 얼굴을 물에 적신다.

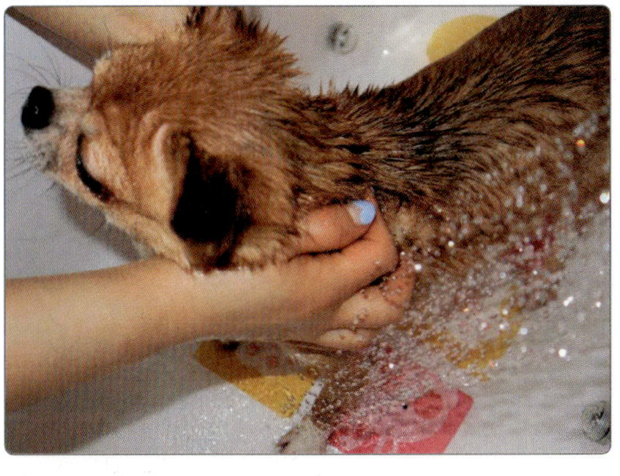

물의 수압과 온도를 조절하고 심장에 무리가 가지 않도록 심장에서 먼 부위인 엉덩이와 꼬리에서 시작해서 머리와 얼굴을 물로 충분히 적셔 준다.

③ 항문낭 액을 배출시킨다.

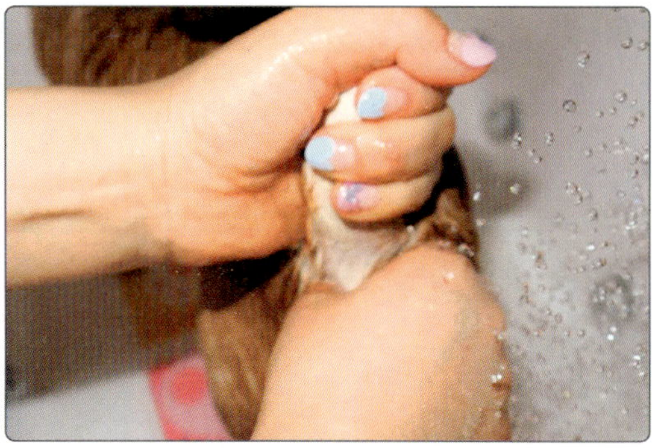

한 손으로 꼬리를 들어 주고 다른 한 손으로 4시 8시 방향의 항문낭 위치를 확인하고 주변에 튀지 않게 손등을 위로하여 항문낭 액 배출 후 물로 항문 주위를 헹구고 샴푸를 한다.

④ 샤워 볼을 사용하여 거품을 내고, 샴푸를 도포한다.

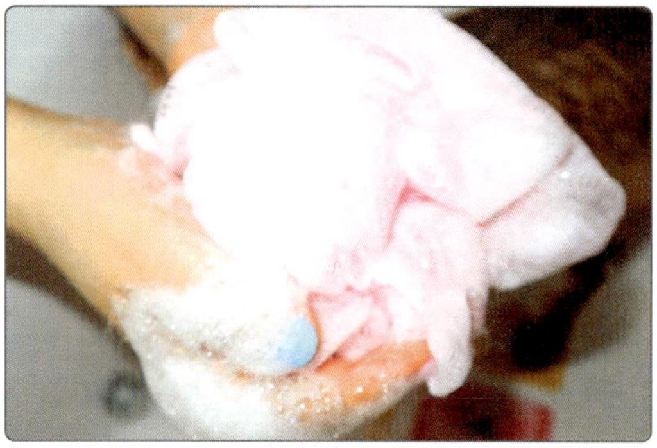

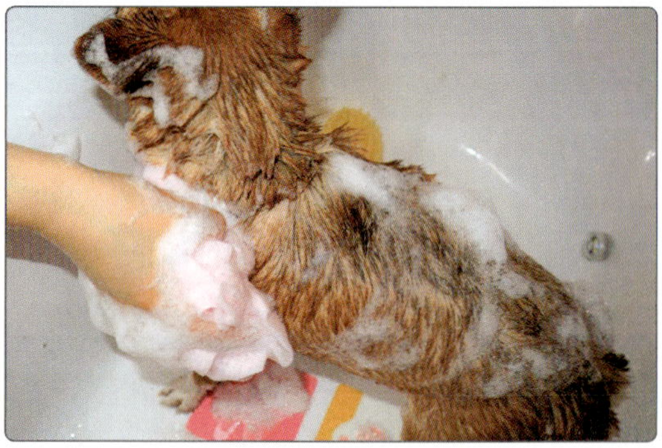

샴푸를 샤워 볼에 붓고 거품을 내고 반려견의 피모에 마사지하며 빠진 부위가 없도록 꼼꼼하게 도포한다.

⑤ 루버 브러시를 사용하여 마사지한다.

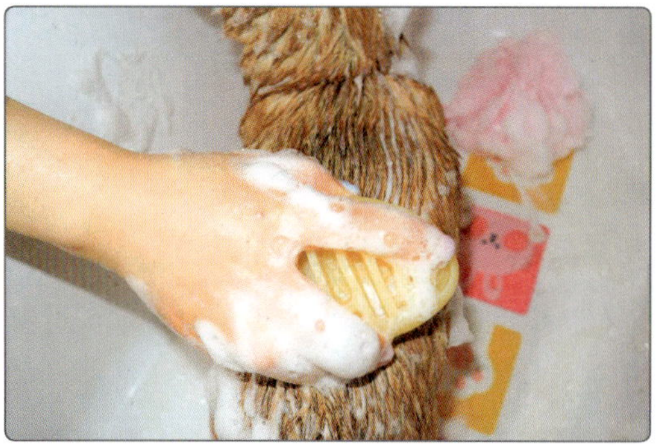

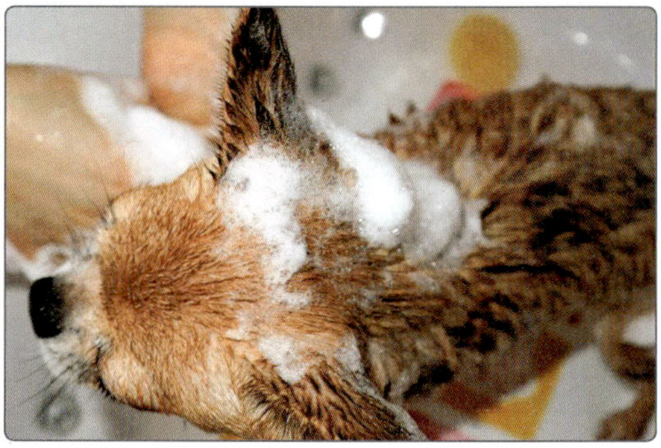

⑥ 얼굴과 발을 마사지한다.

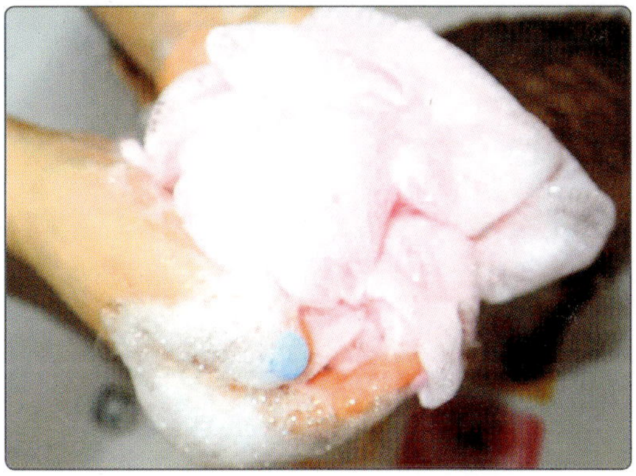 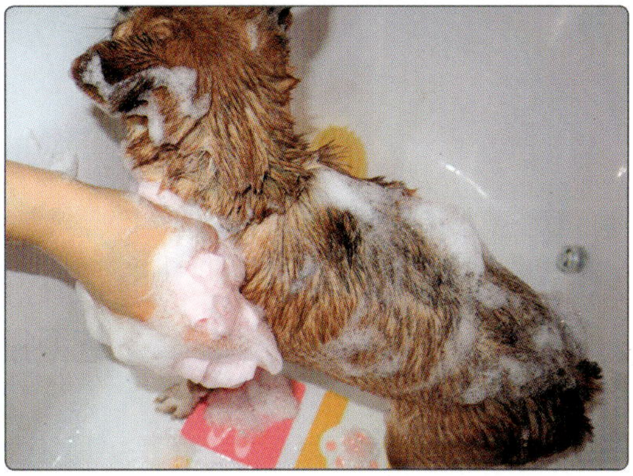

샤워 볼이나 루버 브러시가 닿지 않는 눈 주변과 귀, 입 주변과 발가락 사이사이와 겨드랑이 등을 꼼꼼하게 마사지한다.

⑦ 샴푸와 잔여물을 세정한다.

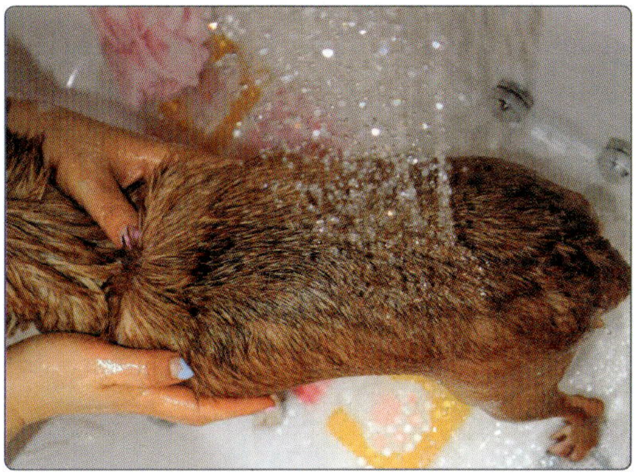 

반려견의 피모에 남아 있는 샴푸를 호흡기와 눈에 물살이 직접 닿지 않도록 샤워기의 방향을 주의해 가며 깨끗이 반복하여 거품이 없어질 때까지 세정한다.

샴푸의 잔여물로 인해 피부에 자극을 주어 질환이 생길 수 있으므로 순서를 정하여 빠진 곳이 없게 꼼꼼히 반복하며 세정한다.

항문, 생식기 주변, 콧등, 귀 등 분비물로 인해 기름기나, 냄새가 있는 부위 또는 산책 등으로 더러워진 발은 한 번 더 샴핑하고 세정한다.

교수 방법

① 샴푸의 종류에 관해 설명한다.

② 샴푸하는 방법과 순서를 시연한다.

③ 피부의 상태를 점검하는 방법을 설명한다.

④ 모질의 특성을 점검하는 방법을 설명한다.

⑤ 샴푸를 사용하는 방법을 설명하고 시연한다.

학습 방법

① 샴푸의 종류를 확인하고 사용하는 방법을 익힌다.

② 샴푸하는 방법과 순서를 확인하고 익힌다.

③ 피부의 상태를 점검하는 방법을 확인하고 익힌다.

④ 모질의 특성을 점검하는 방법을 확인하고 익힌다.

⑤ 샴푸를 사용하는 방법을 확인하고 익힌다.

실습 과정 사진	
사진	설명

실습 완료 사진
샴핑 전 사진
완성 사진

학생 자가 진단 및 교수평가

능력단위명 〈코드〉	애완동물 목욕 〈2402010604_15v1〉_2수준 애완동물 기본미용 〈2402010605_15v1〉_2수준

진단 영역	진 단 문 항	학생 평가					교수평가				
		매우 미흡	미흡	보통	우수	매우 우수	매우 미흡	미흡	보통	우수	매우 우수
샴푸 작업하기	1. 나는 반려동물 피모의 오염도와 상태를 파악하여 샴푸의 종류를 선택할 수 있다.	①	②	③	④	⑤	①	②	③	④	⑤
	2. 나는 피모의 특성에 따라 샴푸 방법을 선택할 수 있다.	①	②	③	④	⑤	①	②	③	④	⑤
	3. 나는 반려동물의 상해를 방지하기 위해 물의 온도와 수압을 조절할 수 있다.	①	②	③	④	⑤	①	②	③	④	⑤
	4. 나는 반려동물의 전신에 물을 적신 후 항문낭 액을 배출시킬 수 있다.	①	②	③	④	⑤	①	②	③	④	⑤
	4. 나는 반려동물의 호흡기에 물이 들어가지 않도록 주의하여 샴푸를 할 수 있다.	①	②	③	④	⑤	①	②	③	④	⑤
	5. 나는 샴푸의 잔여물이 남아 있지 않도록 피모를 깨끗하게 헹구어 줄 수 있다.	①	②	③	④	⑤	①	②	③	④	⑤

[교수 평가의견]

[서술형 시험]

학습 내용	평가항목	성취 수준		
		상	중	하
샴핑	1. 반려동물의 피모 오염도와 상태에 따라 사용하는 샴푸의 종류와 이해			
	2. 피모의 특성에 따른 샴푸 방법의 이해			
	3. 반려동물의 상해를 방지하기 위한 물의 온도와 수압을 조절하는 요령			
	4. 반려동물의 전신에 물을 적신 후 항문 낭액을 짜는 방법			
	5. 반려동물의 호흡기에 물이 들어가지 않도록 주의하여 샴핑을 하는 방법의 이해			
	6. 샴푸의 잔여물이 남지 않도록 피모를 깨끗하게 헹구는 방법의 이해			

[평가자 체크리스트]

학습 내용	평가항목	성취 수준		
		상	중	하
샴핑	1. 반려동물의 피모 오염도와 상태를 파악하고 샴푸의 종류를 선택하는 방법의 이해			
	2. 피모의 특성에 따라 선택한 샴푸 방법의 이해			
	3. 반려동물의 상해를 방지하기 위해 물의 온도와 수압을 조절하는 방법의 이해			
	4. 반려동물의 전신에 물을 적신 후 항문 낭액을 짜는 방법			
	5. 반려동물의 호흡기에 물이 들어가지 않도록 주의하여 샴핑을 하는 방법의 이해			
	6. 샴푸의 잔여물이 남지 않도록 피모를 깨끗하게 헹구는 방법의 이해			

[작업장 평가]

학습 내용	평가항목	성취 수준		
		상	중	하
샴핑	1. 반려동물의 상해를 방지하기 위해 물의 온도와 수압을 조절하는 능력			
	2. 반려동물의 전신에 물을 적신 후 항문낭 액을 짜는 능력			
	3. 반려동물의 호흡기에 물이 들어가지 않도록 주의하여 샴핑을 하는 방법			
	4. 샴푸의 잔여물이 남지 않도록 피모를 깨끗하게 헹구는 능력			

진단영역	평가 문항 수	점수	점수 ÷ 문항 수
샴푸하기	6		

※ 점수를 문항 수로 나눈 값이 '3점' 이하에 해당하는 영역은 직무수행 능력이 부족한 것으로 향상 학습이 요구되며 4점 이상이면 직무수행 능력 우수로 심화학습이 요구됨.

Chapter 3 베이싱

4th week

린스하기

학습내용(단원명)	수업 목표
린스하기	• 린스의 목적을 파악할 수 있다. • 린스의 기능과 종류를 파악하고 활용할 수 있다. • 린스 작업의 주의 사항을 파악하고 린싱을 할 수 있다.

1. 린싱

1. 린스의 목적

샴푸를 하는 과정에서 세정이 과도하게 이루어지면 피모에 자극을 주게 된다. 샴푸를 하여 알칼리화된 피부의 상태를 중화시키는 것이 린싱의 중요한 목적이다. 린스의 용도와 질에 따라 차이가 나지만 린스를 함으로써 피모의 과도한 세정으로 생긴 손상을 적절하게 회복시켜 준다.

대부분 농축 형태인 것을 용기에 적당하게 희석하여 사용한다. 잘못 사용하거나 과도한 사용은 드라이 후 끈적거림이 털에 남게 되고 지나친 세정은 린스 사용의 효과가 떨어진다. 효과적인 사용을 위한 사용 방법을 숙지해야 한다.

2. 린스의 기능과 종류

기본적으로 린스는 정전기 방지제, 보습제, 수분, 오일 등의 성분으로 구성되어 있다. 함유되어 있는 오일 성분과 다양한 기능성 성분이 털에 광택과 윤기를 주고 정전기와 엉킴을 방지하며, 브러싱으로 발생한 손상된 털을 보호하고, 드라이 작업으로 생기는 열의 손상을 방지하기 위한 전 처리제 역할을 한다. 최근에는 린스의 종류 중에 기능이 강화된 린스와 천연 성분의 함유로 자극이 적은 천연 제품, 크림 형태인 엉킴을 풀기 수월한 고농축 제품, 영양과 오일이 강화된 오일 린스 제품, 보습과 영양 제품 등이 다양하게 있으며, 털의 상태에 따라서 선택을 할 수 있다.

엉킨 털용 린스

민감한 피모용 린스

분사형 컨디셔너

3. 린스의 활용

(1) 샴푸와 같이 린스의 기능과 종류가 다양하고 선택폭이 넓다.

(2) 린스의 기능에 관한 정보를 습득하여 털 관리를 건강하게 한다.

(3) 반려견의 피부와 털의 상태를 파악하여 린스의 종류를 알맞게 선택한다.

(4) 올바르게 사용하는 방법을 숙지하지 않고 사용하면 린스의 효과가 떨어질 수 있다.

(5) 린스 사용 시에는 개체 특징을 파악하여 알맞게 활용한다.

(6) 털 상태를 확인하고 기능 강화 제품을 활용한다.

(7) 샴핑 후 정전기와 엉킴 방지를 위해 린스를 사용하고, 알칼리성 잔여물 제거를 위해 린스를 사용한다.

(8) 린스의 양과 적용 시간을 피모의 상태에 따라 조절하며, 린스의 잔여물을 완벽하게 제거할 수 있도록 해야 한다.

4. 주의 사항

(1) 반려견의 특이 사항과 건강 상태 등을 작업하기 전에 파악한다.

(2) 작업 중에도 반려견의 건강 상태는 수시로 확인한다.

(3) 반려견의 개체별 특성을 반드시 숙지하고 있어야 한다.

(4) 장비와 목욕 도구는 반려견의 질병 감염 예방을 위해 소독과 위생을 철저하게 해야 한다.

(5) 작업에 사용하는 장비와 도구의 사용 방법을 반드시 숙지하고 있어야 한다.

(6) 작업 장소는 통풍이 잘되고 청결하여야 하며, 반려견의 탈출 경로가 반드시 차단되어 있어야만 한다.

(7) 반려견의 목욕 시 동물 전용 린스를 사용한다.

(8) 린스의 제품 사용설명서는 충분히 숙지하고 제품 사용의 방법에 유의한다.

(9) 질병이 있거나 노령의 반려견의 경우 행동이나 호흡 등의 상태에 각별히 주의하여 목욕시켜야 한다.

(10) 욕조의 바닥은 반드시 미끄럽지 않아야 한다.

(11) 반려견의 화상을 방지하기 위해 물 온도는 온수기에서 일정하게 유지되어야 하며, 물 공급이 충분히 가능해야 한다.

5. 린스 작업 순서

(1) 린스 원액을 손바닥에 덜어 놓는다.

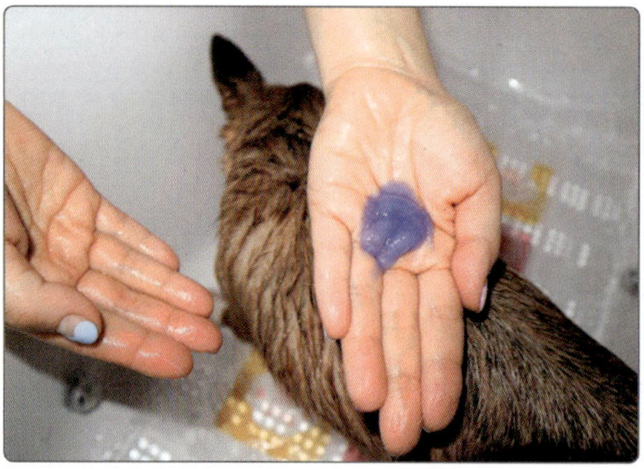

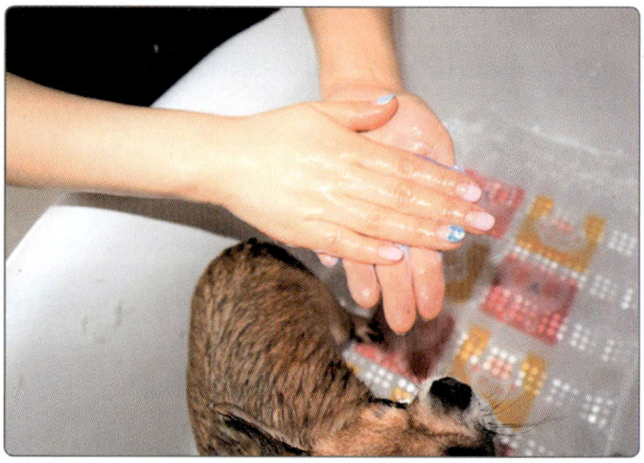

농축돼 있는 린스는 희석 통을 사용하여 피모의 상태에 따라 비율에 맞게 희석하고 일반적으로 사용하는 린스는 원액을 손바닥에 덜어서 손을 잘 비벼준다.

(2) 린스를 도포한다.

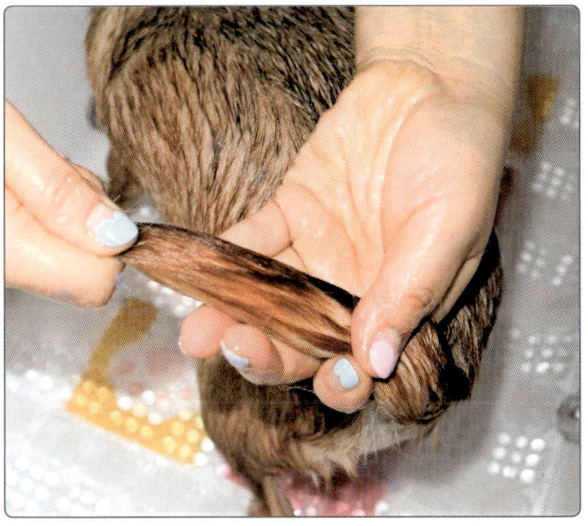
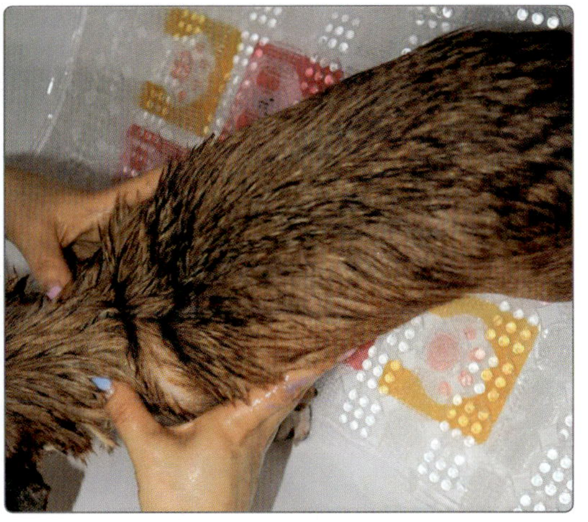

희석 용기의 린스 희석액은 골고루 피모에 뿌려 주고, 원액을 사용할 경우에는 피모에 잘 스며들도록 빠진 부위가 없도록 꼼꼼하게 도포하고 충분하게 전신을 마사지 해준다.

(3) 린스를 세정한다.

도포되어 있는 린스를 세정해준다. 빠진 부위가 없는지 확인하면서 꼼꼼하게 남아 있는 잔여물을 세정해주면서 린싱을 마무리한다.

교수 방법
① 린스의 종류를 설명한다. ② 린스하는 방법과 순서를 시연한다. ③ 피부의 상태를 점검하는 방법을 설명한다. ④ 모질의 특성을 점검하는 방법을 설명한다. ⑤ 린스를 사용하는 방법을 설명하고 시연한다.

학습 방법
① 린스의 종류를 확인하고 사용하는 방법을 익힌다. ② 린싱하는 방법과 순서를 확인하고 익힌다. ③ 피부의 상태를 점검하는 방법을 확인하고 익힌다. ④ 모질의 특성을 점검하는 방법을 확인하고 익힌다. ⑤ 린스를 사용하는 방법을 확인하고 익힌다.

실습 과정 사진	
사진	설명

실습 완료 사진
린싱 전 사진
완성 사진

학생 자가 진단 및 교수평가

능력단위명 〈코드〉	애완동물 목욕 〈2402010604_15v1〉_2수준 애완동물 기본미용 〈2402010605_15v1〉_2수준

진단 영역	진 단 문 항	학생 평가					교수평가				
		매우 미흡	미흡	보통	우수	매우 우수	매우 미흡	미흡	보통	우수	매우 우수
린스하기	1. 나는 반려동물의 피모 상태를 파악하여 린스의 종류를 선택할 수 있다.	①	②	③	④	⑤	①	②	③	④	⑤
	2. 나는 샴푸 사용으로 인한 알칼리성 잔여물 제거를 위해 린스를 실시할 수 있다.	①	②	③	④	⑤	①	②	③	④	⑤
	3. 나는 정전기와 엉킴 방지를 위해 린스를 실시할 수 있다.	①	②	③	④	⑤	①	②	③	④	⑤
	4. 나는 피모의 상태에 따라 린스의 적용 시간과 양을 조절할 수 있다.	①	②	③	④	⑤	①	②	③	④	⑤
	5. 나는 린스의 잔여물이 남아 있지 않도록 피모를 깨끗하게 헹구어 줄 수 있다.	①	②	③	④	⑤	①	②	③	④	⑤
	6. 나는 샴푸의 잔여물이 남아 있지 않도록 피모를 깨끗하게 헹구어 줄 수 있다.	①	②	③	④	⑤	①	②	③	④	⑤

[교수 평가의견]

[평가자 체크리스트]

학습 내용	평가항목	성취 수준		
		상	중	하
린싱	1. 반려동물의 피모 상태를 파악하고 사용하는 린스의 종류와 이해			
	2. 샴핑 후 알칼리성 잔여물을 제거하기 위해 사용하는 린싱의 방법 이해			
	3. 정전기와 엉킴을 방지하기 위해 린싱하는 방법			
	4. 털의 상태에 따라 린스의 적용 시간과 양을 조절하는 방법			
	5. 린스 잔여물이 남지 않도록 털을 깨끗하게 헹구는 방법			

[작업장 평가]

학습 내용	평가항목	성취 수준		
		상	중	하
린싱	1. 반려동물의 피모 상태를 파악하여 알맞은 린스의 종류를 선택하는 능력			
	2. 샴핑 후 알칼리성 잔여물을 제거하기 위해 린싱하는 방법			
	3. 정전기와 엉킴을 방지하기 위해 린싱하는 방법			
	4. 린스 잔여물이 남지 않도록 피모를 깨끗하게 헹구는 방법의 이해			

진단영역	평가 문항 수	점수	점수 ÷ 문항 수
린스 하기	5		

※ 점수를 문항 수로 나눈 값이 '3점' 이하에 해당하는 영역은 직무수행 능력 부족한 것으로 향상 학습이 요구되며 4점 이상이면 직무수행 능력 우수로 심화학습이 요구됨.

Chapter 3 베이싱

5th week

드라이하기

학습내용(단원명)	수업 목표
드라이하기	• 드라이 작업의 목적을 파악할 수 있다. • 여러 가지 드라이 방법을 파악할 수 있다. • 드라이의 활용 방법을 파악할 수 있다. • 주의 사항을 파악하고 드라이 작업을 할 수 있다.

1. 드라잉

1. 드라이 작업의 목적

드라이는 털을 말리는 것을 목적으로 한다. 드라이어의 풍량, 풍향, 온도의 조절과 드라이 작업에서 가장 중요한 작업은 브러시 사용의 타이밍이다. 적절한 타이밍을 맞추지 못하면 곱슬거리는 털의 상태로 건조되므로 드라이 바람으로 말리면서 반복적으로 신속하게 브러싱을 해야 하며, 풍향의 설정은 피부에서 털 바깥쪽으로 드라이를 한다. 커트가 잘 마무리 되려면 드라이가 잘 되어야 하며, 브러싱과 마찬가지로 드라잉도 일정한 순서를 정하고 작업을 해야 효율적이다.

드라잉 중 가장 중요한 작업은 털을 커트하기 위한 최상의 상태로 마무리 하는 것이므로 브러싱과 드라잉이 동시에 실행되어야 한다. 털의 특징과 품종에 따라 드라이 방법이 달라질 수 있다.

2. 여러 가지 드라이 방법

드라이 작업에서 털의 커트를 위해 최상의 마무리를 위한 브러싱의 타이밍과 드라이어의 바람은 중요한 기술이다. 수분을 털에서 모두 제거하지 않고 털에 있는 수분의 함량을 일정하게 유지하면서 드라이를 해야 한다. 피모와 품종의 특징에 따라서 드라이하는 방법이 달라진다.

(1) 타월링

수분 제거를 위해 목욕 후 타월을 사용한다. 수분이 잘 제거되면 드라이 작업을 빨리 마무리할 수 있다. 그러나 수분을 지나치게 제거하면 드라이 작업 시 털과 피부가 건조될 수 있으므로 수분을 적당히 제거하여 털의 습도 조절을 할 수 있어야 한다. 와이어 코트의 견종은 타월링의 수분 제거만으로 드라이 작업을 대체할 수 있다. 스트리핑을 지속적으로 해온 와이어 코트의 경우에는 타월링으로 수분 제거가 가능하지만 그렇지 않은 경우의 와이어 코트 견종은 베이싱 후 드라이 작업을 해야 한다.

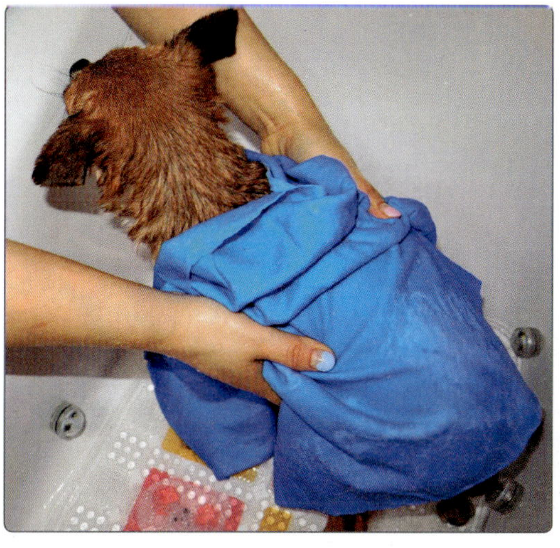
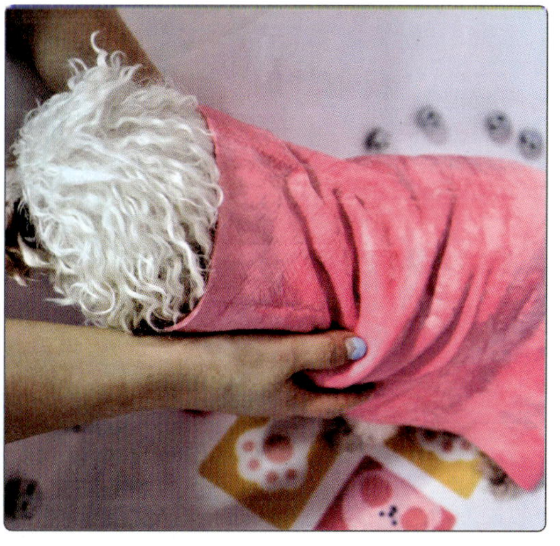

(2) 새킹

털이 곱슬거리고 들뜨는 상태로 건조되는 것을 방지해야 커트를 할 수 있고, 털 상태를 최고로 유지하면서 드라잉 하기 위해 몸을 타월로 감싸서 새킹을 한다.

건조할 부위에만 드라이어의 바람이 가도록 유도해야 하며 브러싱하는 부위의 주변의 털이 드라이어 바람에 건조되지 않도록 주의한다. 곱슬거리는 상태로 드라잉을 끝내기 바로 전에 건조가 되었다면 스프레이나 컨디셔너 스프레이로 수분을 주어 드라이한다.

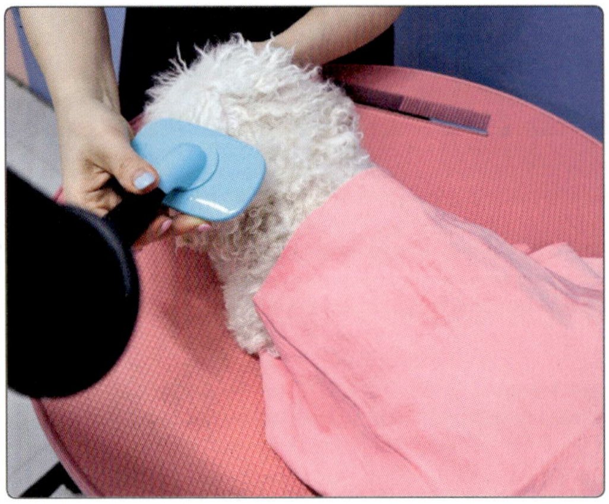
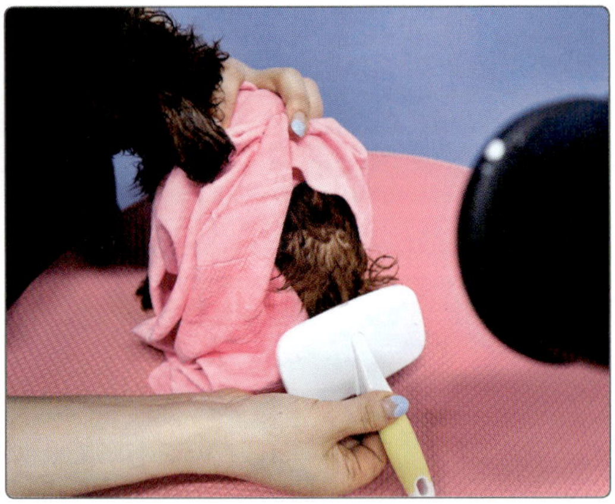

(3) 플러프 드라이

요크셔테리어, 몰티즈와 같은 장모종과 비교하여 이중 모에 짧은 털의 포메라니안, 러프콜리, 페키니즈 등의 경우에 모근에서부터 핀 브러시를 사용하여 모량을 풍성하게 털을 세워 가며 드라이해야 한다.

(4) 켄넬 드라이

케이지 드라이라고도 하며 목욕을 마친 반려견을 켄넬 박스 안에 넣고 드라이어 바람을 안으로 쏘이게 하여 털에 있는 수분이 날아갈 수 있도록 하는 방법이다.

걸기 장치를 켄넬 박스에 하고 바람을 쏘일 수 있도록 드라이어를 걸어서 사용하거나 스탠드 드라이어를 높이에 맞추고 바람을 쏘일 수 있도록 켄넬 박스를 둔다. 켄넬 드라이를 한 후 수분이 어느 정도 제거된 후 반려견의 피모를 확인하여 가슴, 귀, 얼굴 등을 포함하여 드라이어 바람으로 한 번 더 전체적으로 꼼꼼하게 손으로 말려 주는 것이 좋다.

일부의 개체 중에 케이지 드라이어가 익숙하지 않아서 무서워하거나 거부하는 경우에는 반복적인 연습이 필요하며 드라이 하는 동안 개체를 혼자 방치하게 되면 열에 의한 화상을 드라이어 바람으로 입거나 체온 상승으로 호흡 곤란을 일으킬 수 있으므로 절대로 반려견을 방치하는 것은 안 된다. 요즘 다양한 스타일의 제품들이 선보이고 있는데, 드라이어가 부착된 켄넬 박스 형태의 전용 드라이어도 있다.

(5) 룸 드라이어

드라이어를 크게 공간화 하여 사이즈를 다양하고 기능이 갖추어진 드라이어가 룸 드라이어이다. 목욕과 타월링을 마무리한 반려견을 룸 안에 두고 음이온, 자외선 소독 타이머, 바람의 세기 등의 기능을 조성하면서 사용하여 룸 안에서 입체적으로 바람이 만들어져 수분이 털에서 날아가도록 하는 방법이다.

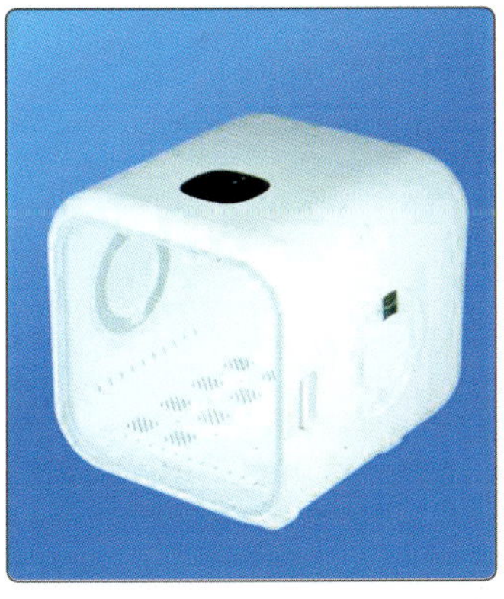

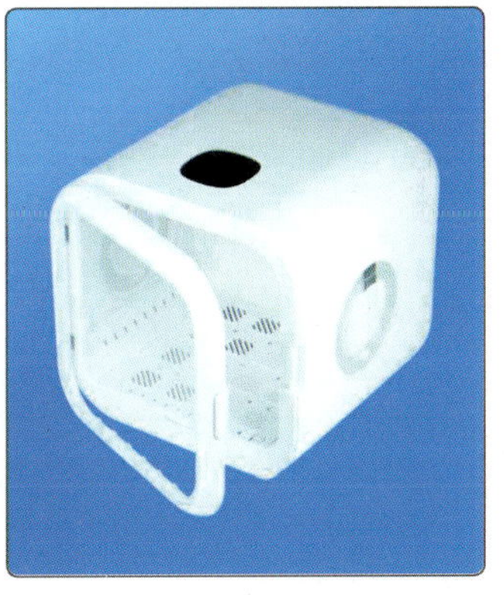

케이지 드라이어와 유사하게 드라이 후에 적당하게 수분이 제거된 후에 개체의 피모를 확인하여 얼굴, 가슴, 귀 등을 포함하여 드라이어 바람으로 한 번 더 꼼꼼하게 전체적으로 말려 준다. 일부의 개체 중에 룸 드라이어가 익숙하지 않아서 무서워하거나 거부하는 경우에는 반복적인 연습이 필요하며 드라이 하는 동안 개체를 혼자 방치하게 되면 열에 의한 화상을 드라이어 바람으로 입거나 체온상승으로 호흡곤란을 일으킬 수 있으므로 절대로 반려견을 방치하여서는 안 된다.

3. 드라이의 활용

(1) 드라잉 전에 타월링을 하여 수분 제거를 할 수 있다.

(2) 반려견의 모질의 특성을 파악하여 드라이어의 종류 선택과 드라이 방법을 결정할 수 있다.

(3) 반려견의 상태를 고려하여 개체의 신체 대상 부위의 순서를 정하고 드라잉 할 수 있다.

(4) 찰과상과 화상을 방지하기 위해 빗질과 온도를 조절하여 드라잉 할 수 있다.

(5) 가위 커트를 용이하게 하기 위해 브러시의 각도와 드라이어의 풍향을 조절하여 웨이브 코트가 남지 않도록 드라잉 할 수 있다.

(6) 피모에 수분이 남아 있지 않도록 건조시킬 수 있다.

(7) 반려견에게 마무리 브러싱을 하여 모질 상태를 점검할 수 있다.

4. 주의 사항

(1) 작업 전에 반드시 반려동물의 특이 사항과 건강 상태 등을 파악한다.

(2) 작업 중에도 반려동물의 건강 상태는 수시로 확인한다.

(3) 반려동물의 개체별 특성을 파악하고 숙지하고 있어야 한다.

(4) 도구와 장비는 반려동물의 질병 감염 예방을 위해 소독과 위생을 철저히 해야 한다.

(5) 작업에 사용하는 장비와 도구의 사용 방법을 파악하고 숙지해야 한다.

(6) 작업 장소는 통풍이 잘되고 청결해야 한다.

(7) 작업 장소는 반려동물의 탈출 경로 차단이 되어 있어야 한다.

(8) 질병이 있거나 노령인 반려동물의 경우에는 호흡과 행동 등의 상태에 각별히 주의해야 한다.

5. 드라이 작업 순서

(1) 장모나 전체 가위 커트를 하는 반려견의 드라이 작업을 한다.

① 타월링을 한다.

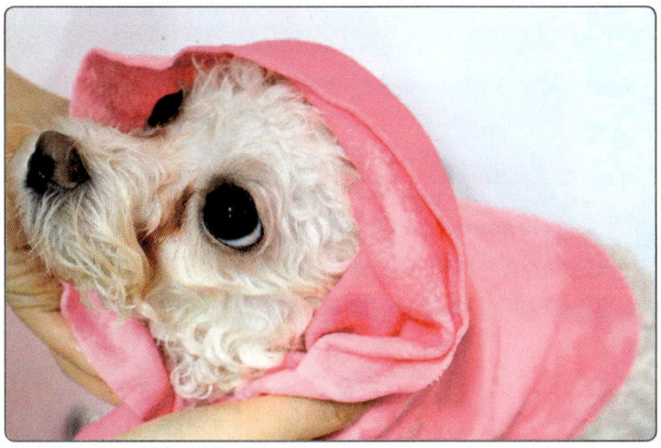

린싱 후 세정이 마무리되면 수분 제거를 위한 타월링을 한다.

② 새킹을 하고 드라이한다.

머리와 얼굴, 앞다리를 자연 건조되지 않게 새킹을 하면서 드라이 작업을 한다.

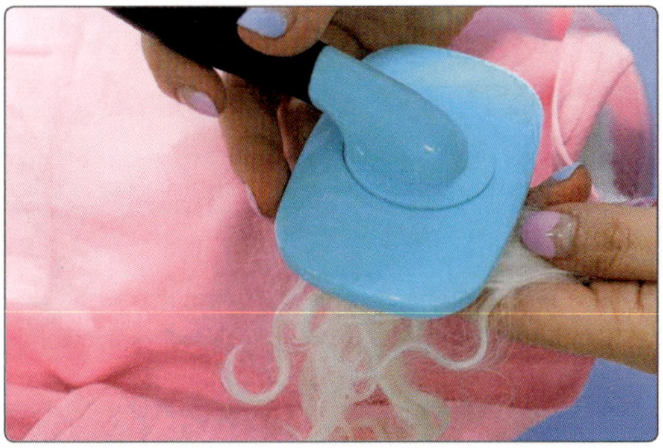

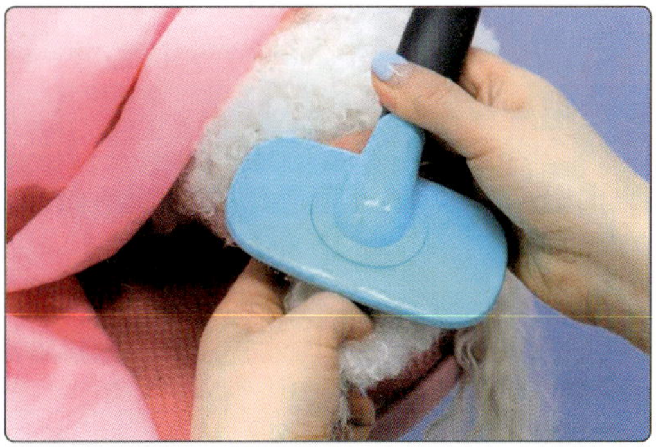

꼬리와 뒷다리를 자연 건조되지 않게 새킹을 하면서 드라이 작업을 하고 남아 있는 부위를 모두 드라이 한다.

③ 드라이 작업을 마무리한다.

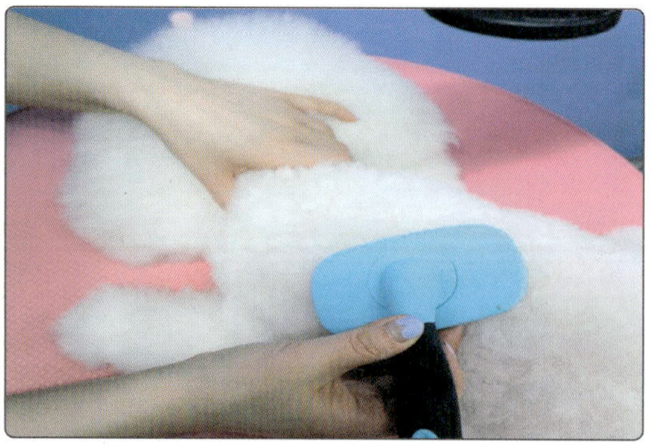

새킹이 잘되지 않아 곱슬거림이 그대로 남아 있는지, 드라이가 제대로 되지 않아서 수분기가 남아 있는지 전체 브러싱을 할때 확인하면서 드라이 작업을 마무리한다

(2) 단모종과 전체 클리핑을 하여 코트가 짧은 반려견을 드라이 작업한다.

① 타월링을 한다.

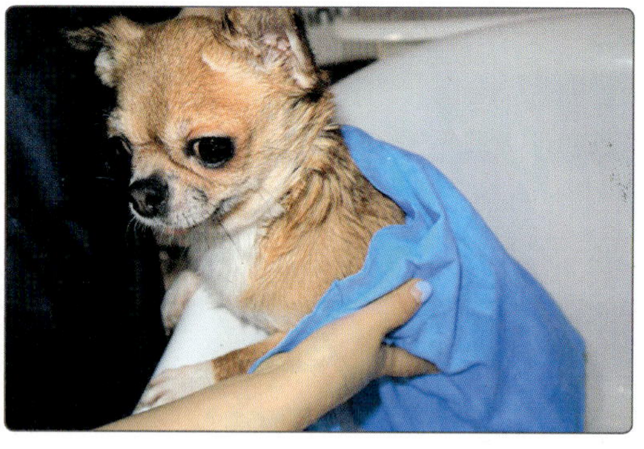

린싱 후 세정이 마무리되면 수분 제거를 위한 타월링을 한다.

② 드라이 작업을 한다.

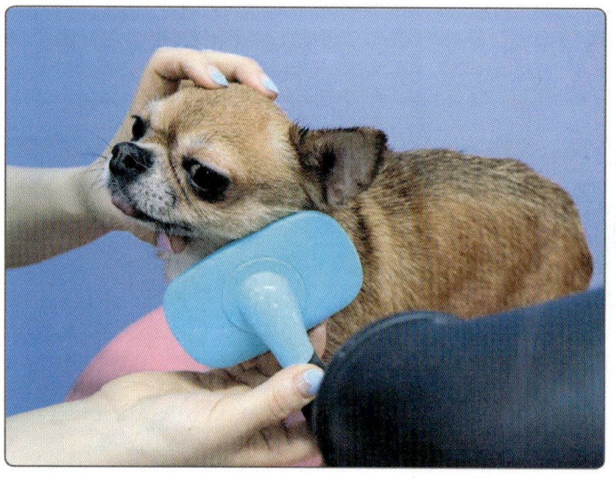

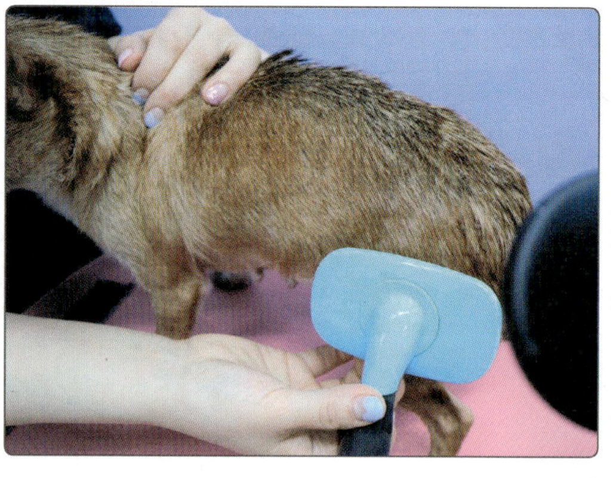

브러싱과 함께 드라이 작업을 마무리한다. 이중 모의 경우 수분이 남아 있는 부위는 없는지 재차 확인하고 마무리한다.

6th week

베이싱 마무리

학습내용(단원명)	수업 목표
양치질 하기 베이싱 마무리 작업하기	• 반려견의 양치질 방법을 파악하고 작업을 할 수 있다. • 반려견의 베이싱 마무리 작업을 할 수 있다.

1. 베이싱 마무리

1. 반려견의 양치질

양치질은 목욕 전 또는 목욕 후 상관없이 가능하다. 반려견이 거부하지 않는 시기가 좋고, 칫솔로 닦아 주는 방법이 가장 좋겠지만 반려견의 특성에 따라서 분사형인 덴탈 스프레이나 손가락에 끼우는 골무형을 사용할 수 있다. 특히 골무형은 처음 양치질하는 어린 반려견에게 사용하면 좋다.

(1) 칫솔을 사용한다.

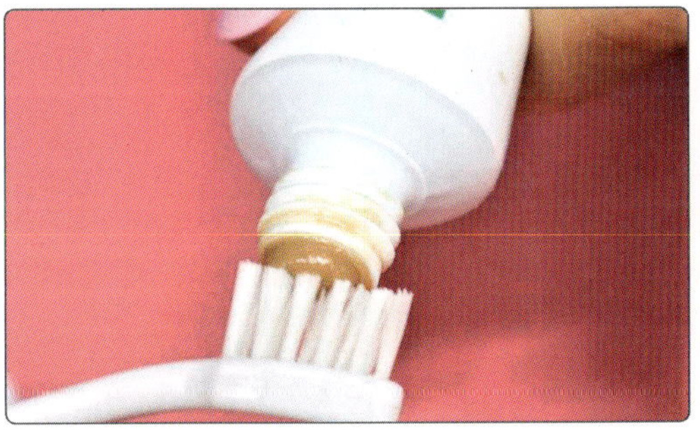

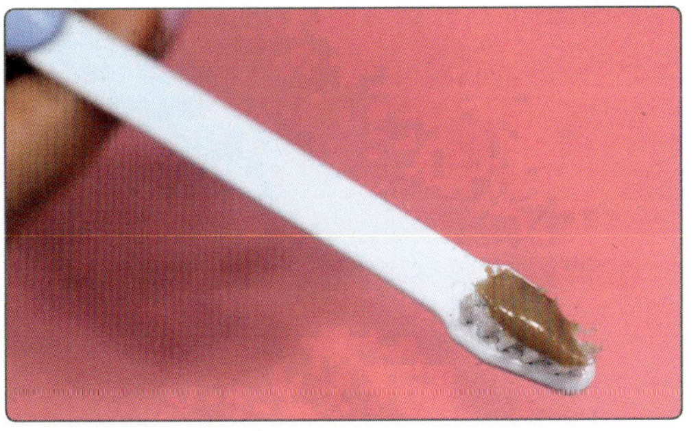

반려견용 치약과 칫솔을 사용한다. 깨끗하게 세척하고 건조된 칫솔에 치약을 바른다.

반려견의 입안에 칫솔을 넣고 꼼꼼하게 치아를 닦아준다.

(2) 골무형 칫솔을 사용한다.

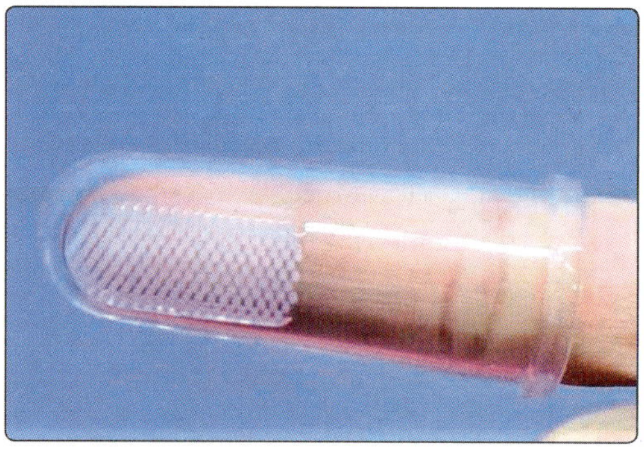

골무처럼 끼워서 치약을 바르고 양치질을 해준다.

(3) 덴탈 스프레이를 뿌려 준다.

양치질을 심하게 거부하는 반려견은 단시간에 효과를 볼 수 있는 스프레이 타입의 치약을 뿌려 준다.

입에 힘을 주고 꼭 다물고 있을 때 입 주변의 털을 살짝 들고 반려견용 덴탈 스프레이를 치아에 뿌려 준다.

2. 베이싱 마무리 작업

(1) 장모나 전체 가위 커트를 하는 반려견의 목욕을 마무리 한다.

① 다리 부위를 점검한다.

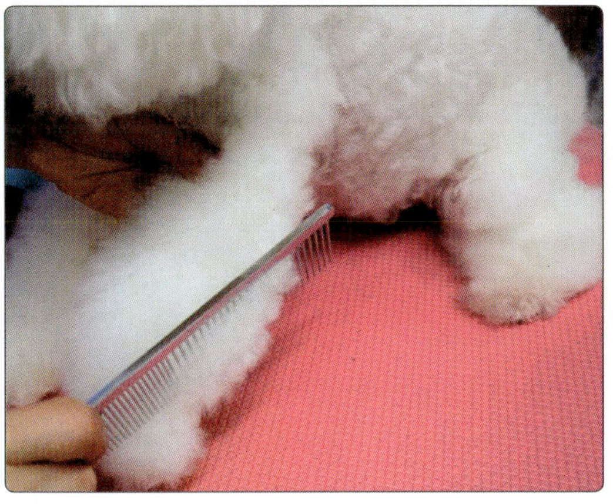
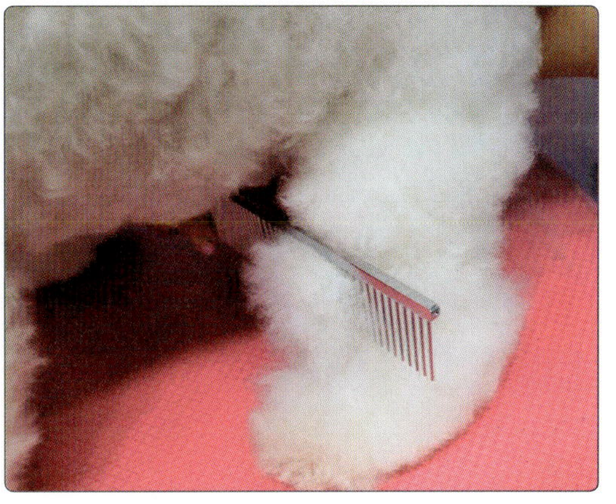

앞다리와 뒷다리의 털을 코밍하고, 겨드랑이와 서혜부 주변 등 드라이 작업이 잘 되었는지 빠진 부위가 없는지 확인하고 점검한다.

② 꼬리와 꼬리 주변을 점검한다.

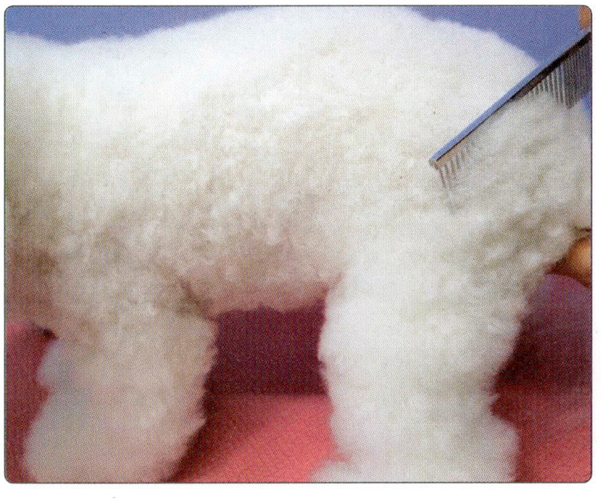
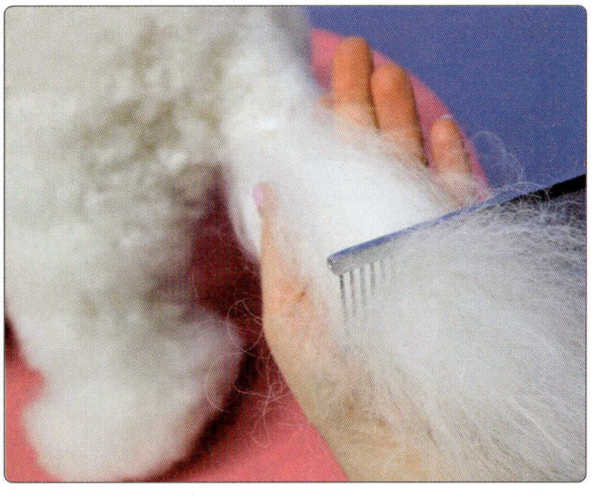

꼬리털과 꼬리 주변의 털을 코밍하고, 가슴과 등의 털을 코밍하여 드라이 작업이 잘 되었는지 점검한다.

③ 머리와 얼굴을 점검한다.

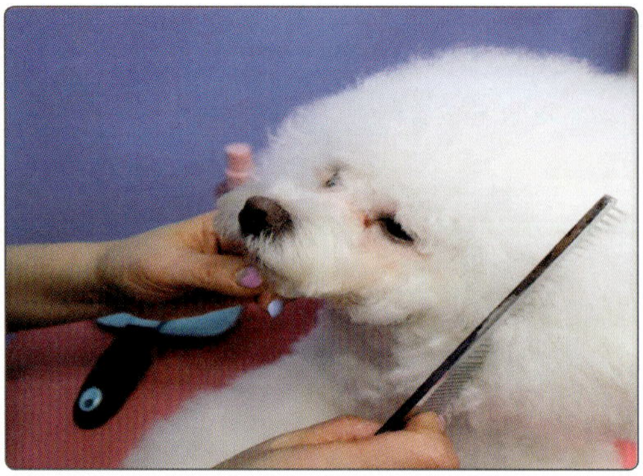

머리와 얼굴의 코트를 코밍하고 드라이 작업이 잘 되었는지 점검한다.

④ 눈 주변의 털을 커트해준다.

드라이 작업 후 얼굴의 코트를 코밍하고 눈을 덮거나 찌르는 경우 눈 주변의 털을 간단하게 커트한다.

⑤ 마무리 점검을 하고 완성한다.

(2) 단모종이나 전체 클리핑을 한 반려견의 목욕을 마무리 한다.

① 코밍하여 점검한다.

이중 모일 경우 코트의 수분이 남아 있을 수 있으니 드라이 작업이 잘 되었는지 재차 확인하고 전체 코트를 코밍하고 점검한다.

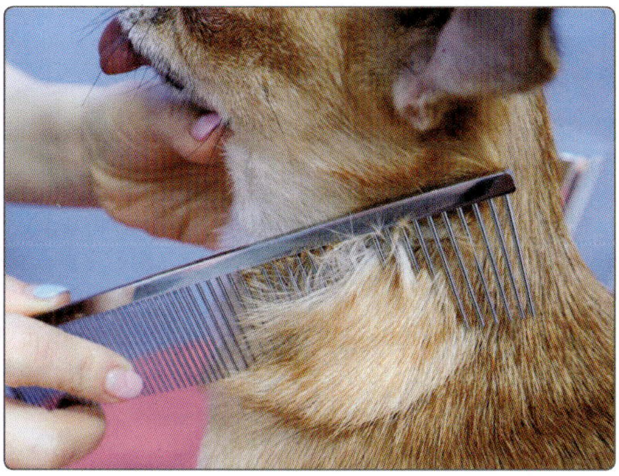

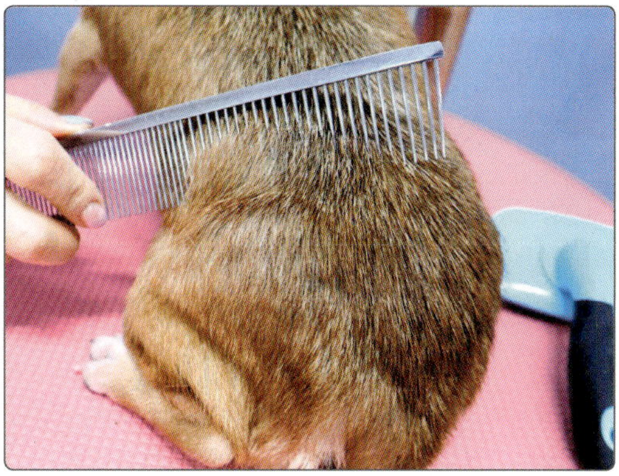

② 양치질을 한다.

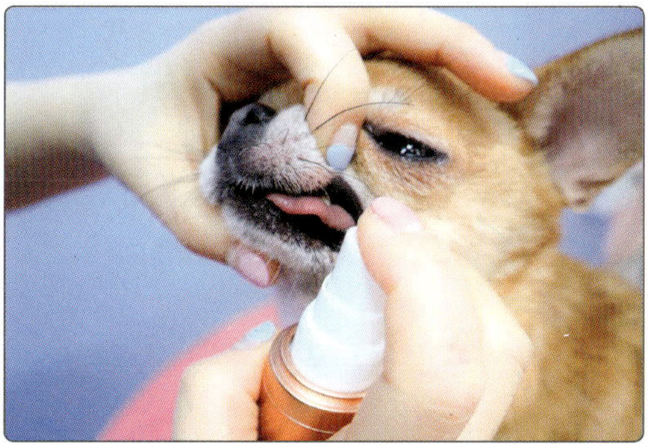

③ 에센스를 뿌려 준다.

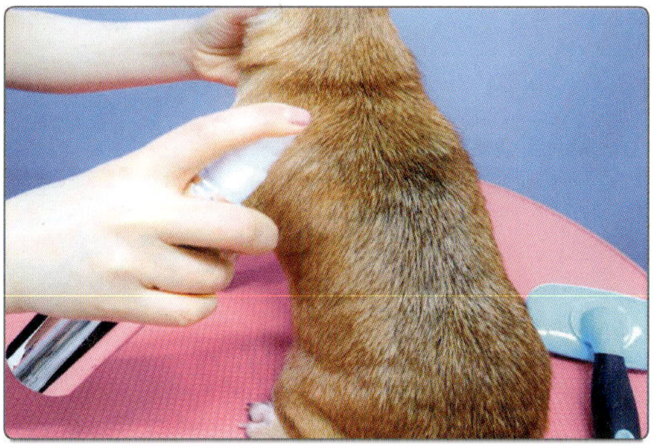

반려견의 피모가 건조하거나 털이 푸석할 경우 영양과 보습을 위해 에센스를 몸 전체에 뿌려 준다.

④ 마지막 점검을 하고 마무리 한다.

교수 방법
① 드라이 방법의 종류를 설명한다.
② 드라이하는 방법과 순서를 설명하고 시연한다.
③ 드라이할 때 피모의 상태를 점검하는 올바른 방법을 설명한다.
④ 드라잉의 마무리 방법을 설명한다.

학습 방법
① 드라이 방법의 종류를 확인하고 드라이어를 사용하는 방법을 익힌다.
② 드라잉 하는 방법과 순서를 확인하고 익힌다.
③ 드라이할 때 피모의 상태를 점검하는 올바른 방법을 확인하고 익힌다.
④ 드라잉의 마무리 방법을 확인하고 익힌다.

실습 과정 사진	
사진	설명

실습 완료 사진
드라잉 전 사진
완성 사진

학생 자가 진단 및 교수평가

능력단위명 〈코드〉	애완동물 목욕 〈2402010604_15v1〉_2수준 애완동물 기본미용 〈2402010605_15v1〉_2수준

진단 영역	진 단 문 항	학생 평가					교수평가				
		매우 미흡	미흡	보통	우수	매우 우수	매우 미흡	미흡	보통	우수	매우 우수
드라이 작업하기	1. 나는 드라이어 작업 전 수분 제거를 위해 타월링을 할 수 있다.	①	②	③	④	⑤	①	②	③	④	⑤
	2. 나는 반려동물 모질의 특성에 따라 드라이어 종류를 선택하고 드라이 방법을 결정할 수 있다.	①	②	③	④	⑤	①	②	③	④	⑤
	3. 나는 반려동물 상태를 고려하여 신체 대상 부위의 순서에 따라 드라이를 실시할 수 있다.	①	②	③	④	⑤	①	②	③	④	⑤
	4. 나는 화상과 찰과상 방지를 위해 온도와 빗질을 조절하여 드라이를 실시할 수 있다.	①	②	③	④	⑤	①	②	③	④	⑤
	5. 나는 시저링 작업의 용이함을 위해 웨이브 코트가 남아 있지 않도록 드라이어 풍향과 브러시 각도를 조절하여 드라이를 실시할 수 있다.	①	②	③	④	⑤	①	②	③	④	⑤
	6. 나는 수분이 남아 있지 않도록 피모를 건조시킬 수 있다.	①	②	③	④	⑤	①	②	③	④	⑤
	7. 나는 반려동물 모질 상태 점검을 위해 마무리 빗질을 실시할 수 있다.	①	②	③	④	⑤	①	②	③	④	⑤

[교수 평가의견]

[서술형 시험]

학습 내용	평가항목	성취 수준		
		상	중	하
드라잉	1. 드라잉 전에 수분을 제거하기 위해 타월링하는 방법의 이해			
	2. 반려동물의 모질 특성에 따라 드라이어의 종류를 선택하고 드라이하는 방법의 이해			
	3. 반려동물의 상태를 고려하여 신체 대상 부위의 순서에 따라 드라이하는 방법의 이해			
	4. 화상과 찰과상을 방지하기 위해 온도와 빗질을 조절하여 드라이하는 방법의 이해			
	5. 시저링을 용이하게 하기 위해 웨이브 코트가 남아 있지 않도록 드라이어의 풍향과 브러시 각도를 조절하여 드라이하는 방법의 이해			
	6. 수분이 남지 않도록 피모를 건조시키는 방법의 이해			
	7. 반려동물의 모질 상태를 점검하기 위해 마무리 빗질을 하는 방법의 이해			

[평가자 체크리스트]

학습 내용	평가항목	성취 수준		
		상	중	하
드라잉	1. 드라잉 전에 수분을 제거하기 위해 타월링하는 방법의 이해			
	2. 반려동물의 모질 특성에 따라 드라이어의 종류를 선택하고 드라이하는 방법의 이해			
	3. 반려동물의 상태를 고려하여 신체 대상 부위의 순서에 따라 드라이하는 방법의 이해			
	4. 화상과 찰과상을 방지하기 위해 온도와 빗질을 조절하여 드라이하는 방법의 이해			
	5. 시저링을 용이하게 하기 위해 웨이브 코트가 남아 있지 않도록 드라이어의 풍향과 브러시 각도를 조절하여 드라이하는 방법의 이해			
	6. 수분이 남지 않도록 피모를 건조시키는 방법의 이해			
	7. 반려동물의 모질 상태를 점검하기 위해 마무리 빗질을 하는 방법의 이해			

[작업장 평가]

학습 내용	평가항목	성취 수준		
		상	중	하
드라잉	1. 드라잉 전에 수분을 제거하기 위해 타월링을 할 수 있는 능력			
	2. 화상과 찰과상을 방지하기 위해 온도와 빗질을 조절하여 드라잉을 할 수 있는 능력			
	3. 시저링을 용이하게 하기 위해 웨이브 코트가 남아 있지 않게 드라이어의 풍향과 브러시 각도를 조절하여 드라잉할 수 있는 능력			
	4. 수분이 남지 않게 피모를 건조시킬 수 있는 능력			
	5. 반려동물의 모질 상태를 점검하기 위해 마무리 빗질을 실시할 수 있는 능력			

진단영역	평가 문항 수	점수	점수 ÷ 문항 수
드라이하기	7		

※ 점수를 문항 수로 나눈 값이 '3점' 이하에 해당하는 영역은 직무수행 능력 부족한 것으로 향상 학습이 요구되며 4점 이상이면 직무수행 능력 우수로 심화학습이 요구됨.

Chapter 3 베이싱

7 th week

어린 반려견 베이싱과 워터리스 샴핑

학습내용(단원명)	수업 목표
어린 반려견 베이싱 워터리스 샴핑	• 어린 반려견의 샴푸와 린스를 할 수 있다. • 어린 반려견의 드라이와 마무리를 할 수 있다. • 워터리스 샴핑과 목적을 파악할 수 있다. • 워터리스 샴핑을 할 수 있다.

1. 어린 반려견 베이싱

1. 어린 반려견 베이싱의 목적

반려견은 태어나서 처음 받는 어린 시절의 손질에 평생의 버릇과 습관이 길들여진다. 어린 반려견의 관리는 생후 3~4주면 시작하는데, 어미가 잘 돌보지 않아서 오물이 묻은 상태로 있거나 변이 털과 엉겨서 배변에 지장을 주는 경우 항문이 헐거나 상처가 생길 수도 있으니 수시로 점검해야 한다.

2. 주의 사항

(1) 처음 손질은 조심스럽게 하여 아프게 하거나 놀라지 않도록 주의한다.

(2) 브러싱은 놀아 주는 것처럼 조심스럽게 빗질을 하거나 손질을 시작하기 전에 사람의 손길에 길들여지도록 발을 만지작거려 익숙하게 한다.

(3) 발바닥이나 항문 주변, 생식기 등의 털은 짧게 깎아 목욕을 자주 시키는 일이 없도록 해야 한다.

(4) 목욕은 최단 시간에 온수로 자극을 최소화하며 물이 호흡기에 들어가지 않도록 조심하며 세심한 주의를 필요로 한다.

(5) 드라이 작업을 할 때 브러시 사용과 소음에 주의하고 부드럽게 브러싱하여 어린 반려견이 고통받지 않도록 한다.

3. 어린 반려견 베이싱 순서

(1) 코밍하여 점검한다.

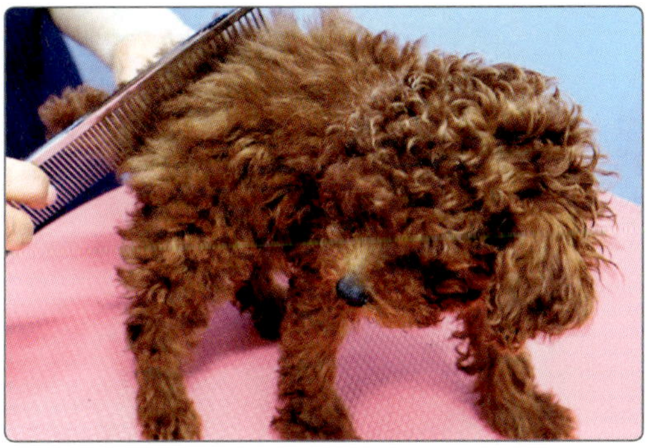
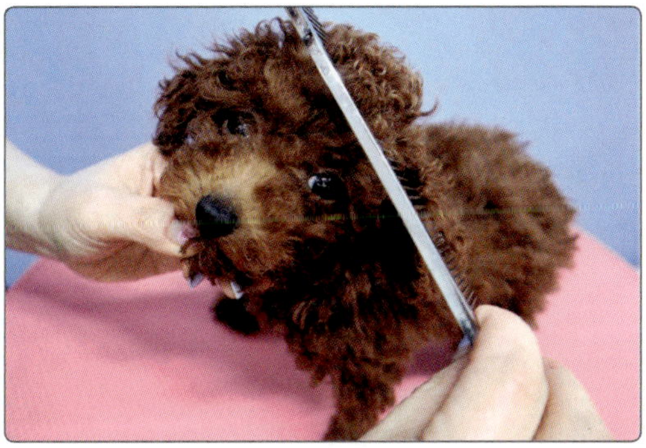

샴핑 전 실시한 어린 반려견의 브러싱이 잘 되었는지 등, 앞다리, 뒷다리, 겨드랑이의 코트를 코밍하고, 머리와 얼굴 털의 브러싱이 잘 되었는지 코밍하여 점검한다.

(2) 욕조에 샴푸를 희석한다.

작은 욕조를 준비하고 39℃의 물 1/3을 채우고 어린 반려견용 샴푸를 투입하고 나머지 물을 더 체우면서 샴푸를 희석한다.

(3) 욕조에 몸이 잠기도록 담근다.

샴푸가 희석되어 있는 욕조에 어린 반려견이 놀라지 않도록 천천히 조심스럽게 몸이 잠기도록 담그고 손으로 몸에 물을 끼얹어 준다.

(4) 샤워 볼을 사용해 마사지 한다.

샤워 볼과 손을 번갈아 가면서 사용하여 몸과 다리, 배와 가슴, 머리와 얼굴을 빠짐없이 마사지 해준다. 이때 온수를 계속 공급해 주면서 목욕물 온도를 유지해 준다.

(5) 눈 주변의 털은 안면 빗을 사용한다.

눈 주변의 털은 분비물과 눈곱 등으로 오염이 심할 경우 샴푸 희석 액으로 불려서 안면 빗을 사용하여 청결히 정리해준다. 이때 어린 반려견이 불안해하지 않도록 한 손은 계속 보정해 준다.

(6) 욕조에 물을 채워가며 세정한다.

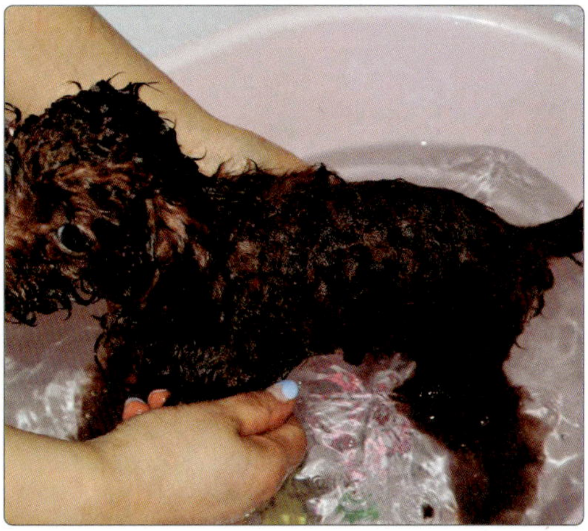

어린 반려견이 불안해하지 않게 욕조 안에 계속 손을 담그고 물 온도를 체크 하면서 물 온도를 유지하며 보정하는 손을 떼지 않는다.

(7) 욕조에 물을 채워가며 세정한다.

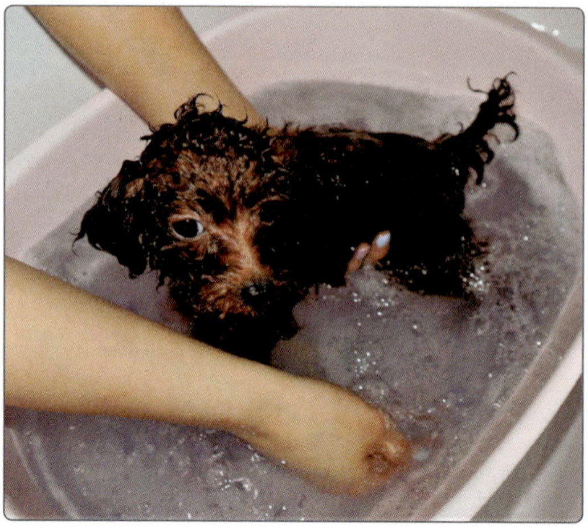

어린 반려견용 린스를 희석한 후 입욕시키고 체온이 떨어지지 않게 물을 계속 끼얹어 주며 마사지 해준다.

(8) 맑은 물로 세정한다.

온수를 계속 공급해 주면서 피모에 잔여물이 남지 않도록 맑은 물로 꼼꼼하게 세정해 준다.

(9) 타월링과 세킹, 드라이 작업을 한다.

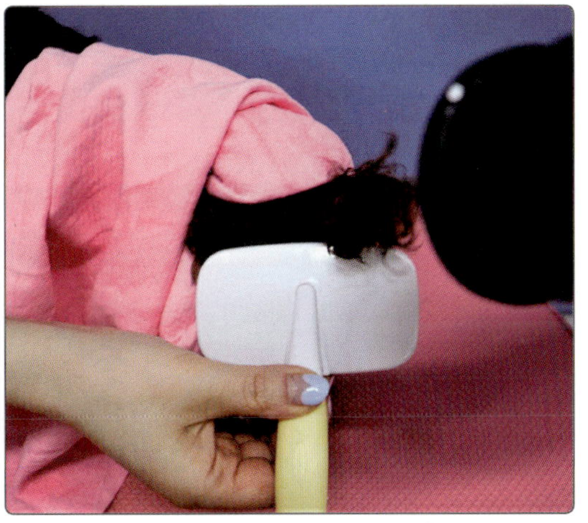

세정이 마무리되면 코트에 남아 있는 물기를 제거하고 타월링을 한다. 어린 반려견의 체온이 떨어지지 않게 주의하면서 세킹을 하고 엉덩이 부분부터 브러싱과 드라이 작업을 시작한다.

(10) 몸 전체의 드라이 작업을 한다

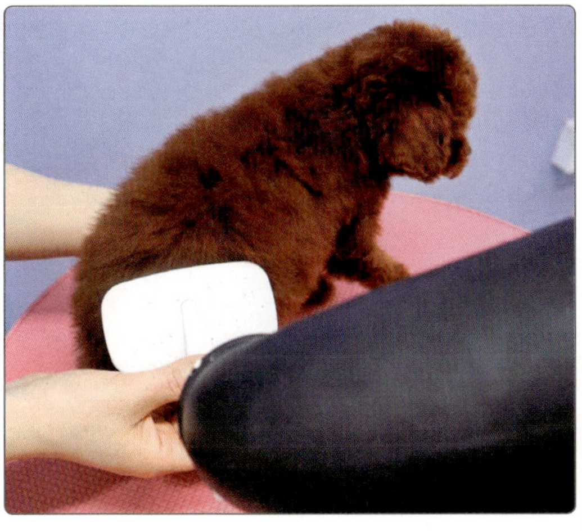

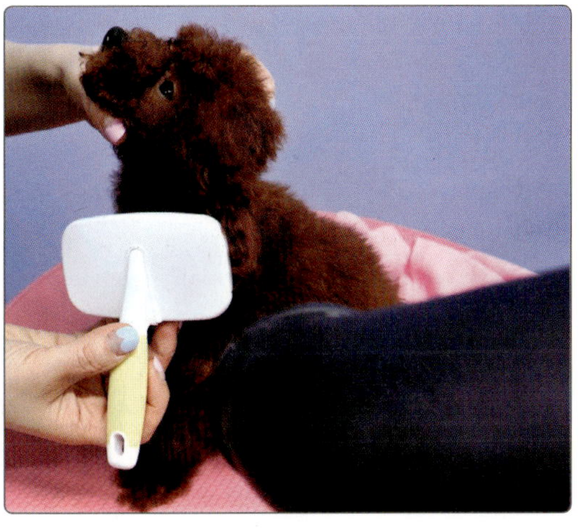

엉덩이, 뒷다리, 배와 등, 가슴, 앞다리 부위의 드라이 작업을 하고, 얼굴과 머리의 드라이 작업을 한다. 겨드랑이와 귀밑 등 빠진 부위가 없는지 꼼꼼히 살피면서 작업을 마무리한다.

(11) 코밍을 하여 마무리 점검을 한다.

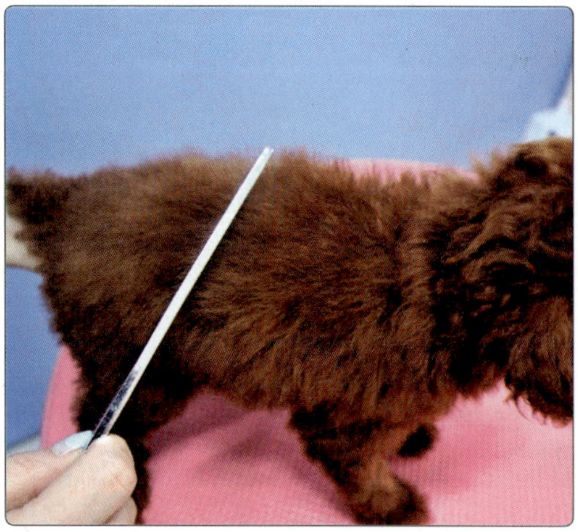
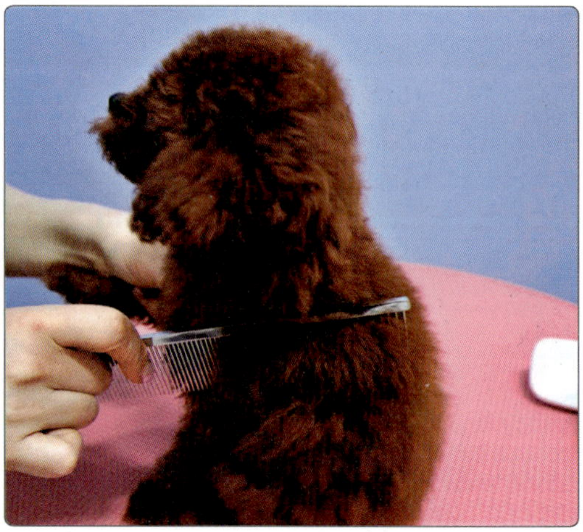

등과 몸통, 가슴과 다리를 드라이가 잘 되었는지 코밍하면서 빠진 부위가 없는지 꼼꼼하게 확인하고 점검한다.

(12) 눈 주변의 털을 점검한다.

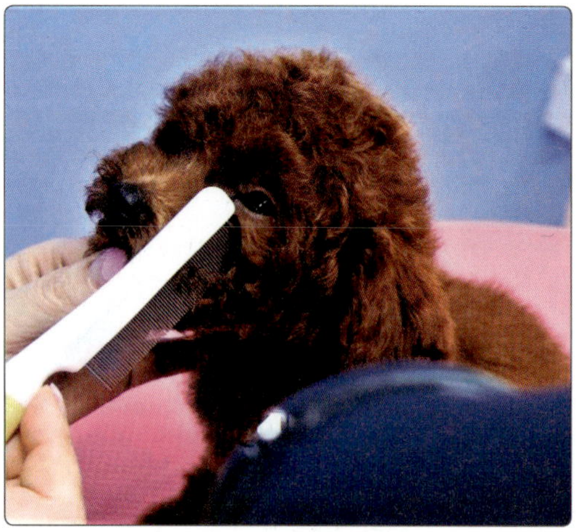
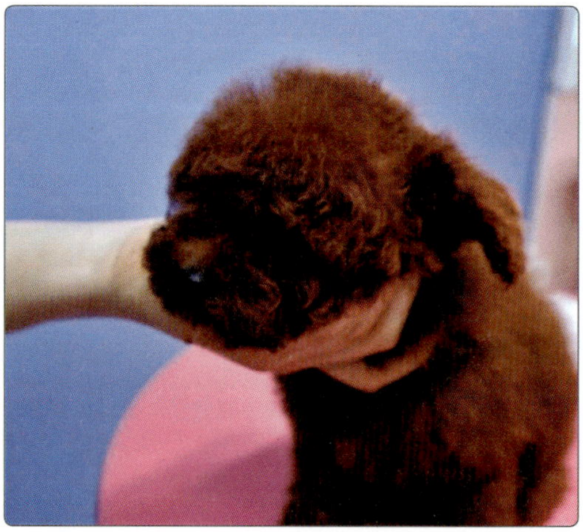

얼굴의 눈 주변의 털은 안면 빗으로 드라이 작업이 잘 되었는지 꼼꼼하게 확인하고 점검한다.

(13) 눈 주변 털을 커트한다.

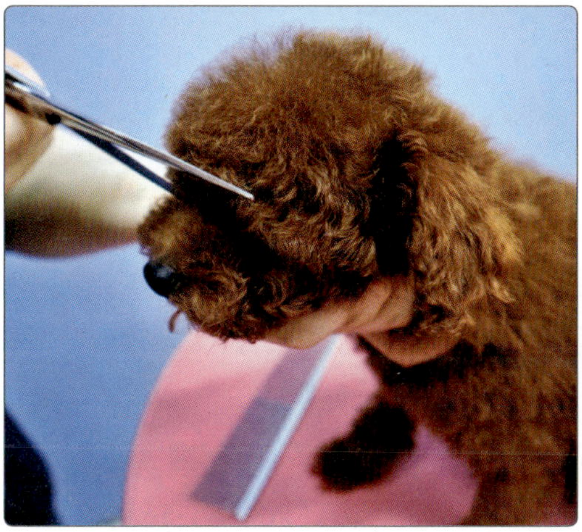
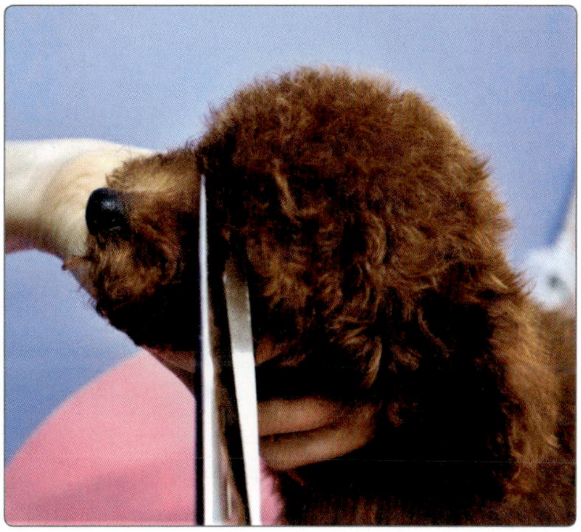

눈을 덮거나 찌르는 털이 없는지 머리와 얼굴의 코트를 확인하고 가위로 간단하게 커트해 준다

(14) 발 주변의 털을 커트한다.

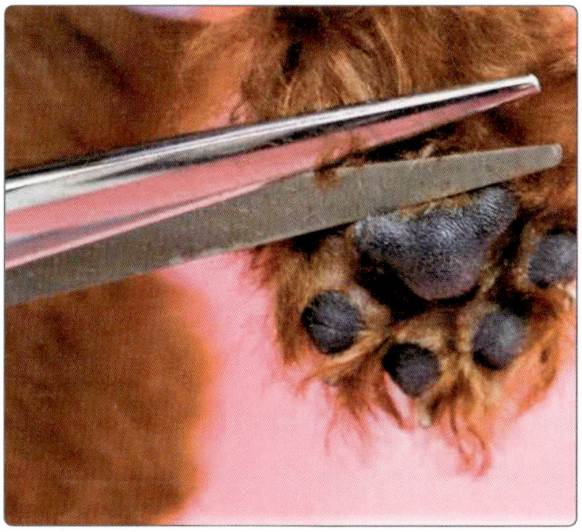

발바닥의 패드를 덮는 털이 없는지 확인하고, 바닥에 발등 털이 닿지 않는지 확인하고 간단하게 커트해 준다.

(15) 양치질을 한다.

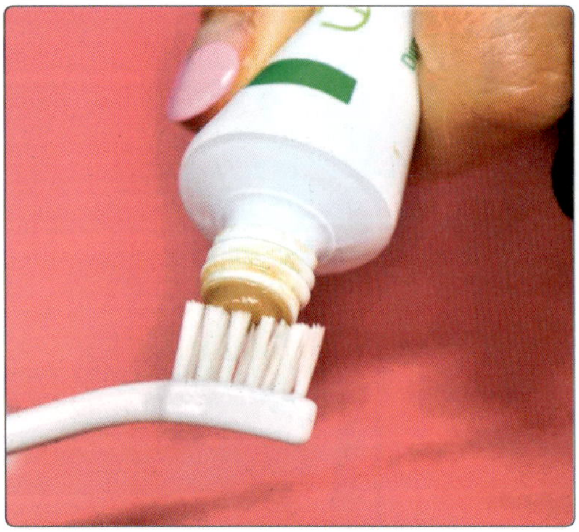

칫솔에 치약을 바르고 치아를 닦아준다. 이때 어린 반려견이 심하게 거부할 수 있으므로 무리하게 시도하지 않는다. 간단하게 놀이처럼 진행하는 것이 좋다.

(16) 마무리 점검을 하고 완성한다.

반려견의 피모가 건조하거나 털이 푸석할 경우 영양과 보습을 위해 에센스를 몸 전체에 뿌려 주고 마무리한다.

2. 워터리스 샴핑

1. 워터리스 샴핑의 특징과 목적

물을 사용하지 않고 거품으로 간단하게 샴푸를 하며, 물로 완벽한 세정을 하지 않기 때문에 화학 성분이나 알레르기를 일으킬 수 있는 성분의 유무를 잘 확인하고 사용해야 하므로, 너무 어린 반려견의 사용은 권장하지 않는다.

(1) 수술했거나, 병원에 입원해서 물 사용이 어려운 반려동물에게 부분 샴핑으로 오물과 악취제거를 위해 사용한다.

(2) 물을 싫어해서 목욕을 심하게 거부하여 목욕에 대한 스트레스가 너무 심한 반려동물에게 목욕의 횟수를 줄여주기 위해 사용한다.

(3) 산책을 자주 해서 잦은 목욕이 필요하거나 산책 후 부분적으로 오염이 되어 있는 경우 사용한다.

(4) 기력이 없는 노령견에게 사용한다.

2. 워터리스 샴핑 순서

(1) 오염된 발을 확인한다.

산책으로 반려동물의 오염이 된 발이나 항문 주변, 얼굴 등을 확인하고 준비한다.

(2) 가벼운 오염을 제거한다.

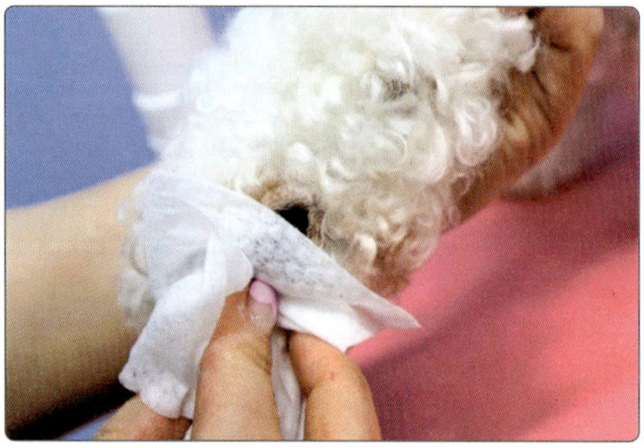

물티슈나 휴지로 제거 가능한 가벼운 오염은 간단하게 털어 내거나 닦아내어 제거해 준다.

(3) 워터리스 샴푸를 도포한다.

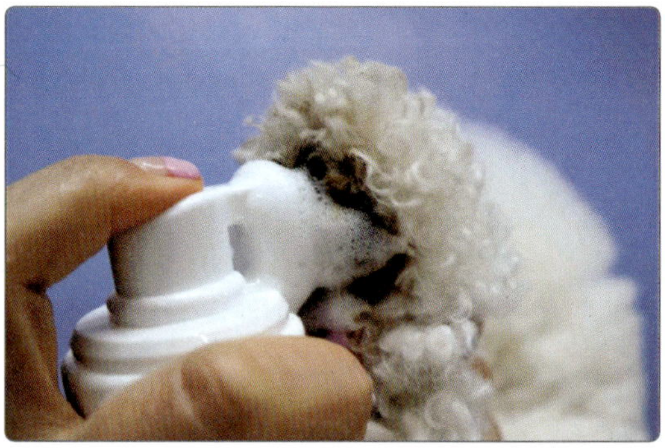

간단하게 오염을 제거한 후 제거되지 않고 남아 있는 오염된 부위에 워터리스 샴푸를 흔들어서 분사하여 거품의 형태로 도포한다.

(4) 거품을 마사지 한다.

거품으로 도포한 워터리스 샴푸를 오염된 피모에 잘 스며들도록 손가락으로 꼼꼼하게 마사지해 준다.

(5) 변색된 샴푸를 물티슈로 닦아준다.

1~2분 정도 마사지해주면 워터리스 샴푸 거품의 색깔이 변색이 된다. 변색된 것을 확인하면 물티슈로 깨끗이 닦아낸다.

(6) 마른 타월로 건조시킨다.

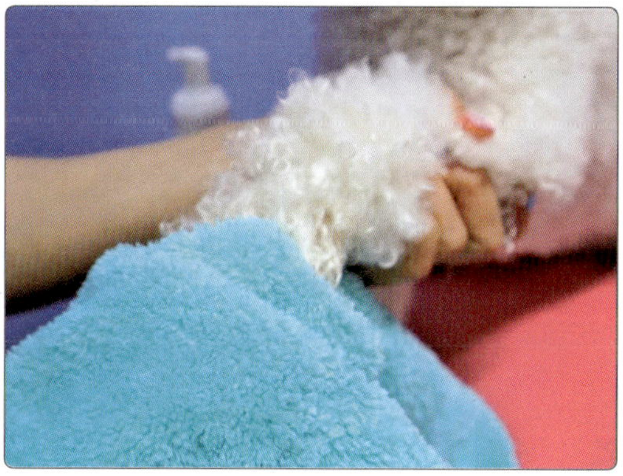

물티슈로 닦아내고 남아 있는 수분은 마른 타월로 닦아내어 제거해 준다. 필요시 드라이어 사용을 해도 무방하다.

(7) 마무리 점검을 하고 완성한다.

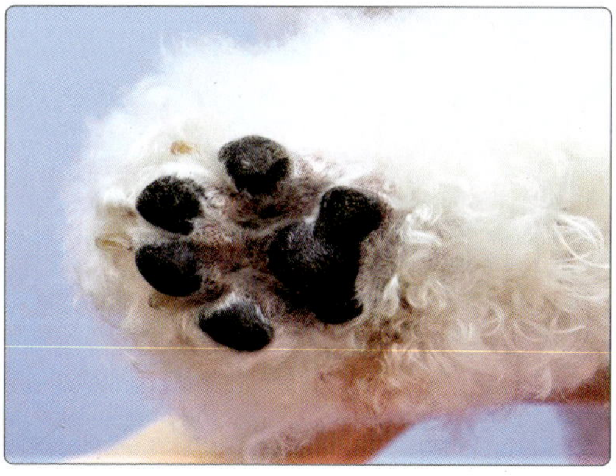

오염된 발 주변의 털과 발바닥 사이의 오염이 깨끗하게 제거되었는지 꼼꼼하게 확인 점검을 하고 완성한다.

Chapter 3 베이싱

8th week

아로마 스파

학습내용(단원명)	수업 목표
아로마 버블 스파 하기 아로마 탄산 스파 하기	• 아로마 목욕을 파악하고 이해할 수 있다. • 아로마 버블 스파의 작업을 할 수 있다. • 아로마 탄산 스파의 작업을 할 수 있다.

1. 아로마 베이싱

1. 아로마 베이싱이란?

미용이나 건강을 위해 쑥, 한약재, 소금 등을 욕조에 넣는 것과 같은 원리로 에센셜 오일을 활용하는 것이다. 입욕을 하고 있는 동시에 오일 성분의 약리 성분과 좋은 향기를 피부와 코로 받아들여 좋은 효과를 얻는 것을 말한다.

따뜻한 물을 욕조에 채우고 에센셜 오일이나 허브를 사용한 아로마 목욕은, 좋은 향과 약리 성분을 동시에 피부로 받아들여 두 가지의 효과를 한 번에 느낄 수 있는 것이다.

반려견의 아로마 목욕 – 천연 성분의 에센셜 오일을 이용하여 여러 종류의 제품을 만들고 그 제품들을 활용하여 욕조에 물과 함께 희석하여 반려견을 입욕시킨다.

2. 아로마 버블 스파

거품으로 반려견의 몸을 충분히 담그고 마사지한 후 물로 헹구어 주는 아로마 목욕 방법이다.

(1) 고체 거품 목욕 비누

반려견의 욕조 안에 제품을 쪼개어 놓고 샤워기로 마찰시켜 사용하며, 풍성한 거품과 향기가 샤워부스를 가득 채우는 세정력 있는 입욕제이다. 다음과 같은 반려견에게 사용하면 효과적이다. 스파와 비누를 한 번에 하는 올인원 고체 거품 스파이다.

① 목욕을 싫어하는 반려견에게 사용한다.
② 산책을 자주하는 반려견에게 사용한다.
③ 냄새가 많이 나는 반려견에게 사용한다.
④ 피부가 약한 반려견에게 사용한다.
⑤ 어린 반려견부터 노령견에게 사용한다.

[고체 거품 목욕 비누]

버블 비누의 종류	주요 성분	효능
	• 페퍼민트 오일 • 청대	모든 종류의 피부 자극이나 가려움 완화를 도와주며 항균성이 뛰어나 성난 반려견 피부진정에 도움을 준다.
	• 석류 • 로즈베리	반려견 피부의 윤기와 탄력을 유지시키는 콜라겐 흡수를 도와주고, 건강하고 풍성한 피모 관리에 효과적이다.
	• 피톤치드 • 주니퍼 베리	반려견 몸속에 쌓인 독소 배출 및 살균, 염증 케어에 효과적이며 약한 반려견 피부에 휴식을 도와준다.
	• 스윗 오렌지 • 주니퍼 베리	반려견의 건조하고 민감한 피부에 생기를 불어 넣어주고 염증 케어를 도와준다.

(2) 천연 비누

천연 원료와 성분을 사용한 목욕 제품이며 헹굼력이 좋아 목욕시간이 빠르다. 다음과 같은 반려견에게 사용한다.

① 배뇨와 배변 후에 사용한다.
② 음식 섭취 후 지저분해진 입 주변에 사용한다.
③ 매일 산책 후 꼬질 해진 발바닥에 사용한다.
④ 눈물 자국이 심한 경우에 사용한다.

[천연 비누]

천연 비누의 종류	주요 성분	효능
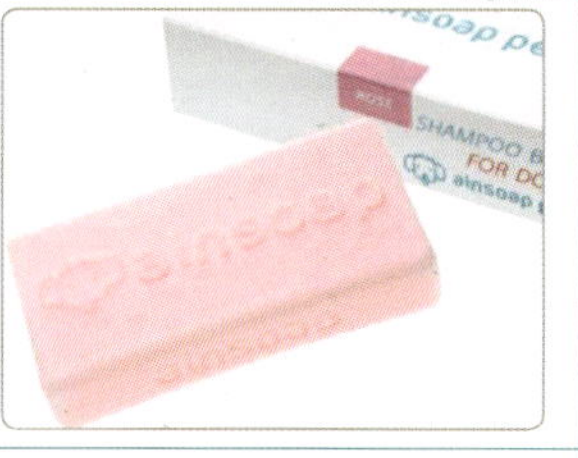	장미향 : 프로폴리스,로즈마리 오일, 달맞이꽃 오일, 장미추출물, 장미가루 등	피부가 건조하여 피모가 푸석한 곱슬 털을 가진 반려견이나 면역력이 떨어지는 노령견에게 사용한다.
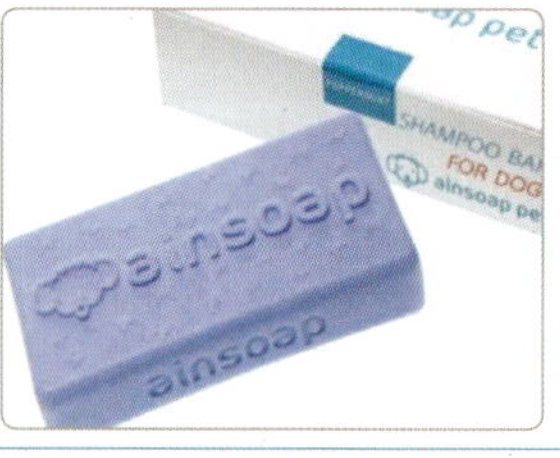	페퍼민트향 : 페퍼민트, 페퍼민트 오일, 청대, 온천가루 등	피부가 민감하고, 알러지와 습진이 있어서 자주 핥는 반려견이나 피부 질환이 있었던 경우와, 산책을 자주 할 때 사용한다.
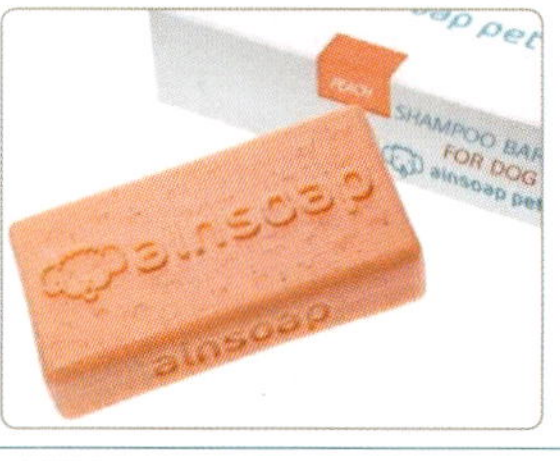	복숭아향 : 동백 오일, 대두유, 석류추출물, 포도씨유, 복숭아식향 등	모량이 부족하거나 털을 기르는 장모종, 모질 탄력이 부족한 반려견에게 사용한다.
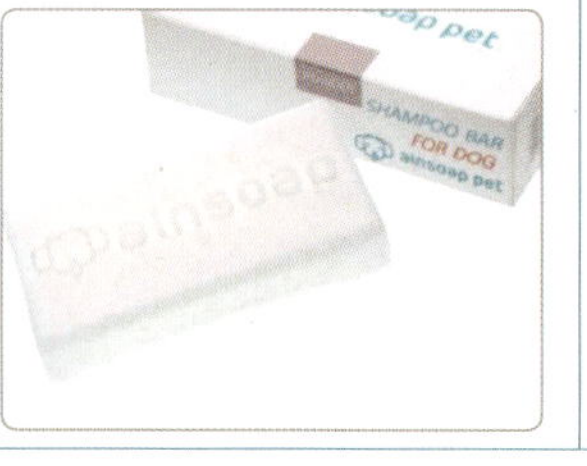	파우더향 : 동백 오일, 산양분유, 티트리 오일, 베이비파우더블랜딩 오일 등	피부가 건조하거나 어린 반려견과 피모가 얇은 장모견에게 사용한다.

3. 아로마 버블 스파의 작업순서

(1) 입욕제와 천연 비누를 사용하여 아로마 목욕을 한다.

피부의 탄력과 윤기와 보습을 필요로 하는 반려견에게 달콤한 석류와 로즈베리 성분의 고체 거품 입욕제와 장미향의 천연 비누를 사용하여 아로마 베이싱을 한다.

[고체 거품 입욕제]

[천연 비누]

(2) 반려견의 아로마 버블 스파를 준비한다.

브러싱이 잘 되었는지 코밍하여 점검하고 버블 스파 준비를 한다.

(3) 욕조에 입욕제를 넣는다.

욕조 안에 고체로 된 입욕제를 손으로 잘게 쪼개어 넣어준다.

(4) 욕조에 물을 채워 넣는다.

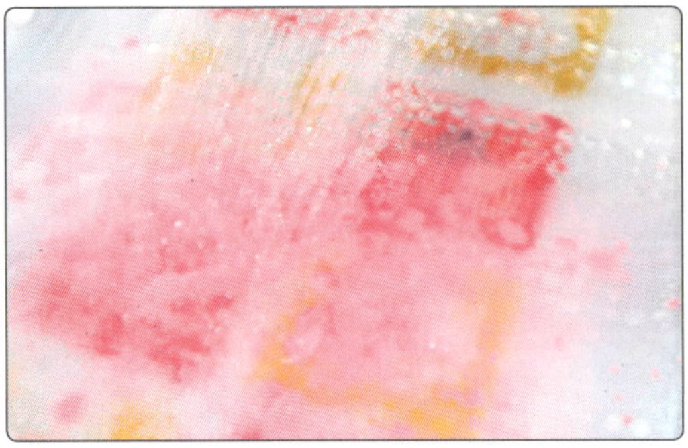

샤워기로 마찰을 시켜 고체로 된 입욕제가 전부 녹을 때까지 물을 채운다.

(5) 반려견을 욕조에 입욕시킨다.

적당히 물이 채워지면서 많은 버블이 생기고 그 안에 반려견을 입욕을 시키고 체온이 내려가지 않게 연속해서 물을 끼얹져 준다.

(6) 천연 비누를 사용한다.

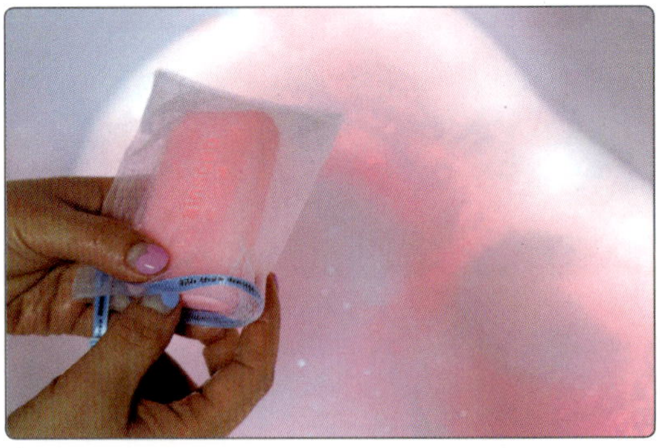

장미 향의 천연 비누를 거품이 많이 만들어질 수 있게 망에 넣어 둔다.

(7) 천연 비누로 부분 도포를 한다.

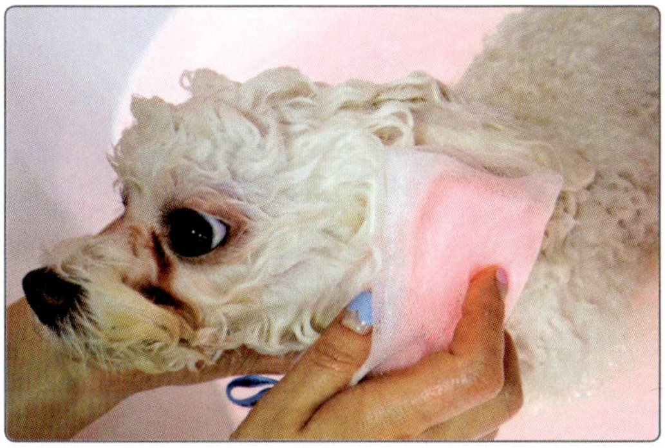

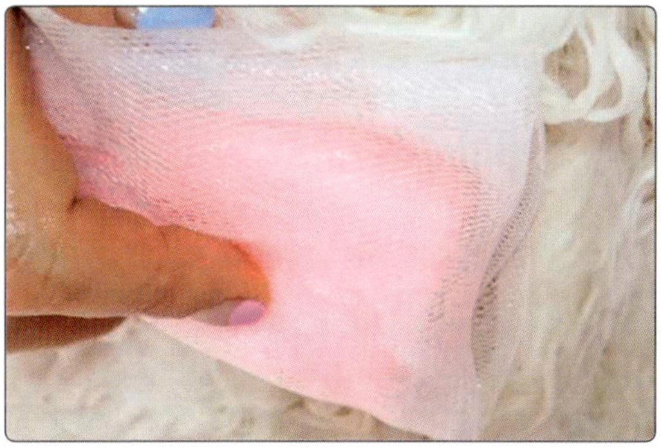

거품이 덜 나는 얼굴 주변이나 귀는 망에 넣은 천연 비누를 도포하고 마사지해 준다.

(8) 반려견의 전신을 마사지해 준다.

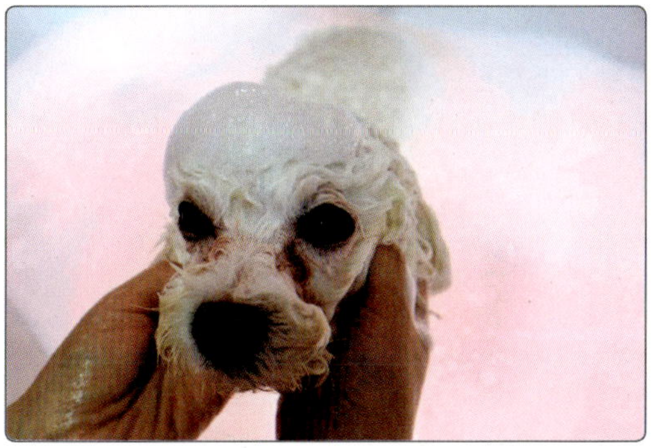

입욕 시간은 5분에서 10분 정도가 적당하며, 물의 온도는 유지해주고 그 동안 마사지해준다.

(9) 물로 세정해 준다.

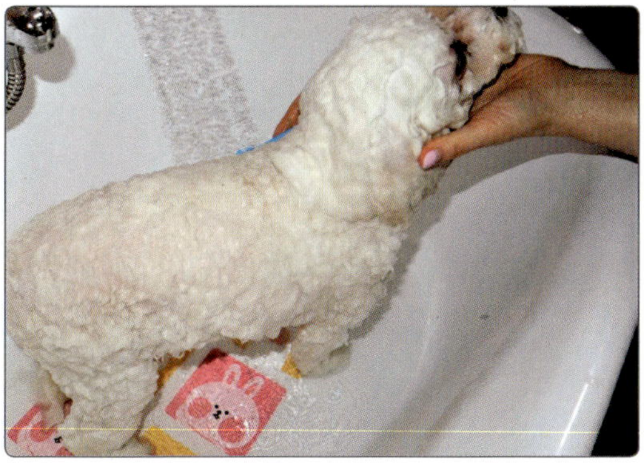

입욕이 마무리되면 욕조의 물을 빼고 맑은 물로 세정한다. 거품이 피모에 남아 있지 않도록 빠짐없이 꼼꼼하게 세정한다.

(10) 타월링해 준다.

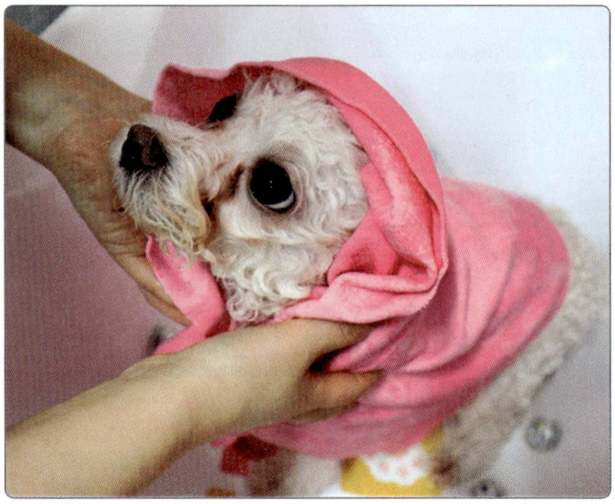

반려견의 체온이 떨어지지 않도록 타월로 감싸고 수분을 제거해준다.

(11) 드라이 작업을 한다.

타월링이 마무리되면 장모종의 반려견은 새킹하며 드라이 작업을 한다.

(12) 눈 주변의 털을 커트 한다.

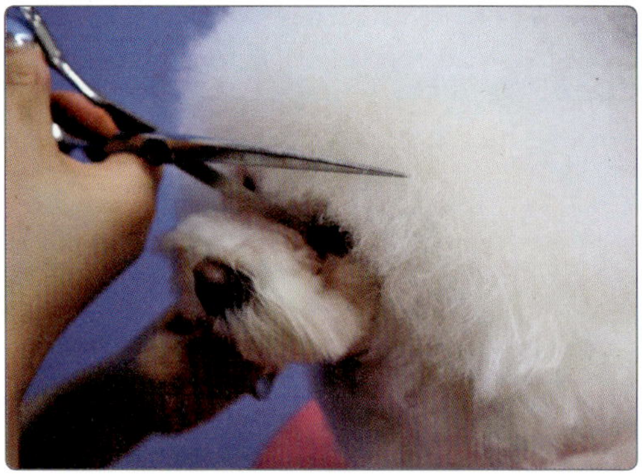

드라이 작업 후 얼굴의 코트를 코밍하고 눈을 덮거나 찌르는 경우 눈 주변의 털을 커트 한다.

(13) 양치를 해준다.

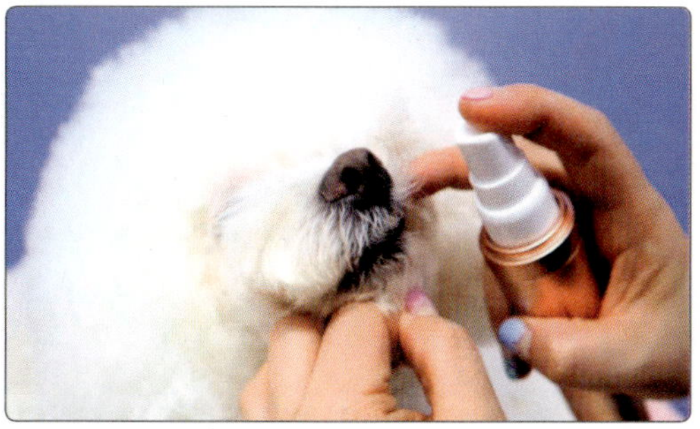

칫솔을 싫어하는 반려견의 경우 덴탈 스프레이를 뿌려준다.

(14) 피모에 에센스를 뿌려 준다.

반려견의 피모가 건조하거나 털이 푸석할 경우 영양과 보습을 위해 에센스를 몸 전체에 뿌려 준다.

(15) 발바닥에 보습제를 도포한다.

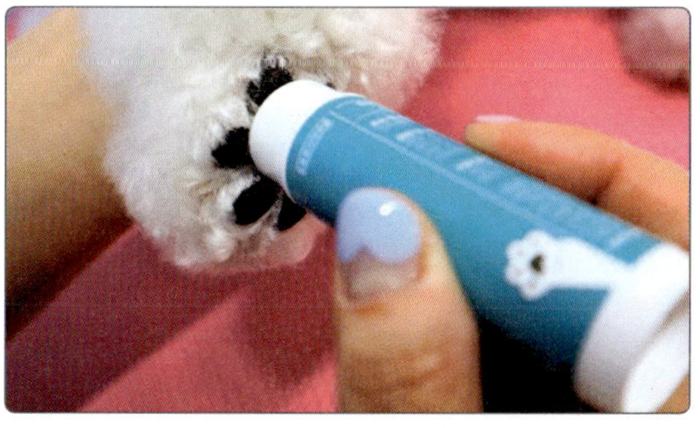

발바닥이 건조해서 각질이 일어나는 경우 보습제인 천연 성분의 수딩 밤을 도포해 준다. 발바닥의 경우 자주 핥기 때문에 보습제의 성분은 반려견이 먹어도 무해한 제품을 사용해야 한다.

(16) 마무리 점검을 하고 아로마 버블 스파를 완성한다.

4. 아로마 탄산 스파

아로마 탄산 입욕제를 사용하는 반려견의 아로마 목욕 방법이다. 탄산 입욕제와 소금 가루 입욕제를 동시에 사용하여 플러스 효과를 낼 수 있다. 거품이 없기 때문에 따로 헹구지 않아도 된다.

(1) 아로마 탄산 입욕제

반려견의 욕조에서 물을 받은 후 사용하며, 거품은 없지만 욕조 가득 아로마 오일의 사랑스러운 향기로 채워주며 수분 공급과 모질을 케어해 주는 탄산 스파 입욕제이다. 다음과 같은 반려견에게 사용하면 효과적이다.

① 피부에 보습이 필요한 반려견에게 사용한다.
② 각질 및 노폐물 제거를 해준다.
③ 모질 관리와 혈액순환이 필요한 반려견에게 사용한다.

[아로마 탄산 입욕제]

종류	형태	성분	효능
	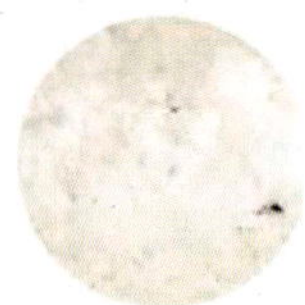	탄산파우더 로즈 잎 로즈 E.O 비타민 E 등	**로즈의 효능** 반려동물의 피모에 수분을 공급해 주고 각질을 제거하고 항산화 효능이 있다.
	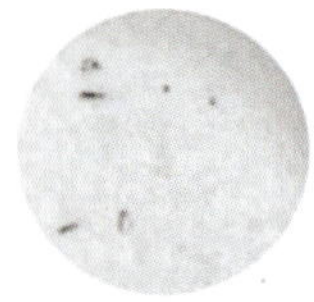	탄산파우더 페퍼민트 잎 페퍼민트 E.O 비타민 E 등	**페퍼민트의 효능** 스트레스가 쌓여 있는 반려동물에게 심신 안정과 근육 이완에 효과적이다.
		탄산파우더 라벤더 잎 라벤더 E.O 비타민 E 등	**라벤더의 효능** 반려동물의 피부 소염, 피부 가려움증 완화, 긴장을 푸는데 도움을 준다.
	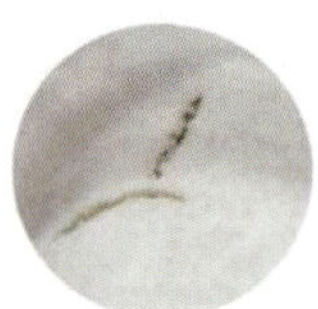	탄산파우더 로즈마리 잎 피톤치드 E.O 비타민 E 등	**피톤치드의 효능** 피부의 트러블을 해소하고, 아토피의 유발을 억제하고, 가려움을 완화한다.

(2) 아로마 소금 가루 스파

반려견의 욕조에서 물을 받은 후 사용하며, 거품은 없지만 100% 사해 소금이 풍부한 미네랄로 영양을 공급해 주는 아로마 고체 스파이다. 다음과 같은 반려견에게 사용하면 효과적이다.

① 피부에 영양공급이 필요한 반려동물에게 사용한다.

② 각질 및 노폐물 제거에 도움을 준다.

③ 독소 배출과 혈액순환을 도와준다.

[아로마 소금 가루 스파]

종류	형태	성분	효능
		이스라엘 사해 소금 레몬 E.O 진피 분말 비타민 E 등	레몬의 효능 오래된 각질 제거와 보습, 미백, 반려동물의 코트를 환하고 청결하게 만들어 준다.
	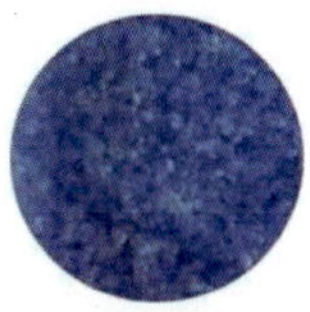	이스라엘 사해 소금 라벤더 불가리아 E.O 페퍼민트 E.O 비타민 E 등	민트 라벤더의 효능 반려동물의 피부에 진정 효과와 신진대사를 활성화해주며, 살균작용을 도와준다.
		이스라엘 사해 소금 피톤치드 오일 청대 분말 비타민 E 등	청대의 효능 반려동물의 피부 트러블 완화에 도움을 주고, 피부의 개선과 항균작용에 도움을 준다.

5. 아로마 탄산 스파의 작업순서

(1) 탄산 스파 입욕제 피톤치드와 스파 입욕제 민트 라벤더를 준비한다.

발을 핥거나 발바닥에 습진이 있는 반려견에게 탄산 스파 입욕제 피톤치드와 아로마 소금 가루 스파 입욕제 민트 라벤더를 준비한다.

피톤치드 아로마

민트 라벤더 소금

(2) 반려견의 아로마 탄산 스파를 준비한다.

브러싱이 잘 되었는지 코밍하여 점검하고 아로마 탄산 스파를 준비한다.

(3) 양치질을 한다.

입욕 전 반려견의 양치질을 먼저 해준다.

(4) 욕조에 물을 채운다.

욕조에 전체 목욕물의 1/3 정도만 채운다.

(5) 입욕제를 넣어준다.

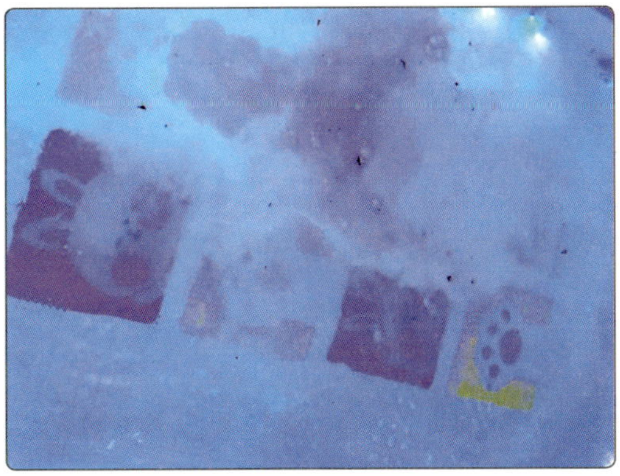

탄산 스파 입욕제 피톤치드와 아로마 소금 가루 스파 입욕제 민트 라벤더를 동시에 넣는다.

(6) 욕조에 나머지 물을 채운다.

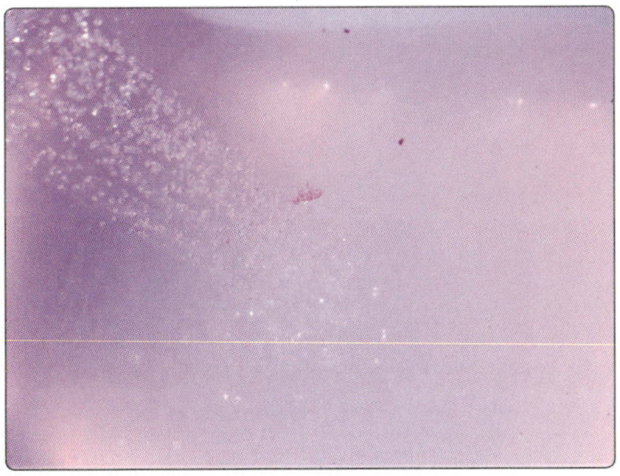

입욕제를 모두 넣고 나머지 목욕물을 채워준다.

(7) 반려견을 욕조에 입욕시킨다.

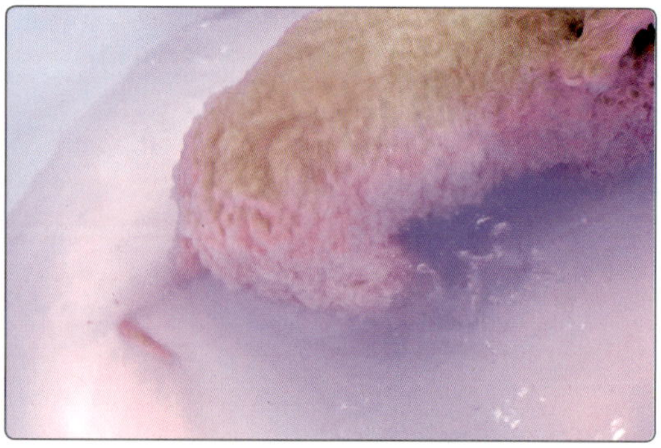

목욕물의 온도 확인을 하고 반려견을 입욕시킨 후 5분 ~10분 스파를 해준다.

(8) 반려견의 체온 유지를 해준다.

욕조 안 물의 온도를 유지해주고 타월로 몸을 덮어 체온이 떨어지지 않게 도와주면서 마사지해 준다.

(9) 타월링 한다.

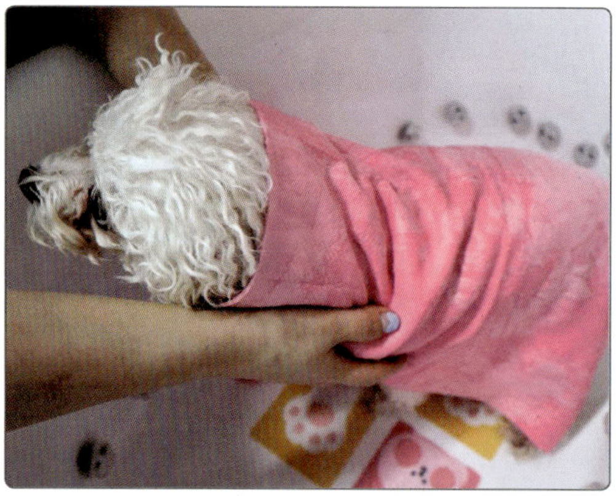

욕조의 물을 빼고 맑은 물 세정은 하지 않고 바로 타월링 하여 수분 제거를 해준다.

(10) 드라이 작업을 한다.

타월링이 마무리되면 장모종의 반려견은 새킹하며 드라이 작업을 한다.

(11) 피모에 에센스를 뿌려 준다.

반려견의 피모가 건조하거나 털이 푸석할 경우 영양과 보습을 위해 에센스를 몸 전체에 뿌려 준다.

(12) 마무리 점검을 하고 아로마 탄산 스파를 완성한다.

Chapter 4

애완동물 미용도구 활용

9th week

콤과 가위

학습내용(단원명)	수업 목표
애완동물 미용도구 활용	• 애완동물 미용 작업을 위해 빗의 종류와 모질에 따른 빗 사용 방법을 파악할 수 있다. • 가위의 사용 방법을 파악할 수 있다.

1. 콤과 가위

1. 콤 (일자 빗)의 용도

콤은 빗살의 간격이 넓은 곳과 좁은 곳으로 되어져 있다. 재질에 따라 무게와 강도가 다르기 때문에 애완동물 견종의 모질에 맞게 사용한다.

콤(일자 빗)으로는

① 엉킨 털을 푼다.
② 털을 가지런히 다듬는다.
③ 커트 작겁을 위한 털을 세운다.
④ 드라이 작업에서 눈 앞, 발 끝부분 등을 빗을 때 사용한다.
⑤ 털을 분리시키거나 가르마를 만들 때 사용한다.

재질에 따라 무게감이 다르기 때문에 엉킨 털을 풀기 위한 목적으로 사용하기 위해서는 무게감이 있는 스테인레스 재질의 콤을 사용한다. 경량의 콤은 커트를 하기 위한 용도로 사용되는 것이 좋다.

2. 콤의 종류

콤의 일반적인 길이는 약 20cm의 크기이다. 핀의 간격, 길이, 재질 및 무게에 따라 콤의 용도는 다양하다.

(1) 전체 길이가 긴 콤

콤의 길이가 25~30cm 이상의 크기이다. 대형견 털을 빗거나 커트를 위해 사용 시 용이하다.

(2) 핀의 길이가 긴 콤

파상모의 긴 털의 견종의 털을 빗거나 커팅을 위해 사용된다.

(3) 핀의 간격이 촘촘한 콤

세심하게 빗질하는 용도로 눈 앞부분의 털 또는 눈곱을 빗겨낼 때 사용된다.

(4) 콤비네이션 콤

일반적인 핀의 간격과 촘촘한 핀의 간격이 어우러진 콤으로 가장 보편적으로 쓰인다. 핀의 간격이 일정한 부분을 주로 사용하고 섬세한 부분을 빗질 할 때 촘촘한 부분을 사용한다.

3. 콤의 사용법

(1) 콤 잡는 방법

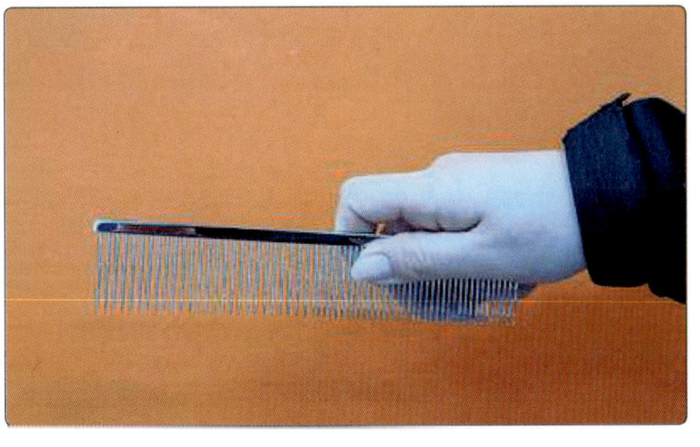

콤의 ⅓ 지점을 가볍게 잡는다.

(2) 컬리코트 (파상모) 빗질 방법

파상모 고유의 웨이브진 털을 슬리커 브러시로 브러싱 후 콤으로 털이 난 역방향으로 빗질을 하여 피모의 웨이브를 없애고 모근에 볼륨감이 생길 수 있게 빗질한다.

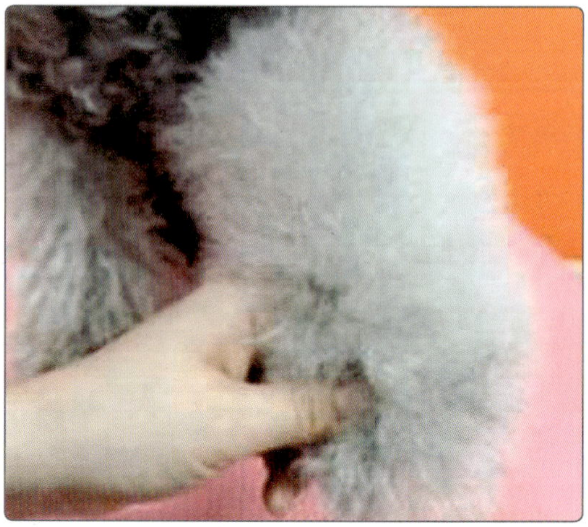

(3) 실크 코트 빗질 방법

실크 코트는 부드럽고 윤기가 있으며 힘없이 밑으로 쳐지는 모질로 털이 난 방향대로 가볍게 빗질한다.

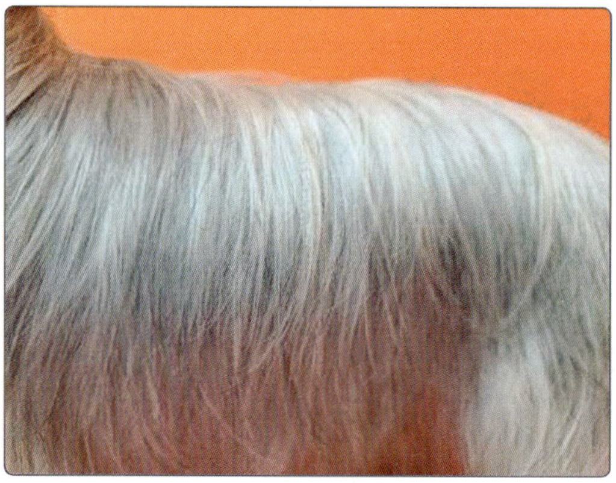

요크셔테리어의 모질 (실크코트)

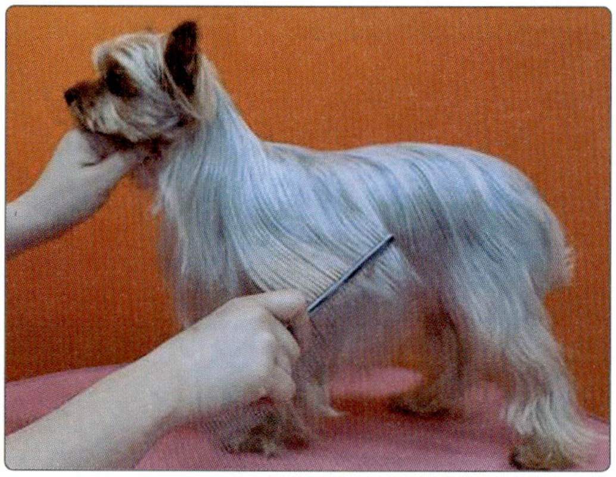

털이 난 방향대로 피모의 결을 따라 빗질한다.

4. 부위별 보정 및 빗질방법

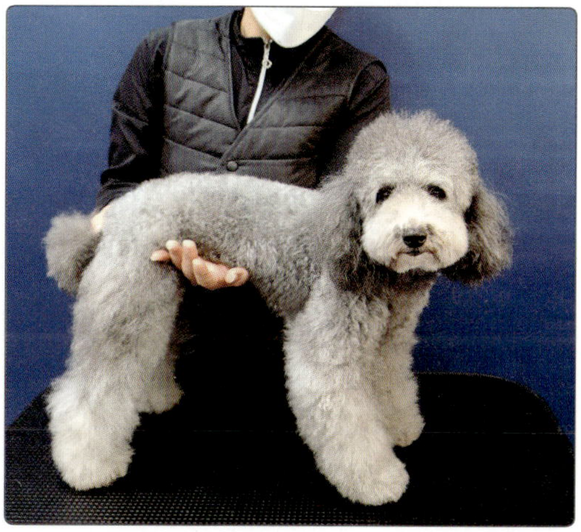

테이블 위에 개체를 고정시키는 방법은 다음과 같다. 개체의 관절에 무리가 가지 않도록 복부 밑에 손을 가볍게 넣어 스테이 자세를 유지시킨다. 스테이 자세란 앞다리의 관절이 지면을 향해 일직선이 되도록 바른 자세로 세워 준 후 뒷다리를 움직여 관절의 각도에 맞추어 올바르게 세우는 자세를 말한다.

(1) 얼굴관리

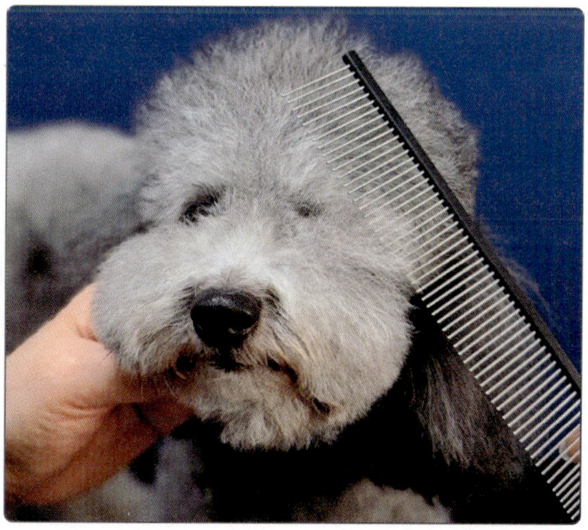

눈 앞 눈 위	개체의 턱 밑의 털을 작업자의 손으로 가볍게 잡고 콤으로 눈 앞과 눈 위의 털을 빗질한다.	
머리	턱 밑 또는 머즐 부위를 가볍게 잡고 빗질한다.	
귀	턱 밑 또는 귀를 가볍게 잡고 귀의 시작점에서 귀 끝을 향해 빗질한다.	
뺨	파상모	모질의 반대방향으로 빗질한다.
	실크코트	모질이 방향대로 빗질한다.

(2) 몸통관리

뒷다리 사이에 손을 넣어 개체가 움직이지 않도록 가볍게 잡아준 후 꼬리에서 머리 방향으로 빗질한다. 전체적으로 꼬리 앞에서 위더스까지 빗질을 한 후 부분적으로 꼬리 앞에서 턱업 위 또는 라스트 립까지 코밍, 턱업 부위 또는 라스트 립에서 위더스까지 빗질한다.

(3) 다리관리

빗질하는 다리를 가볍게 잡고 모질에 따라 털의 방향대로 빗질, 또는 털의 반대 방향으로 빗질한다. 털의 방향대로 빗질하는 경우에는 발에서부터 시작하여 다리를 향하여 빗질을 한다. 모근에서 지면을 향해 빗질하며 발에서 다리로 순차적으로 빗질한다.

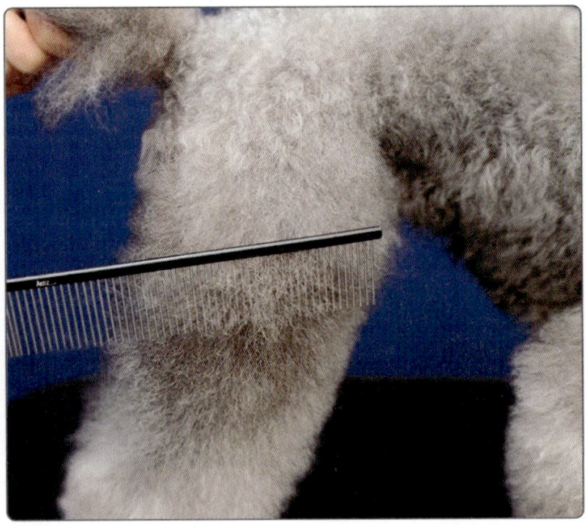

(4) 꼬리관리

꼬리의 끝을 가볍에 잡고 빗질한다. 견종의 꼬리의 길이, 생김새, 모질에 따라 꼬리의 빗질방향이 다양하다. 꼬리 길이의 경우 단미를 하여 꼬리 끝이 짧은 개체는 꼬리 시작 부분을 작업자의 손으로 잡고 털이 난 방향대로 빗질한 후 꼬리 끝부분을 잡고 털이 세워질 수 있도록 모근에서 밖의 방향을 향해 털을 빗어 준다.

단미를 하는 대표적인 견종은 푸들, 요크셔테리어, 코카스패니얼, 슈나우저 등이 있다. 꼬리의 길이가 긴 경우 꼬리 끝을 잡고 엉덩이와 평행하게 한 후 모근에서 털 끝을 향해 가볍게 빗질한다. 꼬리의 생김새는 꼬리가 등을 향해 말아 올라 간 경우의 꼬리이다.

꼬리를 엉덩이와 평행하게 한 후 빗질하고 꼬리의 원래의 위치에서 꼬리 시작부분을 보정한 후 자연스럽게 빗질한다. 모질에 따라서 더블코트, 파상모의 개체는 털의 반대방향으로 빗질 후 정방향으로 정리하며 빗질한다. 싱글코트, 실키코트는 털의 흐름대로 빗질한다.

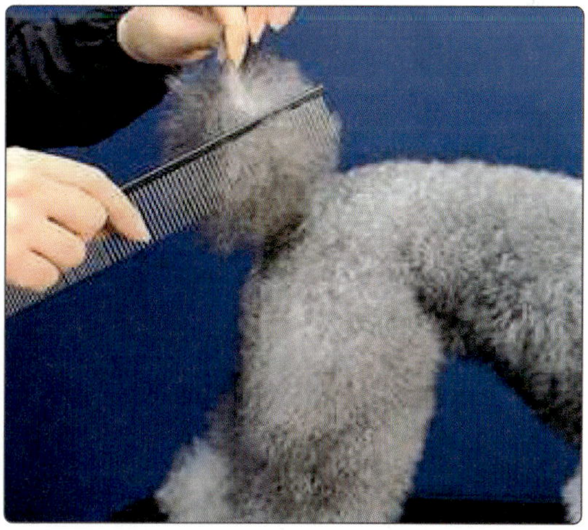

(5) 코밍의 중요 포인트

① **콤의 방향** : 콤을 가볍게 쥐고 손목의 움직임으로 반원을 그리듯 빗질하는 것이 중요하다.

② **빗질 방법** : 코밍 한 털은 모근에서부터 털을 세우는 것이 중요하다. 코밍하면서 세워진 털을 눕히지 않도록 주의한다.

2. 가위

애완동물의 털을 자르는데 사용되는 중요한 미용도구이다. 가위는 지렛대의 원리로 만들어진 도구로 반려견의 털을 자를 때 사용한다. 블런트, 시닝, 커브, 보브 가위 등을 기본으로 한 다양한 종류들이 있다. 가위의 경우 손으로 직접 만져보고 작업자의 손에 맞는 제품을 선택한다.

1. 가위의 구조

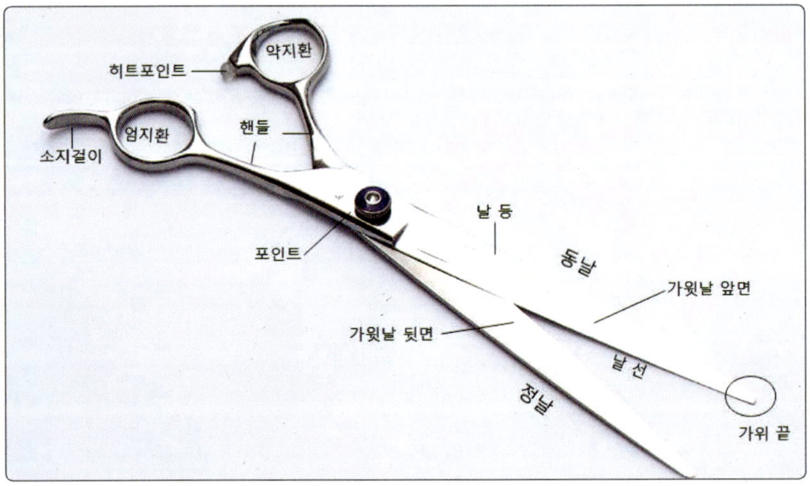

① 동날 : 엄지환이 있는 가위의 부분으로 털을 모으기 위해 움직이는 날이다.

② 정날 : 동날이 모은 털을 자르는 역할을 한다.

③ 포인트(선회축) : 가위의 중심이 되는 부분. 동날과 정날이 교차하며 움직임을 조절

④ 엄지환 : 동날을 움직이기 위해 엄지 손가락이 들어가는 위치

⑤ 약지환 : 정날을 고정하기 위해 약지 손가락이 들어가는 위치

⑥ 소지걸이 : 새끼손가락을 걸치는 위치

⑦ 날 선 : 털이 잘라져 나가는 부분. 날 선에서 털이 잘라진다.

⑧ 가위 끝 : 가위 양 날의 가장 뾰족한 곳

⑨ 가윗날 뒷면 : 동날과 정날의 가윗날 뒷면이 맞닿으며 털을 모으는 역할

⑩ 가윗날 앞면 : 가위 표면

⑪ 핸들 : 동날의 핸들부위에 손가락으로 쥐어 가위의 흔들림을 잡아준다.

(1) 가위의 원리

가위의 움직임은 지렛대의 원리에서 나온다. 지레는 받침점을 중심으로 물체를 움직이는 장치로 지레를 받쳐주는 받침점, 지레의 힘을 작용하는 힘점, 지레가 물체를 움직이는 작용점으로 구성되어 있고 이를 지레의 3요소라 한다.

받침점이 작용점과 힘점 사이에 위치하는 지레원리로 적은 힘으로 움직이는 거리를 길게 하는 특징이 있다.

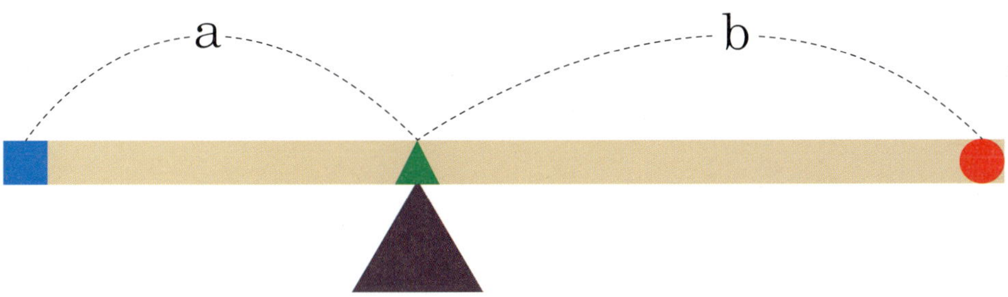

받침점과 작용점 사이의 거리가 받침점과 힘점 사이의 거리보다 짧다. (a 〈 b)

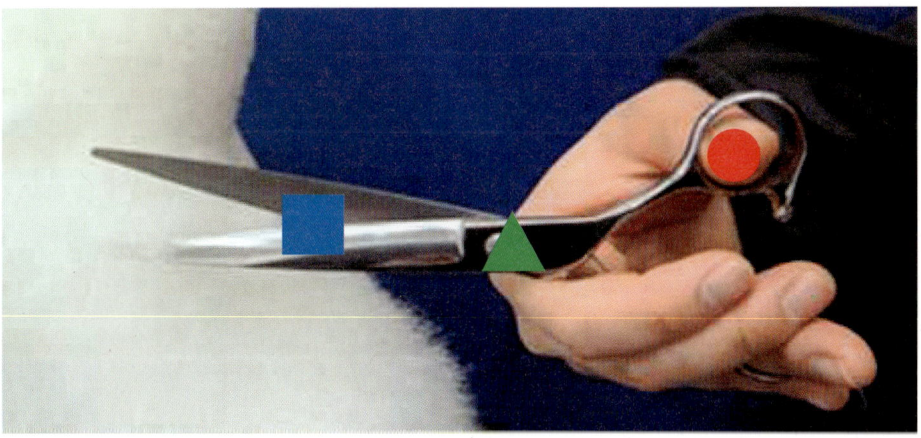

이와 같은 지레의 원리로 가위를 움직여서 개체의 털을 자를 수 있게 된다.

(2) 가위의 재질

① 스틸 (steel)
탄소가 함량 된 철.

② 스테인리스 스틸(stainless steel)
니켈이 함유된 합금으로 일반 스틸에 비해 녹이 덜 슨다.

③ 세라믹(ceramics)
금속과 비금속이 열처리에 위해 가공 된 재질로 가벼고 강도가 높은 것이 특징이다.

재질	경도
V10	64
440C	62
440A	56
420J2	48

2. 가위의 종류와 용도

가위의 표준 크기는 7인치

(1) 블런트 시저

민가위 : 털을 자르고 스타일을 만드는 데 사용되는 가장 일반적인 미용 도구이다.

① 날의 길이에 따라 7인치가 표준 (인치 단위 약 25mm), 크기별로 5~8인치 등이 있다.

② 가위 앞날의 표면에 따라 평날과 대합날, 검날 등이 있다.

평날은 앞날의 표면이 평평하며 면을 평평하게 자를 때 사용한다. 대합날은 앞날의 표면이 둥그런 경사가 있다. 대부분의 가위가 대합날로 되어 있다. 검날은 날의 표면의 중간이 완만하게 솟아있다.

검날	
대합날	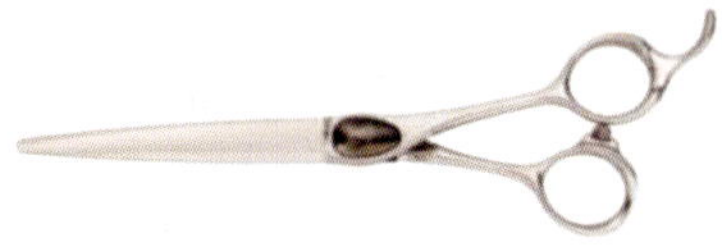
평날	

③ 가위의 무게에 따라 절삭력과 커팅감이 달라진다. 무게가 있는 가위는 힘이 있어 굵고 단단한 털이나 초벌 커팅에 사용하는 것을 추천한다.

④ 가위 날의 개폐 각도는 60도, 45도, 30도, 15도가 가장 적합하다.

개폐 각도	내 용
15°~30°	마무리 작업과 잔털 정리 시 사용
45°	일반적인 털을 자를 때 사용
60°	많은 양의 털을 자를 때 사용

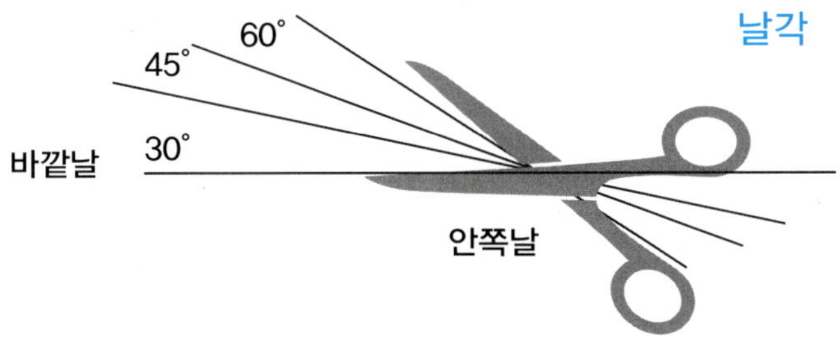

개폐 각도

(2) 시닝 시저

숱가위. 양날이 한쪽 정날은 빗살 모양으로 다른 한쪽 동날은 블런트 날로 되어 있다. 털을 자연스럽게 연결할 때 사용된다.

① 크기는 6인치, 7인치, 8인치 등의 다양한 크기가 있다.

② 빗살의 간격별로 절삭력과 커팅감이 달라진다.

③ 빗살의 40방이 표준이며, 방은 빗살의 개수를 나타낸다.

④ 빗살 간격이 좁을수록 절삭률이 낮고, 간격이 넓을수록 절삭력이 좋다.

⑤ 많은 양의 털을 지연스럽게 보이게 하거나 숱을 칠 때 사용된다.

(3) 커브 시저

가위 날의 면이 동그랗게 휘어져 있다. 각을 없애고 동그랗게 잘라야 하는 부위의 털을 커팅 시 편리하게 사용할 수 있다.

① 크기는 6인치, 7인치, 8인치 등이 있다.

② 날의 휘어짐은 15°도가 표준이다. 그 외 30°도, 35°도, 45°도 등의 휘어짐이 있다.

③ 동그랗게 만들어야 하는 부위에 피모를 커팅하기에 편리하다.

④ 얼굴, 다리, 앵귤레이션 등의 커팅 후 털의 각을 없앨 때 사용한다.

(4) 보브 시저

단가위. 5.5인치의 블런트 가위를 보브 가위라 한다.

① 섬세한 부위의 털을 커팅할 때 사용한다.

② 풋 라인, 눈 앞, 귀 끝 등의 털을 커팅할 때 사용하면 편리하다.

③ 날의 길이가 짧다.

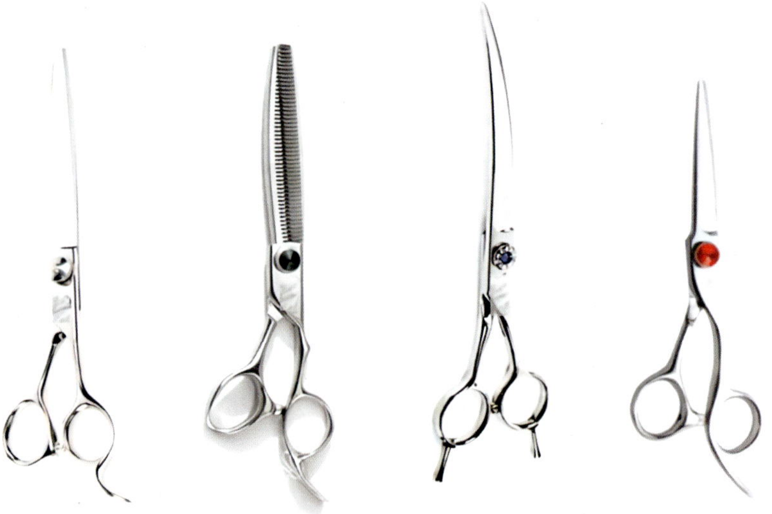

블런트 가위 시닝 가위 커브 가위 보브 가위

3. 가위 사용법

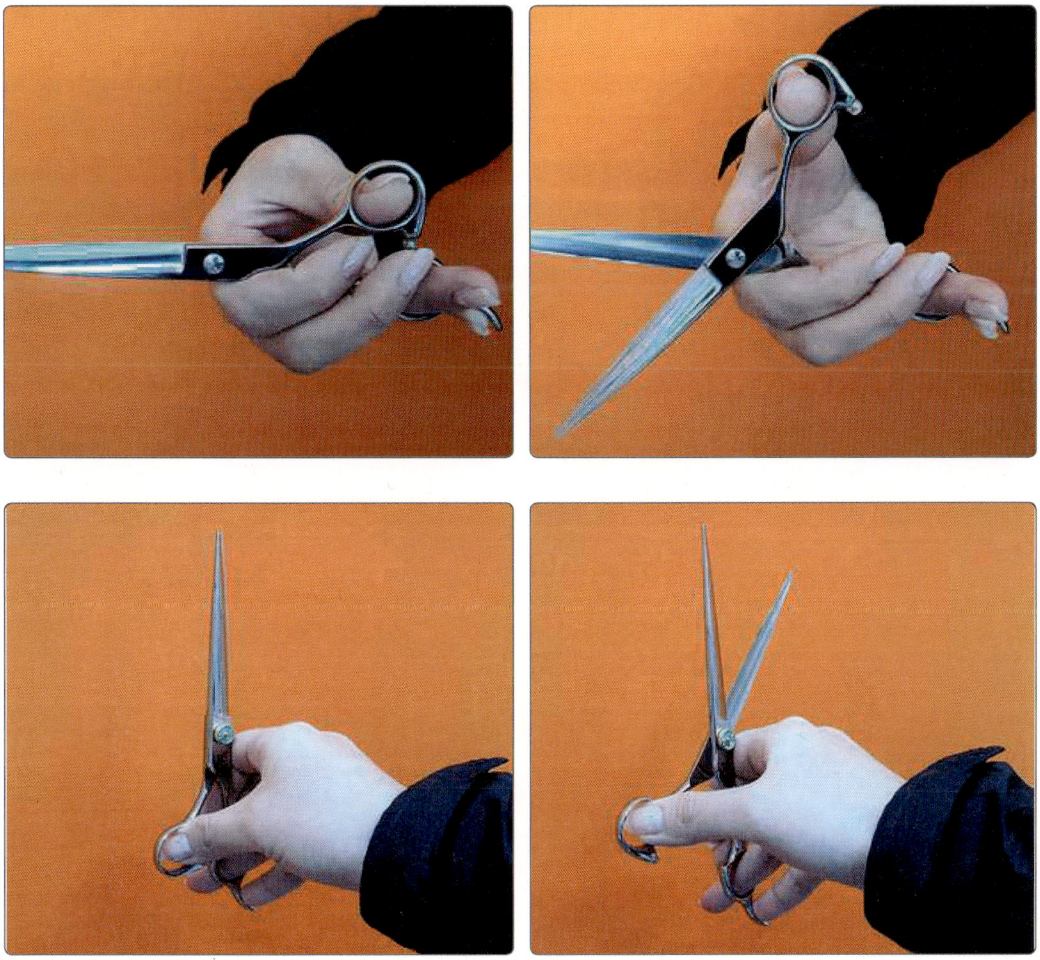

(1) 포인트 부분이 손등을 향하도록 하고 동날의 엄지환에 엄지손톱의 반 정도 위치까지 엄지손가락을 넣는다. 정날의 약지환에 약지손가락 한마디의 위치까지 넣고 가위를 잡는다.

(2) 검지와 중지로 가위의 다리 부분을 감싸 가위가 흔들리지 않도록 고정시킨다.

(3) 새끼손가락은 소지걸이에 걸친다.

(4) 정날은 고정하고 엄지손가락만 움직여서 가위의 개폐를 조작한다.

(5) 잘못된 가위 사용법

① 엄지환에 엄지손가락이 필요 이상 들어간 경우

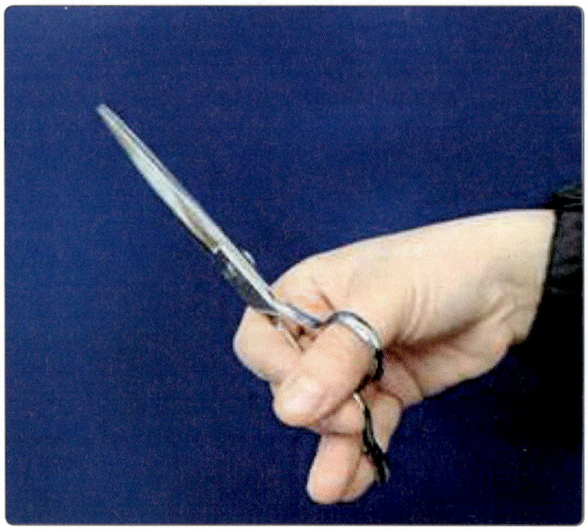

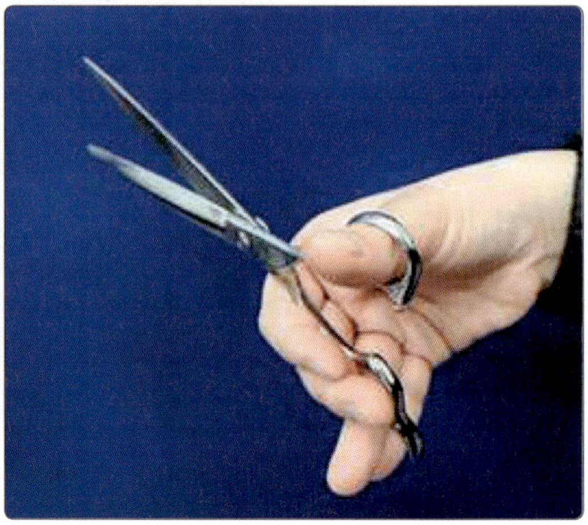

동날의 엄지환에 엄지손가락이 관절마디 이상 들어가 있고 약지환에 약지 손가락이 깊숙히 들어간 자세로 이런 경우 가위의 중심이 잡히지 않아 흔들림이 있고 불안정한 상태가 된다.

② 약지손가락이 필요 이상 들어간 경우

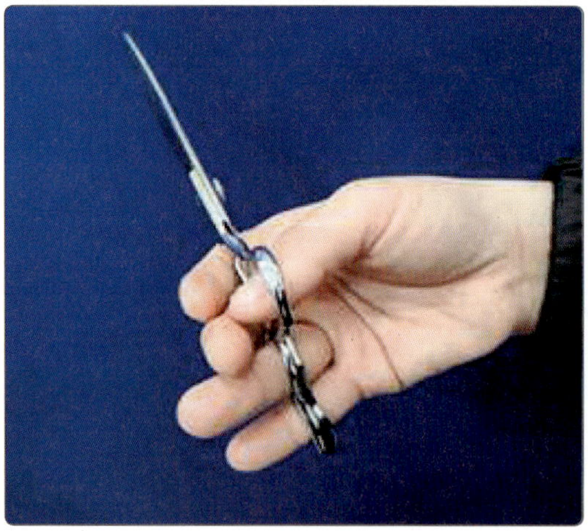

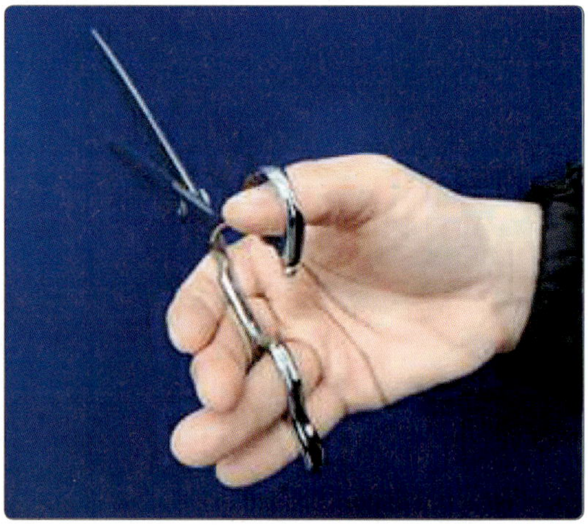

약지손가락이 약지환에 필요 이상 들어가게 되면 가위를 감싼 검지손가락의 위치도 틀려져 가위 전체가 흔들리게 된다.

③ 가위를 거꾸로 잡은 경우

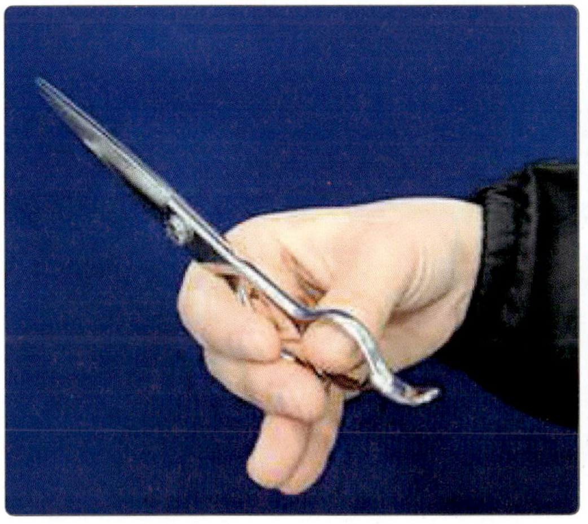

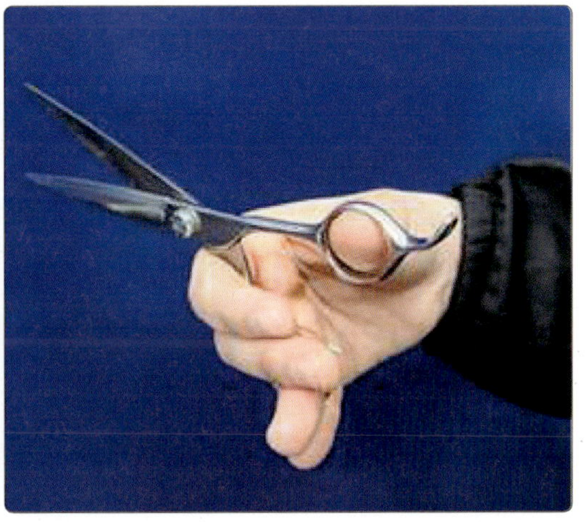

약지환에 엄지손가락을 넣은 자세이다. 엄지환과 약지환의 위치를 정확히 알고 사용한다.

Chapter 4 애완동물 미용도구 활용

10 th week

클리퍼와 겸자와 발톱깎이

학습내용(단원명)	수업 목표
클리퍼 사용법 겸자 사용법 발톱깎이 사용법	• 클리퍼(Clipper) 사용 방법을 파악하고 클리퍼 날을 장착, 탈착과 클리퍼 날의 사이즈와 종류에 따른 적용 부위와 사용 방법을 파악할 수 있다. • 겸자 사용 방법을 파악할 수 있다. • 발톱깎이 사용 방법을 파악할 수 있다.

1. 클리퍼 (Clipper)

1. 클리퍼의 이해

클리퍼는 털을 깎기 위한 미용기계로 수동식과 전동식이 있고 크기와 기계의 힘에 따라 전문가용과 소형 클리퍼로 나뉜다.

(1) 전문가용 클리퍼

모터의 힘이 좋아 넓은 면적의 털을 자를 때 사용된다. 장시간 사용 시 모터가 가열이 되면 클리퍼 본체가 뜨겁게 발열될 수 있다. 종류로는 유선 클리퍼와 무선 클리퍼가 있다.

(2) 소형 클리퍼

날 일체형 제품과 날 분리형 제품이 있다. 전문가용 클리퍼에 비해 가벼운 장점이 있다. 가정에서 사용하기 용이하다. 힘이 없기 때문에 넓은 면적의 몸통보다는 기본 클리핑에 사용된다.

(3) 클리퍼 날

① 클리퍼 날은 mm수에 따라 날의 간격이 달라진다.
② mm수의 숫자가 작을수록 날의 간격이 좁다.
③ mm수의 숫자가 클수록 날의 간격이 넓다.
④ 클리퍼 날의 mm수만큼 날의 측면 두께와 같다.
⑤ 날의 mm수가 높을수록 날의 간격이 넓어 피부에 상처를 내기 쉽기 때문에 주의해서 사용한다.

클리퍼 날의 종류

사진 출처: 리케이

2. 클리퍼 날의 종류

날의 종류에 따라 스테인리스 또는 플라스틱 재질이 있다. 스테인리스 재질의 클리퍼 날을 일반적으로 사용하고 클리퍼 날의 사이즈별로 제품화되어 있다. 플라스틱 재질의 덧날로 클리퍼 콤이라 한다. 덧날은 전문가 클리퍼에 1mm 클리퍼 날을 장착 시킨 후 클리퍼 날 위에 덧날을 착용시킨다.

(1) 클리퍼 날의 크기별 적용 범위

① 0.1~1mm : 머즐(주둥이), 복부, 항문, 발바닥, 발등, 꼬리, 귀
② 2mm : 얼굴부위
③ 3mm 이상 : 몸통, 다리(전체 클리핑 시)

3. 클리퍼 날 장착, 탈착 방법

전문가용 클리퍼의 본체에는 전원버튼과 날을 끼울 수 있는 레버(lever), 날을 움직여주는 힌지(hinge), 날을 분리시킬 때 사용하는 분리버튼이 있다.

(1) 클리퍼 날 장착

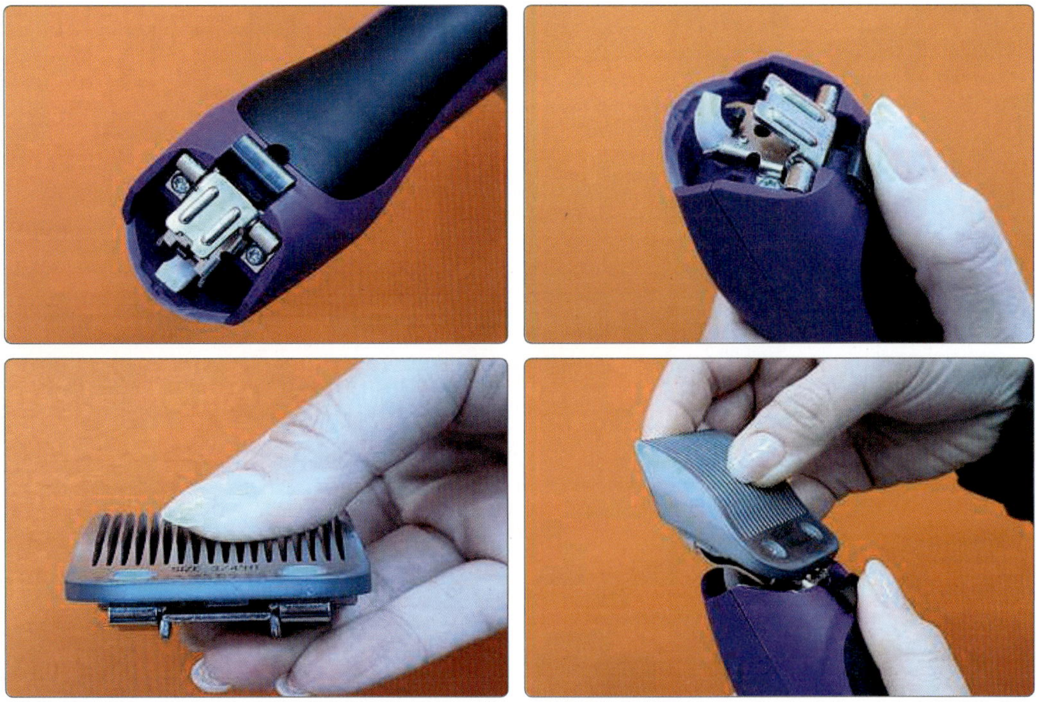

날을 장착하는 방법은 클리퍼 날의 밑부분에 있는 작은 틈새를 날 끼움부분인 레버 부분에 삽입한다. 이 때 날이 움직이지 않도록 손으로 고정시키도록 한다.

레버에 삽입된 날을 본체를 향해 엄지손가락으로 찰칵 소리가 날 때까지 밀어준다. 전원을 켜서 바르게 끼워졌는지 확인하고 사용한다. 삐뚤어지게 장착이 되어졌다면 분리 버튼을 눌러 날을 분리시킨 후 레버에 다시 끼워 바르게 장착시킨다.

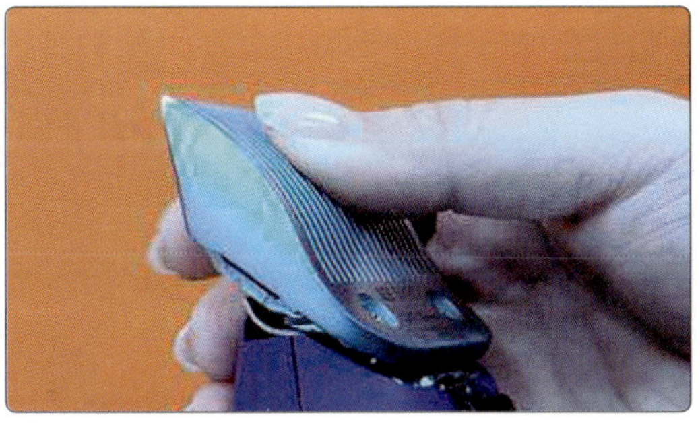

(2) 클리퍼 날 탈착

탈착하는 방법은 분리 버튼을 엄지손으로 누르면서 나머지 네 손가락으로 장착된 날의 끝 부분을 잡고 작업자 쪽으로 날을 당기어 클리퍼 날을 빼내면 탈착된다. 이 때 클리퍼 날을 바닥에 떨어트리지 않도록 주의한다.

> ※ 클리퍼 날이 바르게 장착되지 않은 경우 전원을 켰을 때 날의 흔들림이 불규칙하고 떨림의 소리가 크게 난다.

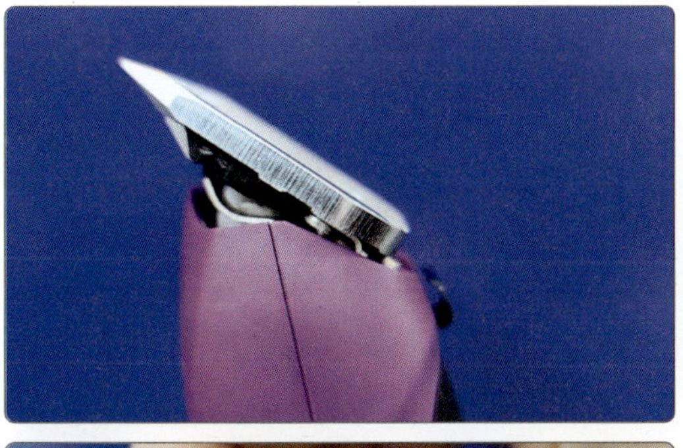

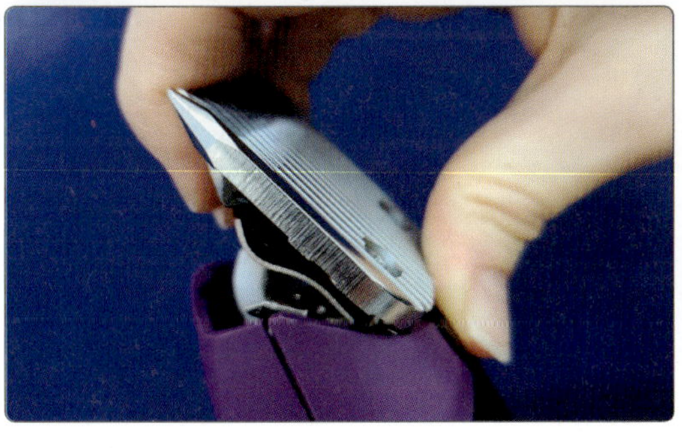

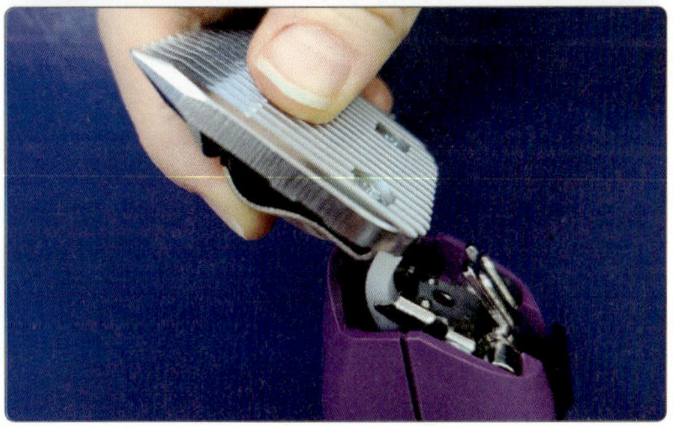

분리버튼을 누르면서 동시에 클리퍼 날을 작업자의 몸쪽으로 당긴다. 클리퍼 날을 레버에서 분리시킨다.

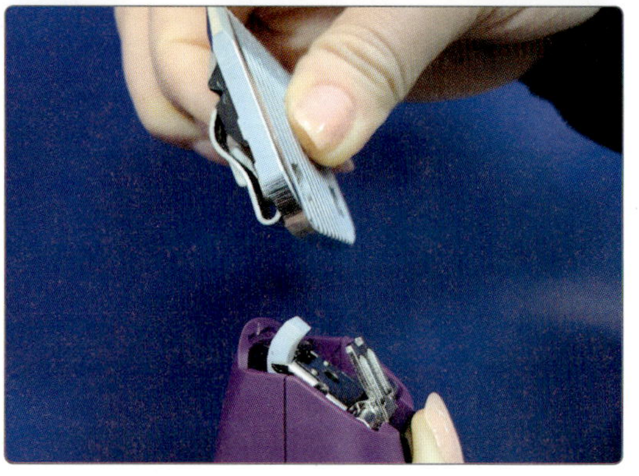

(3) 클리퍼 콤 착용방법

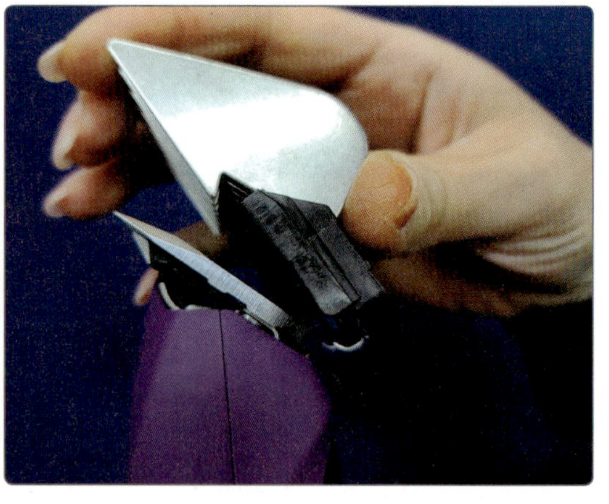

① 1mm 클리퍼 날을 장착시킨 클리퍼를 준비한다. 덧날 밑의 고리부분을 1mm 날 밑 부분에 장착시킨다.

② 장착한 클리퍼 콤의 날을 위로 당기어 1mm 클리퍼 날 위로 덮어씌운다.

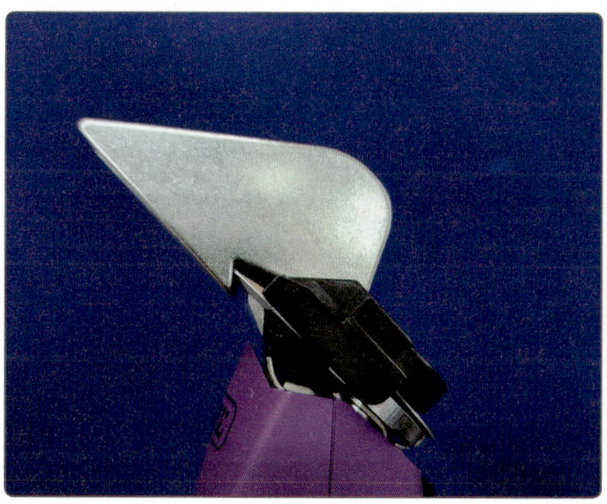

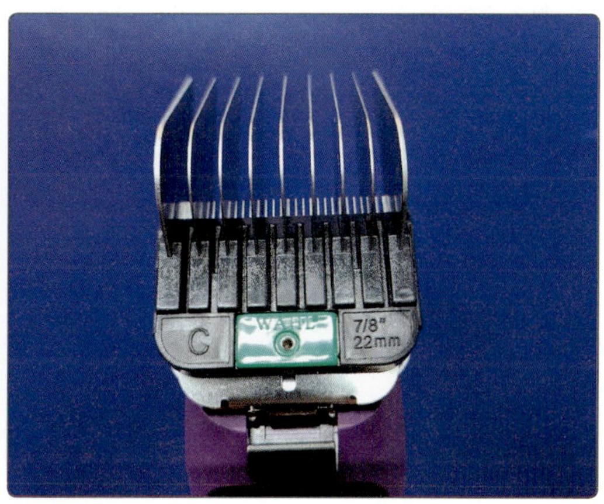

장착한 모습

(4) 클리퍼 콤 탈착 방법

① 장착된 클리퍼 콤의 날을 날의 방향대로 위로 밀어낸다.

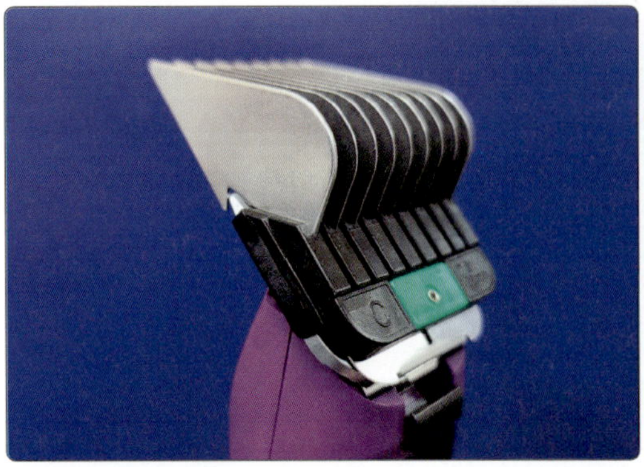
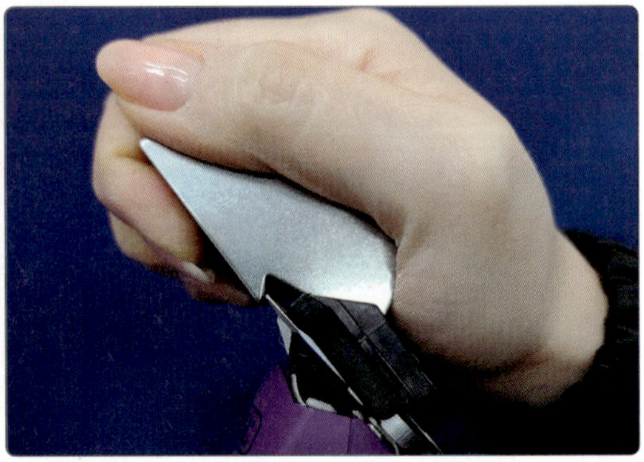

② 위로 밀어 낸 클리퍼 콤의 날을 1mm 날의 윗날과 밑 부분을 분리시킨다.

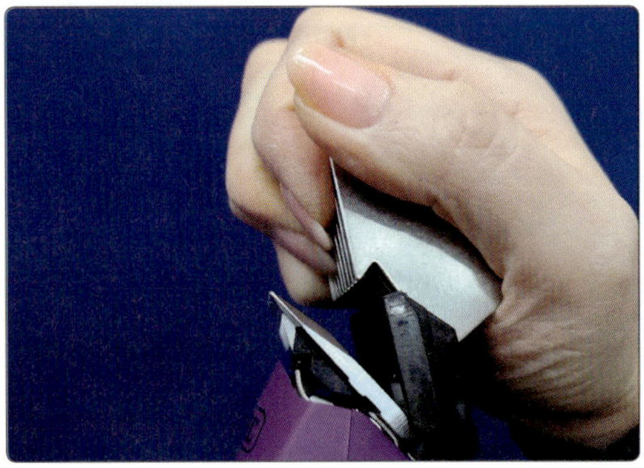
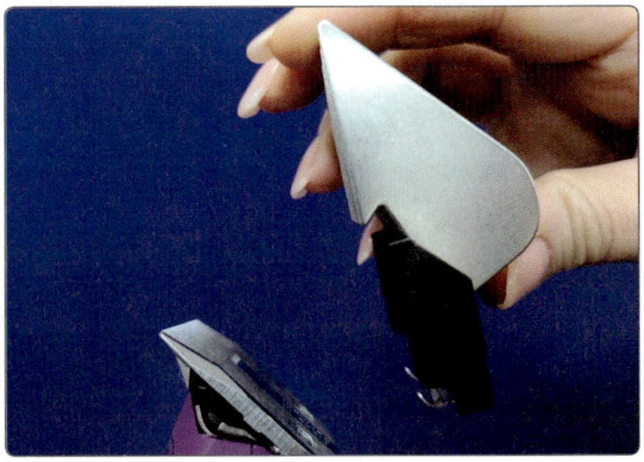

(5) 레버가 눕혀진 경우

클리퍼 날을 끼울 수 있는 레버는 항시 세워져 있어야 한다. 간혹 물리적인 힘이나 클리퍼 탈착 시 레버가 눕혀지는 경우가 있다. 이런 경우 겸자를 이용해서 눕혀진 레버를 세울 수 있다.

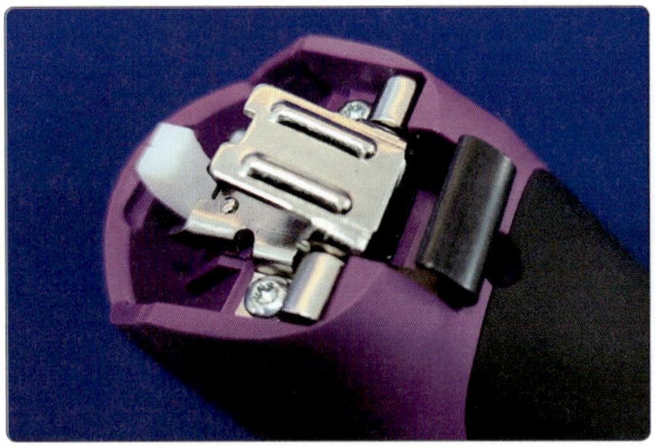

올바른 레버의 모습

레버가 눕혀져 있는 모습

레버 중간부분을 겸자로 잡아서 올려주면 간단하게 세울 수 있다.

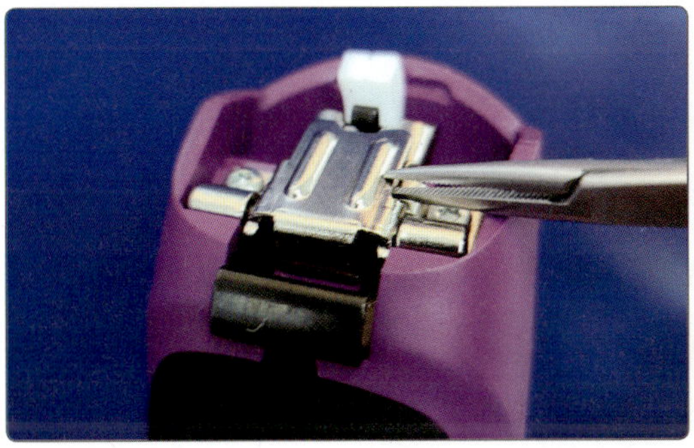

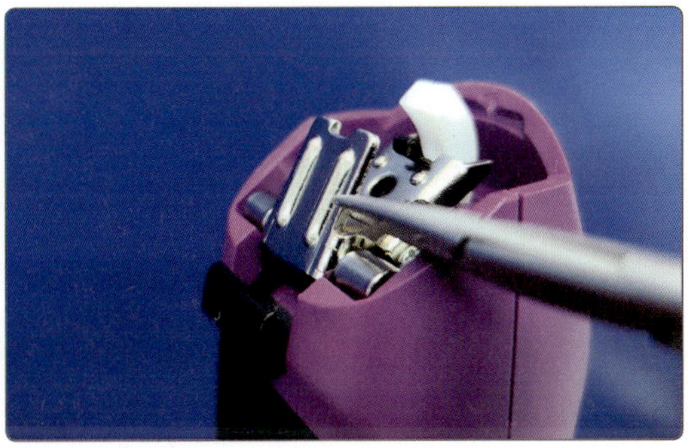

4. 클리퍼 잡는 방법

전문가용 클리퍼와 소형 클리퍼의 잡는 방식은 동일하다.

클리퍼 날 부분에 가까운 쪽으로 본체의 1/3 지점을 가볍게 잡는다. 피부와 평행하게 날이 들어가도록 하여 사용한다.

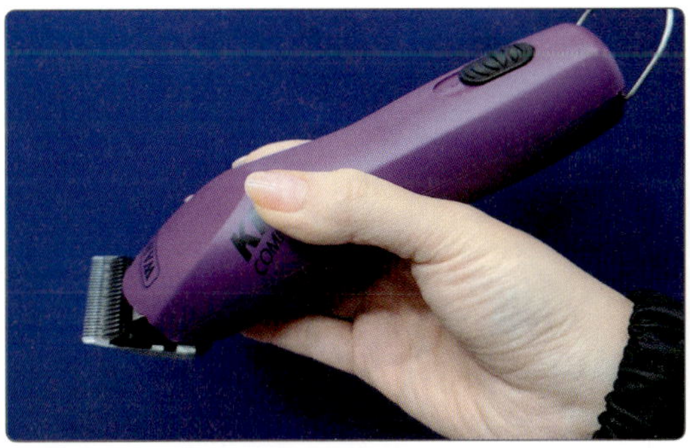

전문가용 클리퍼

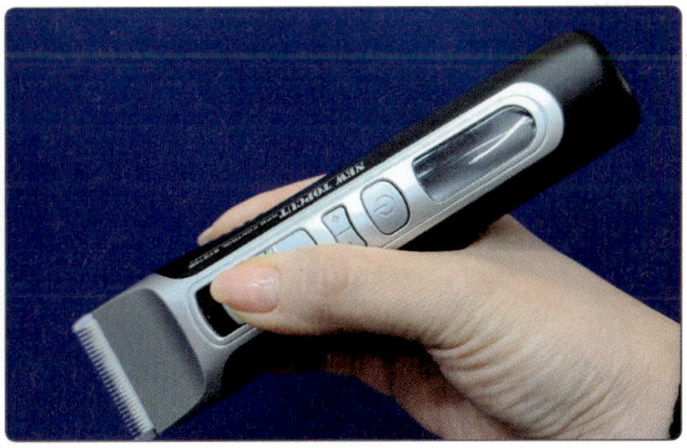

소형 클리퍼

(1) 잘못 잡은 클리퍼

① 전문가용 클리퍼

클리퍼 본체의 중간 부분을 잡게 되면 클리퍼를 제어하기 힘들게 된다. 클리퍼 본체를 옆으로 기울여서 잡게 되면 개체에게 상해를 입힐 수 있다.

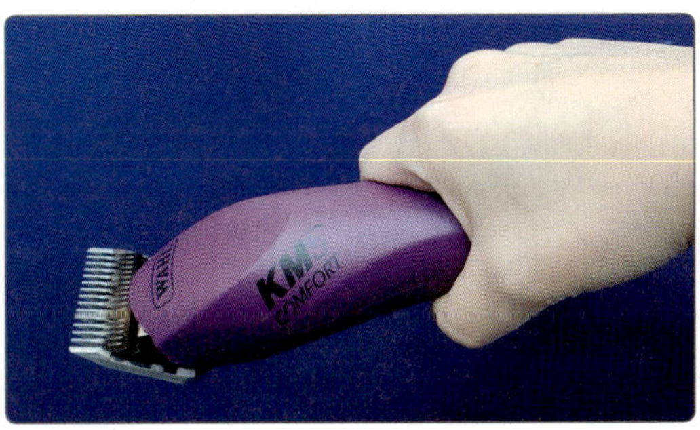

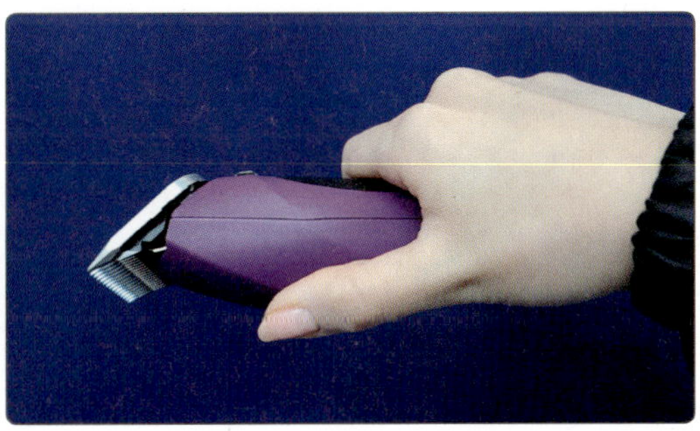

클리퍼 본체의 뒤 부분을 잡게 되면 클리퍼를 제어하기 어렵다.

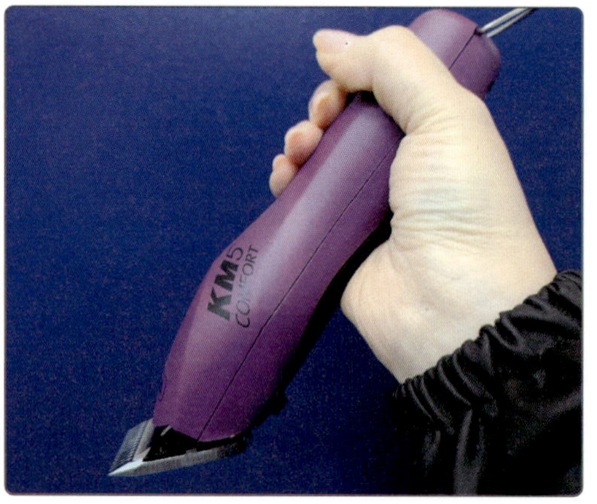

② 잘못 잡은 소형 클리퍼

클리퍼를 너무 가까이 또는 멀리 잡게되면 개체의 피부에 상해를 입힐 수 있기 때문에 올바르게 잡고 사용한다.

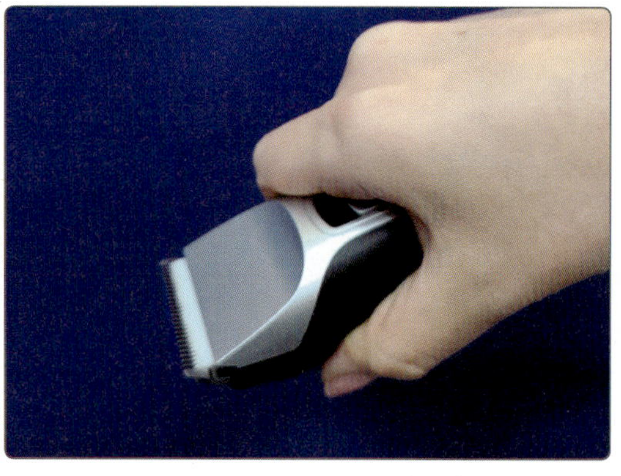

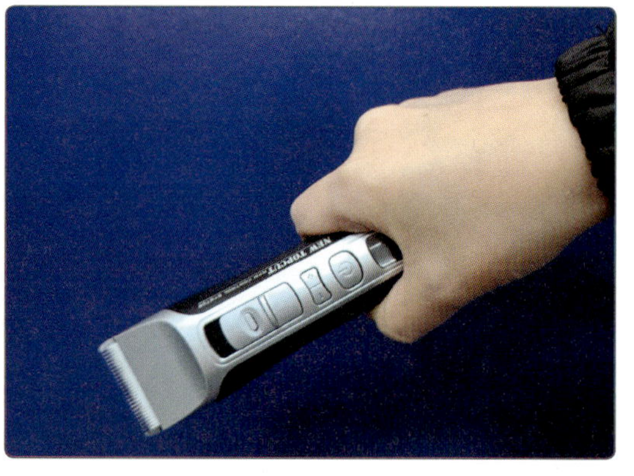

2. 겸자와 발톱깎이

1. 겸자

귓속의 털을 뽑기 위해 사용되는 미용도구이다. 왼손, 오른손 구분 없이 양손 사용이 가능하며 잡는 방법은 블런트 가위와 동일하다. 겸자의 끝 홈 부분은 패임으로 되어 있다. 이 홈의 패임이 맞지 않으면 귓 털을 뽑을 때 털이 잡히지 않고 그대로 미끄러져 나가 털을 뽑을 수 없는 경우가 있기 때문에 겸자의 홈 부분을 잘 살펴봐야 한다.

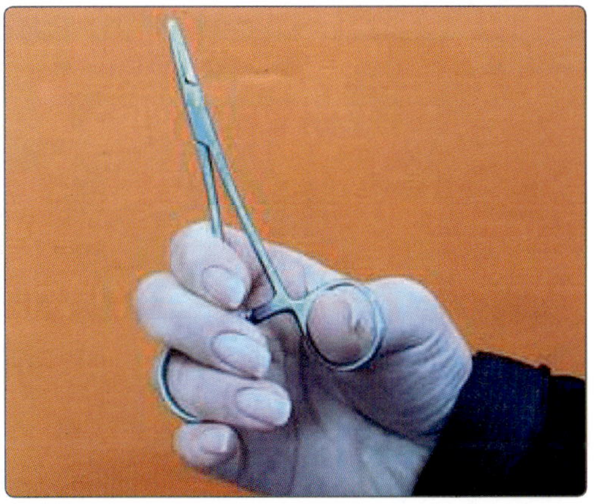

겸자

2. 발톱깎이

(1) 발톱깎이의 종류

발톱깎이는 가위와 같이 지렛대의 원리로 발톱의 길이를 자르는 도구이다. 발톱깎이 형태에 따라 기요틴형과 니퍼형이 있다.

- 기요틴형 : 소 · 중형견용
- 니퍼형 :중 · 대형견용 또는 발톱이 패드를 파고든 경우 사용한다.

소, 중,대형견용으로 분리되어 사용되어진 기요틴과 니퍼형은 현재는 크기와 상관없이 사용되고 있다. 손에 편리한 발톱깎기를 선택해서 사용하도록 한다.

(2) 발톱깎이 잡는 방법

손잡이 부분을 가볍게 잡고 사용한다.

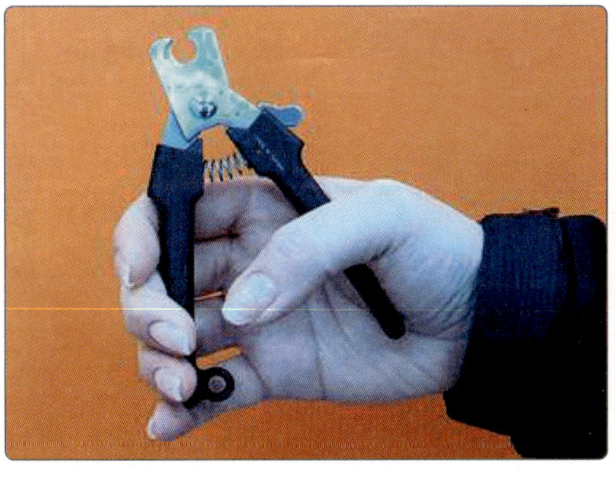

니퍼형

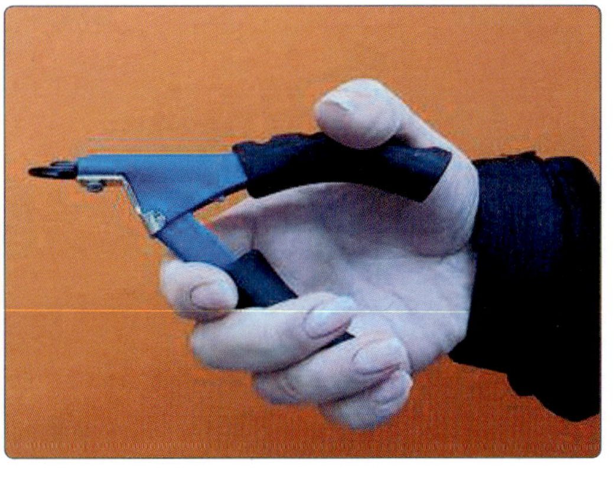

기요틴형

① 니퍼형 발톱깎이의 손잡이를 엄지손가락과 나머지 네 손가락으로 가볍게 잡아준다. 손바닥의 힘을 이용하여 가볍게 당겨서 사용한다.

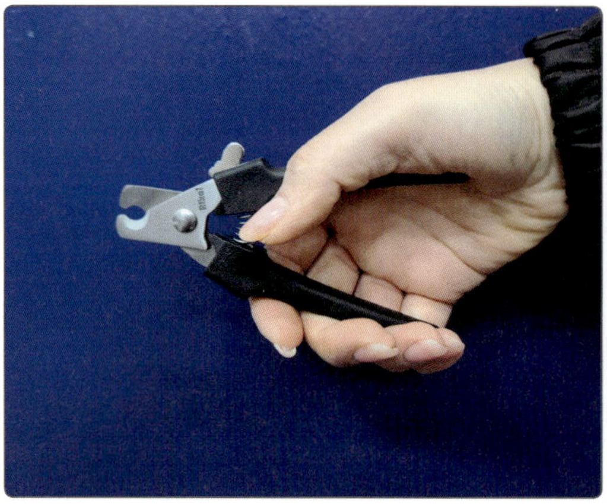
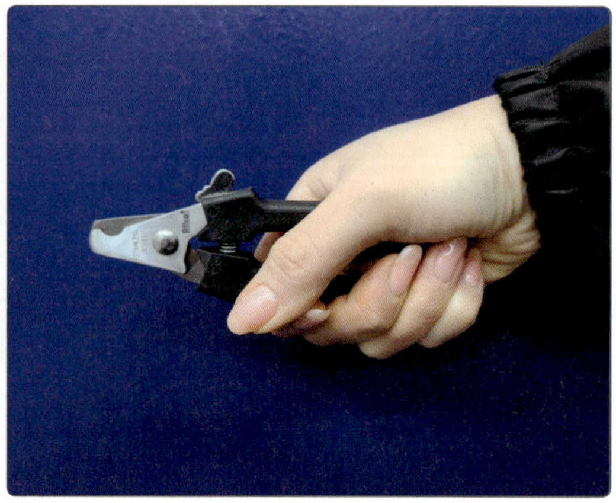

② 기요틴형 발톱깎이 잡는 방법도 니퍼형 발톱깎이와 같이 손잡이를 엄지손가락과 나머지 네 손가락으로 가볍게 잡아준 후 손잡이를 당겨서 사용한다.

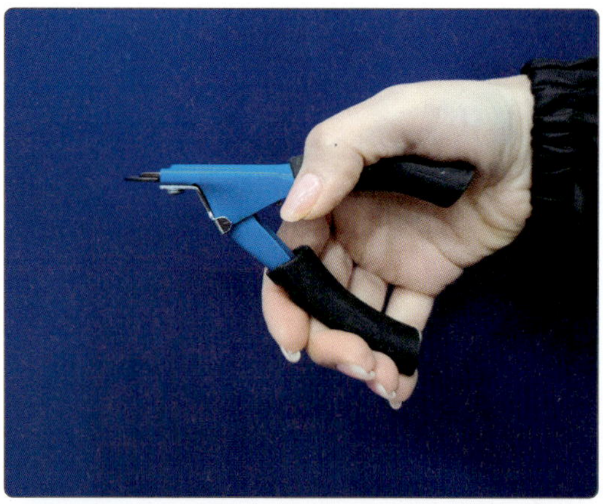

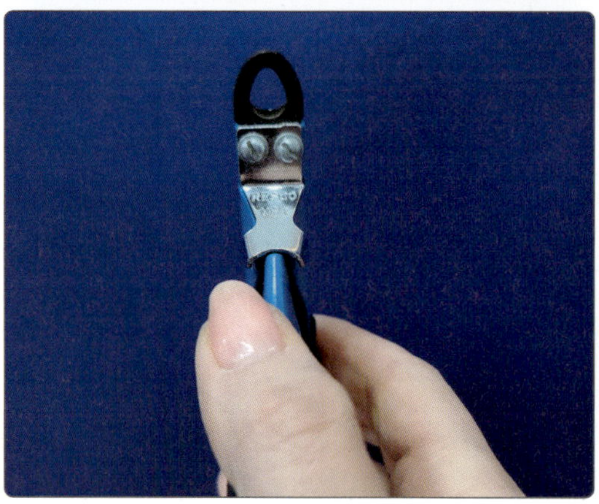
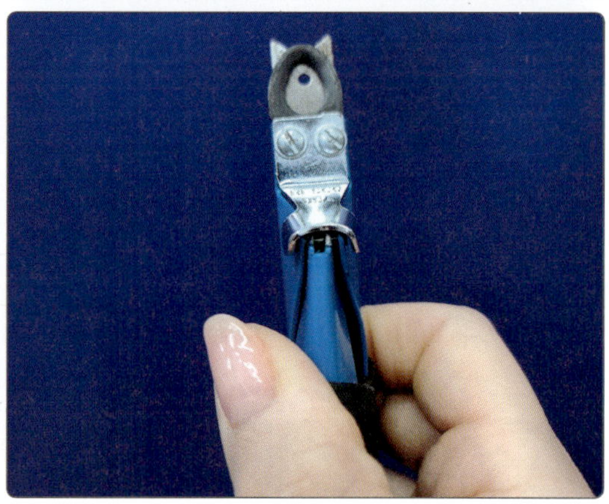

교수 방법

① 콤의 종류와 종류별 사용 용도를 설명하고 실습을 통해 콤을 사용하는 방법을 시연한다.

② 겸자의 구조를 간략하게 설명하고 겸자를 잡는 방법을 시연한다.

③ 겸자에 탈지면을 장착하고 탈착하는 방법을 설명하고 시연한다.

④ 발톱깎이의 종류와 용도를 설명하고 발톱깎이의 종류에 따라 사용하는 방법을 시연한다.

⑤ 클리퍼 사용하는 방법을 설명하고 클리퍼 날의 장착과 탈착을 시연한다.

⑥ 가위의 구조와 원리를 설명한다.

⑦ 가위를 잘못 잡은 예를 제시하고 바르게 잡는 방법을 시연한다.

⑧ 학습자가 가위를 올바르게 잡고 있는지 관찰하고 피드백한다.

학습 방법

① 콤의 종류와 콤을 사용하는 방법을 노트에 정리하고 실습을 통해 콤을 사용하는 방법과 잡는 방법을 익힌다.

② 콤의 종류와 콤을 사용하는 방법을 노트에 정리하고 실습을 통해 콤을 사용하는 방법과 잡는 방법을 익힌다.

③ 겸자에 탈지면을 장착하고 탈착하는 방법을 학습한 후 연습을 반복한다.

④ 발톱깎이를 사용하는 방법을 익히고 실습한다.

⑤ 클리퍼를 잡는 방법을 숙지하고 실습에 적용한다.

⑥ 클리퍼 날을 끼우고 빼는 과정을 반복해서 연습하고 체크리스트를 활용하여 점검한다.

⑦ 가위를 올바르게 잡는 방법과 잘못된 방법을 비교 분석한다.

⑧ 가위를 올바르고 안전하게 잡는 방법을 체크리스트를 활용하여 파악하고 익힌다.

<table>
<tr><th colspan="3">실습 과정 사진</th></tr>
<tr><th colspan="2">사진</th><th>설명</th></tr>
<tr><td></td><td></td><td></td></tr>
<tr><td></td><td></td><td></td></tr>
<tr><td></td><td></td><td></td></tr>
<tr><td></td><td></td><td></td></tr>
<tr><td></td><td></td><td></td></tr>
</table>

학생 자가 진단 및 교수평가

능력단위명 〈코드〉	애완동물 목욕 〈2402010604_15v1〉_2수준 애완동물 기본미용 〈2402010605_15v1〉_2수준

진단 영역	진 단 문 항	학생 평가					교수평가				
		매우 미흡	미흡	보통	우수	매우 우수	매우 미흡	미흡	보통	우수	매우 우수
미용도구 활용하기	1. 나는 애완동물 미용작업을 위해 빗의 종류와 모질에 따라 사용하는 방법을 파악할 수 있다.	①	②	③	④	⑤	①	②	③	④	⑤
	2. 나는 애완동물 미용 작업을 위해 귀 청소도구 사용하는 방법을 파악할 수 있다.	①	②	③	④	⑤	①	②	③	④	⑤
	3. 나는 애완동물 미용 작업을 위해 발톱깎이 사용하는 방법을 파악할 수 있다.	①	②	③	④	⑤	①	②	③	④	⑤
	4. 나는 애완동물 미용 작업을 위해 클리퍼 사용하는 방법을 파악하고 클리퍼 날을 장착하고 탈착할 수 있다	①	②	③	④	⑤	①	②	③	④	⑤
	5. 나는 애완동물 미용 작업을 위해 클리퍼 날의 사이즈와 종류에 따라 적용 부위와 사용하는 방법을 파악할 수 있다	①	②	③	④	⑤	①	②	③	④	⑤
	6. 나는 애완동물 미용 작업을 위해 가위의 사용 방법을 파악할 수 있다	①	②	③	④	⑤	①	②	③	④	⑤

[교수 평가의견]

[서술형 시험]

학습 내용	평가항목	성취 수준		
		상	중	하
미용도구 활용	1. 콤의 종류와 사용방법			
	2. 발톱깎이의 종류와 주의사항			
	3. 클리퍼 날의 사용범위			
	4. 가위 사용 방법과 주의사항			

[평가자 체크리스트]

학습 내용	평가항목	성취 수준		
		상	중	하
미용도구 활용	1. 콤 사용 방법 및 기법 활용			
	2. 겸자 사용 방법과 활용			
	3. 발톱깎이 사용 방법			
	4. 클리퍼 사용 방법과 안전 준수			
	5. 클리퍼 날을 장착하고 탈착하는 방법			
	6. 가위의 올바른 사용 방법			

[작업장 평가]

학습 내용	평가항목	성취 수준		
		상	중	하
미용도구 활용	1. 콤을 사용하여 털을 세울 수 있는 능력			
	2. 귀 청소 도구를 사용하는 능력			
	3. 발톱깎이를 사용하는 능력			
	4. 클리퍼 날을 장착하고 탈착하는 능력			
	5. 클리퍼 날을 장착하고 탈착하는 능력			
	6. 올바른 가위 사용 및 가위의 동날만 움직이는 능력			

[진단 결과]

진단영역	평가 문항 수	점수	점수 ÷ 문항 수
미용도구활용	6		

※ 점수를 문항 수로 나눈 값이 '3점' 이하에 해당하는 영역은 직무수행 능력이 부족한 것으로 향상 학습이 요구되며 4점 이상이면 직무수행 능력 우수로 심화학습이 요구됨.

Chapter 5

귀 관리와 발톱관리

11th week

귀 관리

학습내용(단원명)	수업 목표
귀 관리하기	• 귀의 구조를 이해 할 수 있다. • 귀 관리 도구를 사용할 수 있다. • 귀 관리를 할 수 있다.

1. 귀 관리하기

1. 반려견의 귀의 구조

개의 귀는 40 ~ 60,000Hz의 진동수의 사이를 들을 수 있어 사람보다 청각이 예민하다. 사람이 들을 수 없는 작은 소리도 초음파로 들으며 거리도 4배 정도 멀리 들을 수 있다. 그러므로 반려견의 귀에 가까이 또는 크게 소리 내지 않는 것이 좋다.

개의 귀의 구조는 사람과 같이 바깥귀, 가운데 귀, 속 귀 세 부분으로 나뉘어 외이, 중이, 내이로 구성되어 있다.

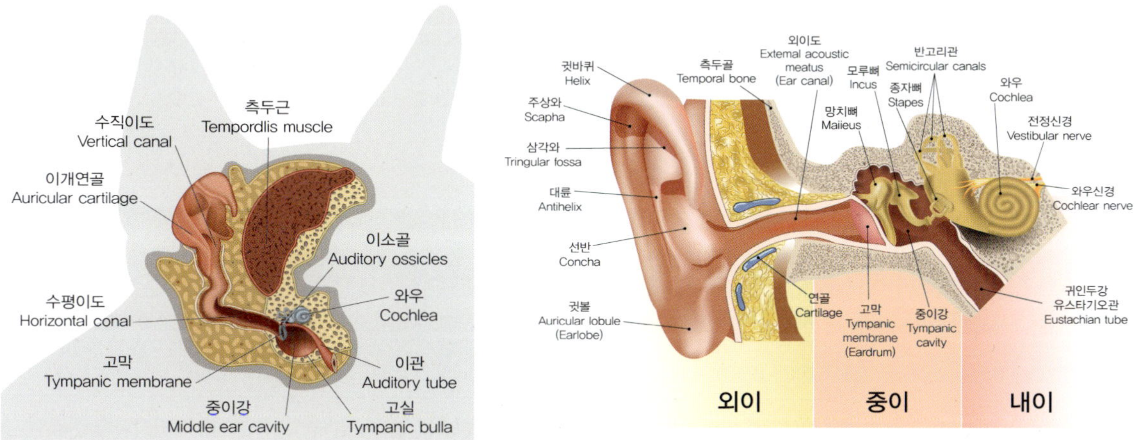

개와 사람의 귀

(1) 외이

귀의 외이는 수직, 수평으로 되어진 L자 모양의 구조로 귓바퀴와 수직이도, 수평이도로 구성되어 있다. 사람의 경우 수평이도로만 되어 있는데 개의 귀의 구조는 세균이나 이물질 배출이 어렵다. 일반 피부와 털 귓속 피부로 된 연골 조직으로 이 부위에 피지선이 있다. 개의 귀를 움직이게 하는 근육은 귓부리 밖에 있고 두 귀는 연골로 된 끝부분과 관골, 전두골, 후두골, 목주위의 조직과 연결되어 있다.

① 귓바퀴

우리가 눈으로 볼 수 있는 귀의 가장 바깥부분이 귓바퀴이다. "이개"라고도 하며 소리를 모아 귓구멍 안쪽 외이도로 전달하는 기능을 한다. 사람과 다르게 동이근이 발달하여 자유롭게 귓바퀴 근육을 움직일 수 있어 소리로 인한 외부 충격에 반응(플레이어 반사)한다.

② 외이도 (수직이도, 수평이도)

귀의 입구에서 고막에 이르는 관으로 수직이도와 수평이도로 구성되어 있다. 외이도에는 분비물을 배출하는 분비샘이 있다. 분비물을 제거하지 않아 쌓이다보면 세균에 감염이 되어 악취와 귓병의 원인이 되기도 한다.

(2) 중이

중이는 외이와 내이 사이에 존재한다. 고막, 이소골 이관으로 되어 있다. 중이의 역할은 외이로부터 들어오는 소리의 신호를 내이로 전달시킨다.

① 고막

외이와 중이의 경계에 위치하는 투명한 막이다. 소리에 진동하여 이소골을 통해 달팽이관까지 소리를 전달하는 역할을 한다.

② 이소골(귓속뼈)

고막과 달팽이관을 연결시켜주는 다리 역할을 한다. 고막의 소리를 받아 증폭시킨다. 이소골은 작은 3개의 뼈로 첫 번째 추골은 고막에 붙어있다. 가운데 뼈는 침골, 등골은 세번째의 뼈로 가장 작다. 고막 진동 시 3개의 작은 뼈 (추골 · 침골 · 등골) 순서대로 진동한다.

③ 중이강

고실이라고 하며 고막에서 유스타키오관까지의 공간을 말한다.

(3) 내이

내이는 달팽이관, 전정기관, 반고리관 순으로 세 부분이 연결되어져 있다.

① 달팽이관

와우관이라고도 하며 소리를 감지하는 역할을 한다. 달팽이관에 청각세포가 있어 소리의 자극을 청각신경을 통해 대뇌로 보내 소리를 들을 수 있게 한다.

② 전정기관

달팽이관과 반고리관 사이에 있는 기관으로 달팽이관처럼 전정기관에도 털 세포가 있어서 몸의 운동 감각이나 견체의 균형을 감지한다.

③ 반고리관

몸의 회전, 가속을 감지하는 평행기관으로 내이에 위치한 청각기관이다.

2. 귀 관리

반려견의 귀는 주기적으로 청결 관리를 해주어야 한다. 방치 시 외이염과 중이염 등의 귀 질환의 원인이 된다. 귀의 관리는 귓속 털을 뽑거나 또는 귓속의 이물질만 제거하는 등의 방법으로 청결을 유지한다.

반려견 견종에 따라 귀의 위치나 귀의 모양이 다르기 때문에 그에 맞는 귀 관리를 해주는 것이 좋다. 귀를 관리하기 위해서 필요한 도구와 용품은 겸자 가위, 이어 파우더, 이어 클리너, 탈지면이 사용된다.

(1) 귀 관리의 도구

① 겸자 (forceps)

귓속 털을 뽑기 위해 털을 집는 용도와 출혈 시 지혈을 위한 용도로 사용된다. 스테인리스의 재질로 18cm, 23cm의 크기가 표준이다. 직선형과 곡선형의 종류가 있다.

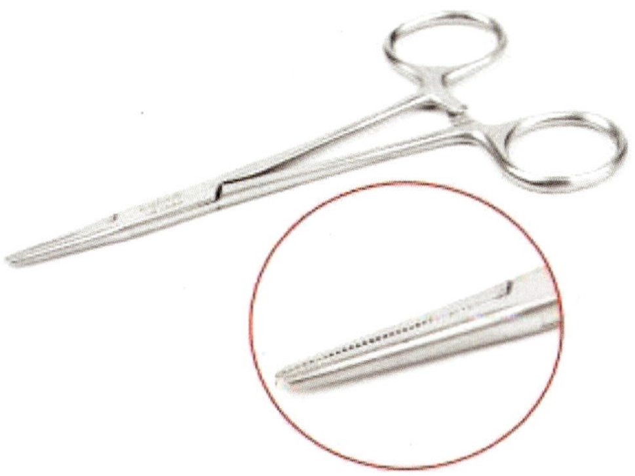

직선형 겸자

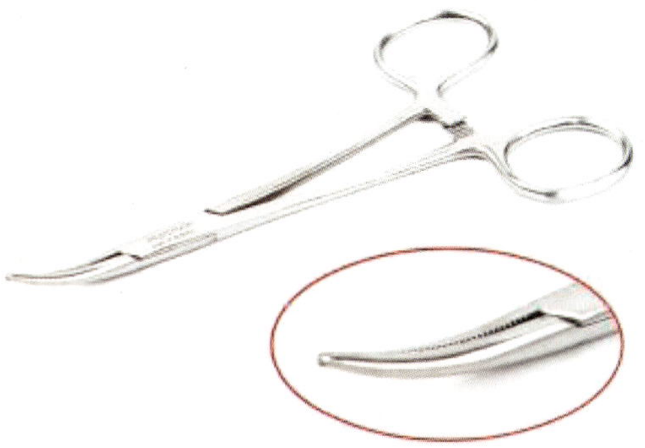

곡선형 겸자

② 이어 파우더

이어 파우더는 동물용 의약외품으로 징크옥사이드, 실리카, 탈크 성분으로 되어있는 백색의 가루. 징크옥사이드는 분말형태의 산화된 아연으로 피부 보호제 역할을 한다. 징크 파우더 성분이 습기로 인해 발생하는 악취로부터 귓속을 보호하고 냄새를 억제한다. 탈크 성분이 털의 미끄러움을 잡아주고 피부를 느슨하게 해주는 효과가 있다. 귀에 피부병이 심하거나 염증이 있는 경우에는 이어 파우더를 사용하지 않는 것이 좋다.

③ 이어 클리너

이어 클리너는 정제수, 프로필렌글리콜, 에탄올, 디나트륨이디티에이 등의 성분으로 된 액체이다. 겸자 끝에 탈지면을 말아 이어 클리너로 이물질을 닦아내어 귓속 청결을 유지하는데 사용된다. 이어 클리너의 효과로는 귓속을 세정하고 세균성 질환을 예방할 수 있다. 귓속 이물질을 쉽게 분해하고 제거하는 데 용이하며 악취제거에도 효과가 있다.

귀 관리가 안 될 경우 나타나는 증상

① 귀 관리가 안 될 경우 나타나는 증상
② 냄새와 이물질이 생긴다.
③ 수직이도가 좁아진다.
④ 머리가 한쪽 방향으로 기울어진다.
⑤ 비틀거리고 앞으로 걸으려 하나 빙빙 돈다.

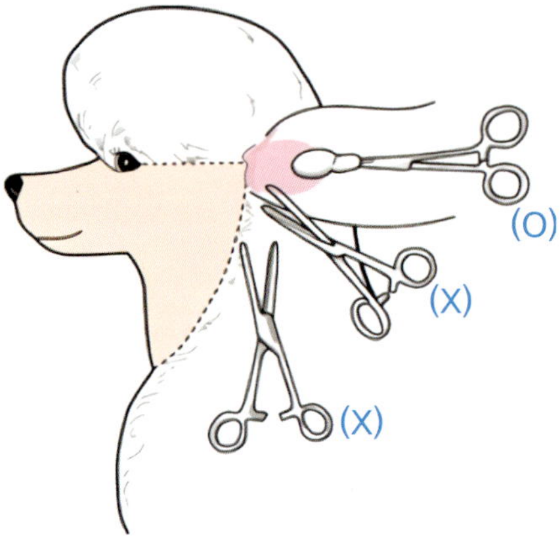

겸자의 올바른 방향 (출처: NCS학습모듈 기본미용)

(2) 귀 관리 방법

① 귓속 털을 뽑지 않고 관리하는 방법

㉠ 귀를 움직이지 않도록 고정시킨 후 이어 파우더 안에 공기를 뺀 후 이어 파우더를 뿌린다.

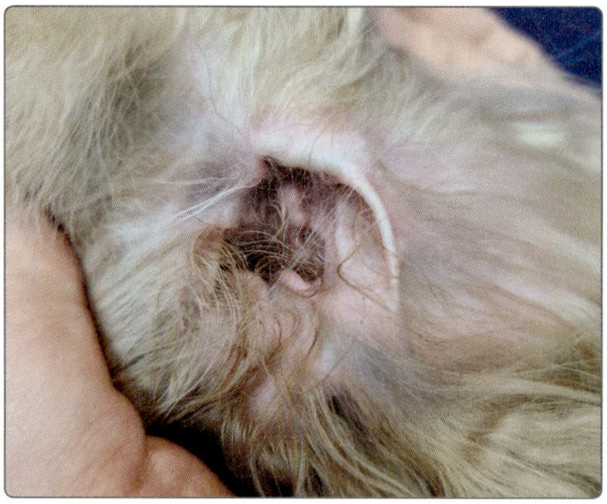

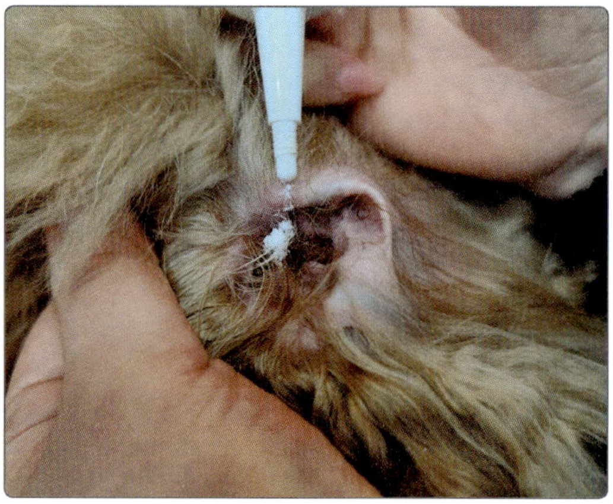

㉡ 귀 표면에 이어 파우더가 골고루 펴질 수 있도록 손으로 문질러 준다. 이어 파우더는 미끄럼방지를 할 수 있어 귓속 털을 쉽게 뽑을 수 있다.

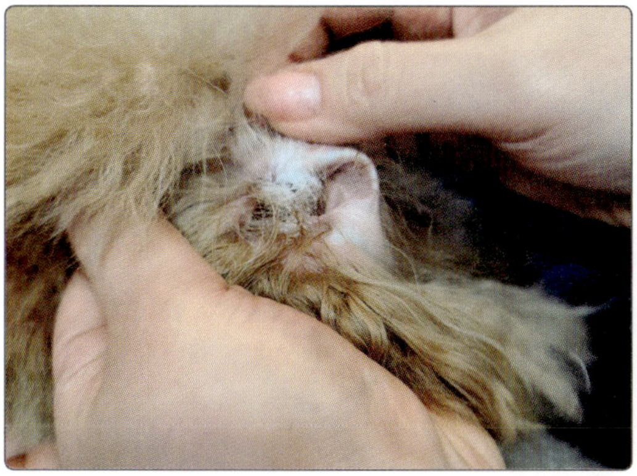

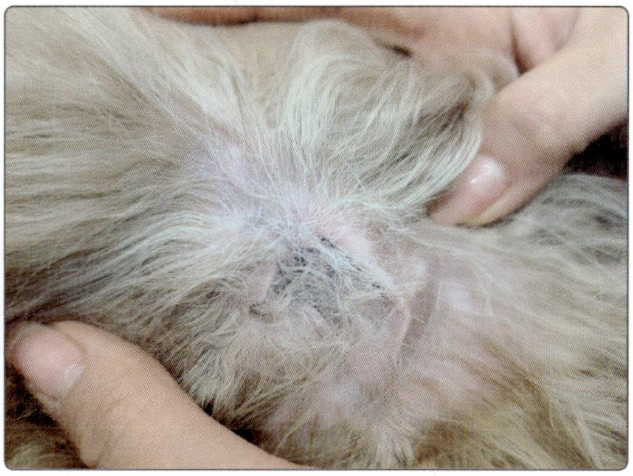

㉢ 작업자의 손으로 귀 표면의 털을 조금씩 잡아서 제거한다.

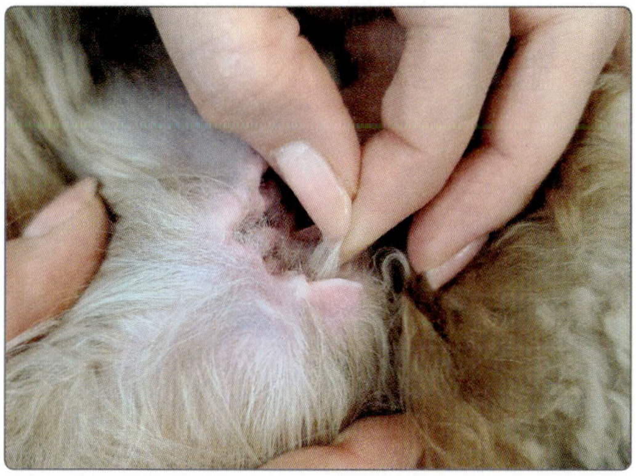

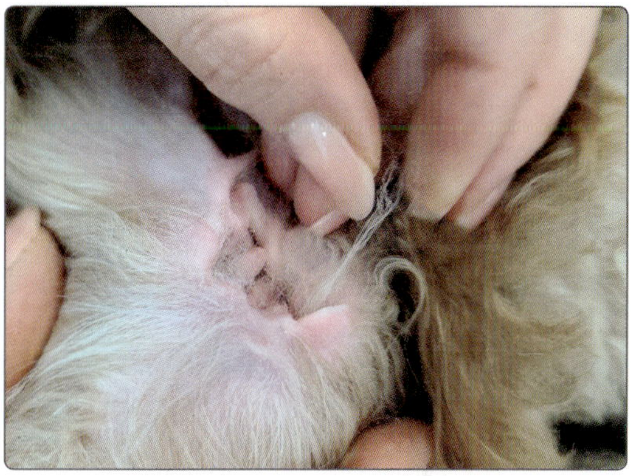

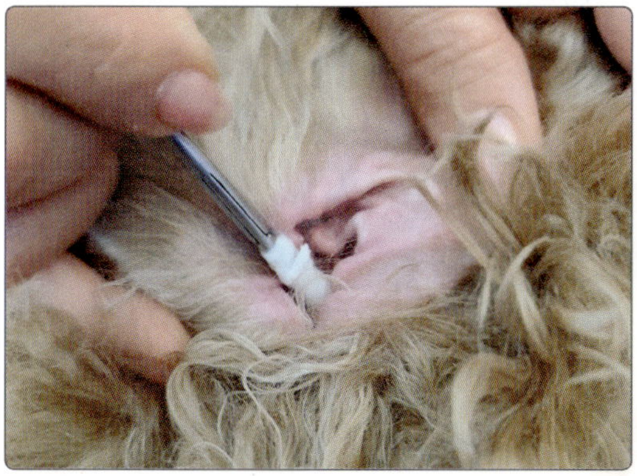

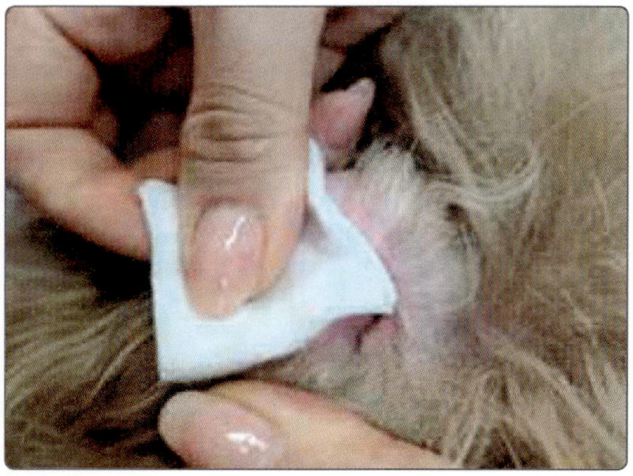

TIP

- 코카스패니얼, 패키니즈, 포메라니안, 시바견, 진돗개, 닥스훈트, 대형견종은 귓속 털의 길이가 자라지 않는 특징이 있기 때문에 털을 뽑지 않고 이어 클리너로 이물질만 제거해 주는 작업만으로도 귀 관리가 가능하다.
- 귓속 털이 자라나는 견종 중에서도 고객의 요청에 따라 귓속 털을 뽑지 않고 이어 클리너로 이물질만 제거하는 작업을 할 수 있다.

② 귓속 털을 뽑아 관리하는 방법

㉠ 귀 관리를 위해 귀를 움직이지 않도록 작업자의 손으로 귓불을 잡아 보정한다. 귀에 이어 파우더를 뿌려준다.

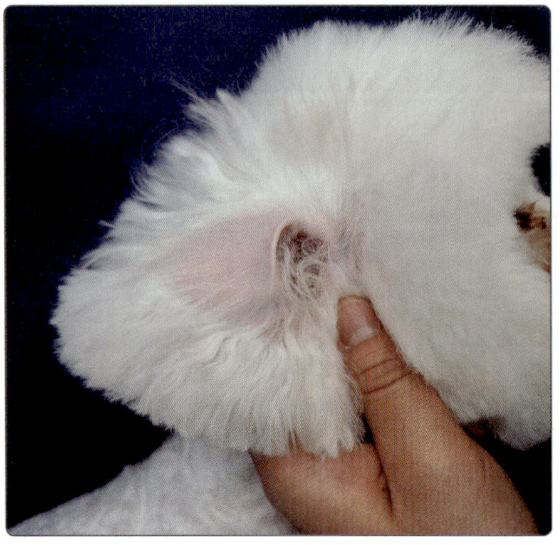

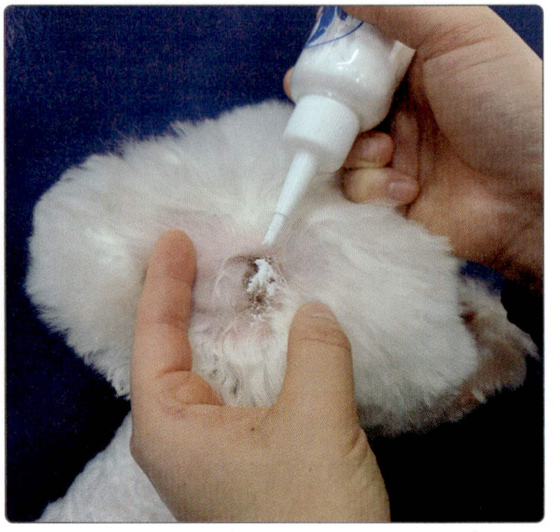

TIP

이 때 파우더 통 안에 공기가 들어가 있으면 많은 양이 한꺼번에 나오기 때문에 파우더를 사용하기 전 파우더 통을 한 번 테이블에 쳐서 공기를 뺀 후 사용한다.

㉡ 귀를 마사지 하듯 문질러 파우더가 귀의 표면에 골고루 분포되도록 한다. 손가락으로 작은 양의 귀 털을 잡아서 뽑아준다. 표면의 털을 뽑은 후 귓속 털 또한 손가락으로 뽑아준다.

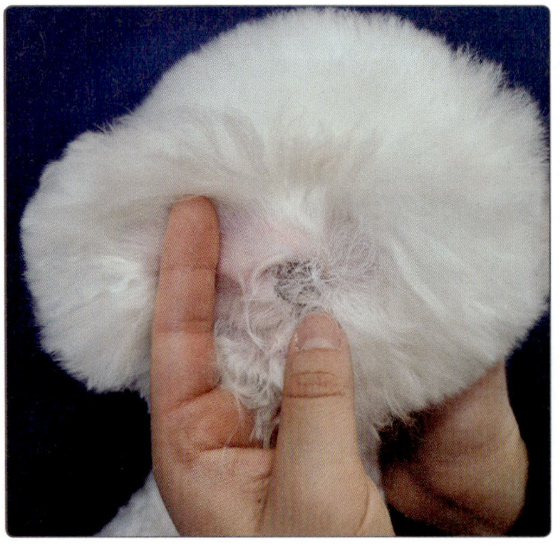

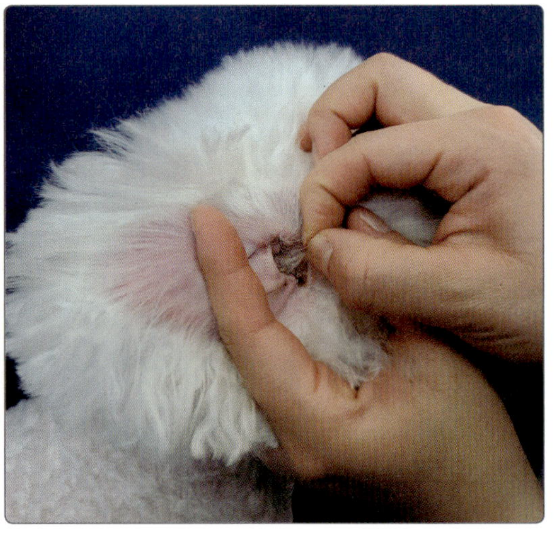

㉢ 손가락으로 털을 뽑을 수 없는 경우, 겸자를 사용해서 귓속 털을 뽑아준다.

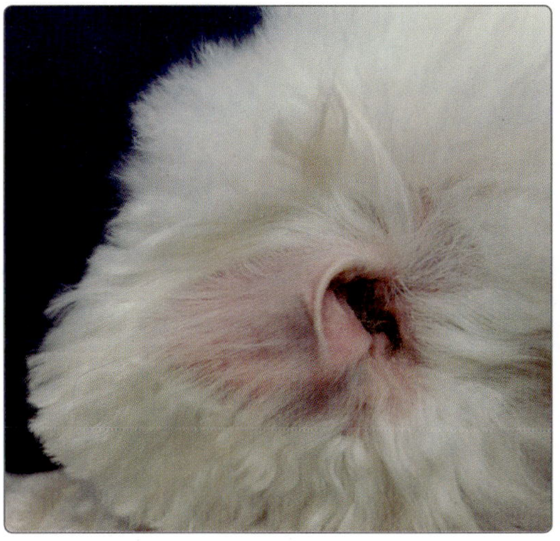
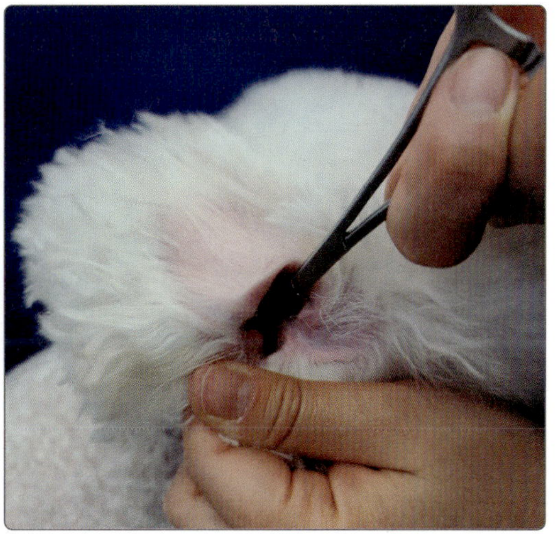

- 겸자를 사용할 때 귓속을 향해 겸자 방향이 직선인 상태로 귓속으로 넣는다.
- 적은 양의 귀 털을 집고 뽑아준다. 한 번에 많은 양의 털을 뽑으면 반려견이 귀 관리에 대해 인 좋은 기억으로 인식될 수 있고 피부에도 자극될 수 있다.
- 겸자 끝으로 피부를 집지 않도록 주의해야 한다.
- 귓속 피부가 안 좋은 반려견은 귓속 털을 뽑지 않는 것이 좋다.

㉣ 겸자 끝에 적당량의 탈지면을 말아 이어 클리너를 적신 후 귓속 이물질을 제거한다.

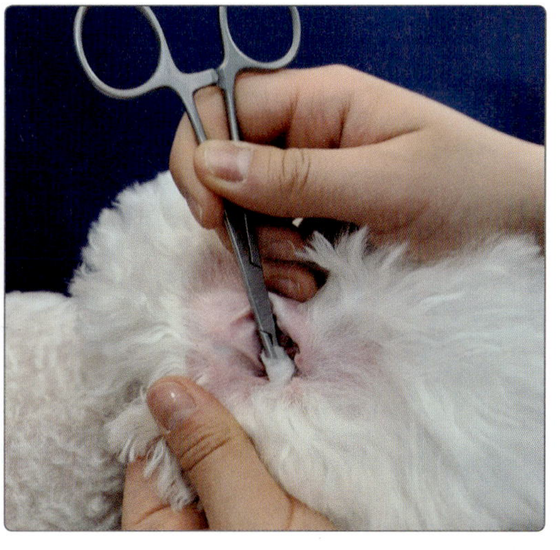

- 겸자 끝에 탈지면의 양이 적으면 탈지면 사이로 겸자가 튀어 나와 피부를 손상시킬 수 있다.
- 겸자 끝의 탈지면의 양이 많으면 귓속 이물질을 제거하는데 불편함이 있다.

ⓜ 탈지면에 이어 클리너를 묻혀 귀 표면을 닦아내면 완성된다.

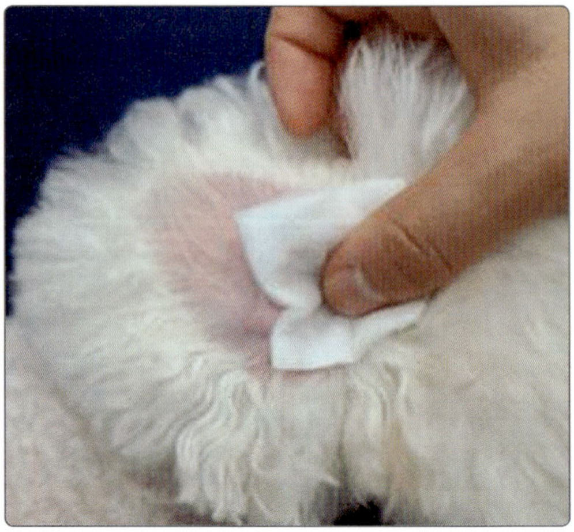

ⓗ 귀 관리 전과 후의 모습

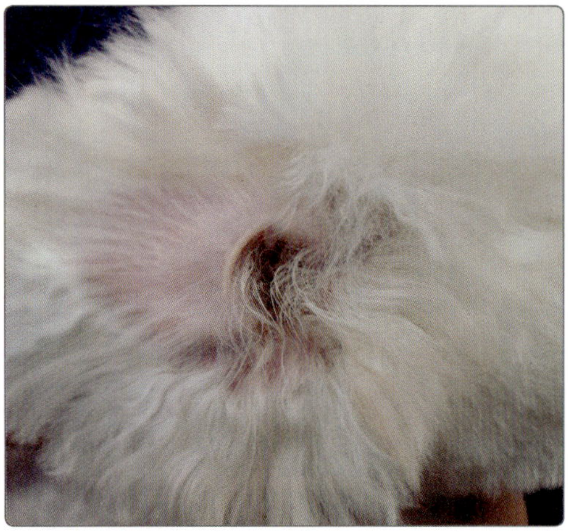

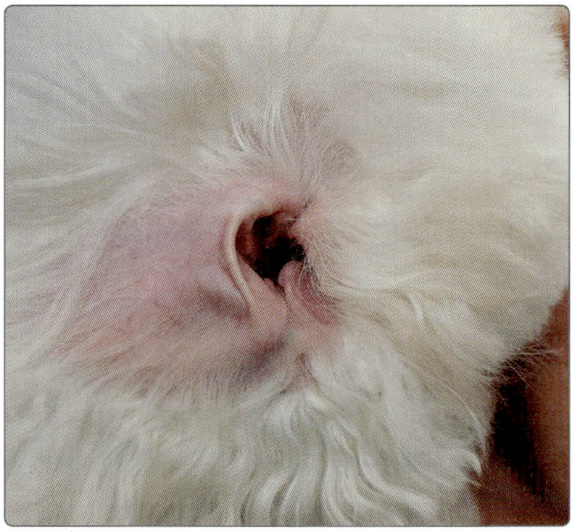

TIP

- 이어 클리너의 경우 탈지면을 사용해서 이물질을 제거하는 방법과 귓속에 이어 클리너를 넣어 마사지 한 후 탈지면으로 이물질을 제거하는 방법이 있다.
- 귀 관리는 반드시 목욕 전에 시행해야 한다. 목욕 후에는 귓속에 수분이 생겨 귀 관리하는데 어려워지고 이물질이 제대로 제거되지 않은 상태라면 목욕 후 이물질이 귀 밖으로 새어 나오기 때문에 주의해서 작업해야 한다.

③ 겸자 가위에 탈지면 장착방법

겸자에 탈지면을 사용하는 경우 손을 깨끗이 하고 작업하도록 한다. 귀 관리 후 이물질이 묻은 상태로 탈지면을 사용할 경우 귀 관리하는 의미가 없어진다.

㉠ 탈지면과 겸자를 준비한다. 겸자로 탈지면을 잡는다. 탈지면의 양이 너무 적거나 너무 많은 것은 좋지 않다.

TIP

탈지면의 양이 부족하면 겸자 끝이 노출되어 귀에 상처를 낼 수 있다. 양이 적다 싶으면 조금 더 탈지면을 겸자로 잡아서 사용하면 된다. 탈지면의 양이 많은 경우 귓속에 넣기 힘들기 때문에 탈지면을 많이 잡은 경우라면 적당량으로 덜어내고 사용하는 것이 좋다.

㉡ 탈지면으로 겸자 끝을 감아 겸자 끝부분이 안정적으로 가려지도록 한다. 겸자 끝이 제대로 가려졌는지 확인한다.

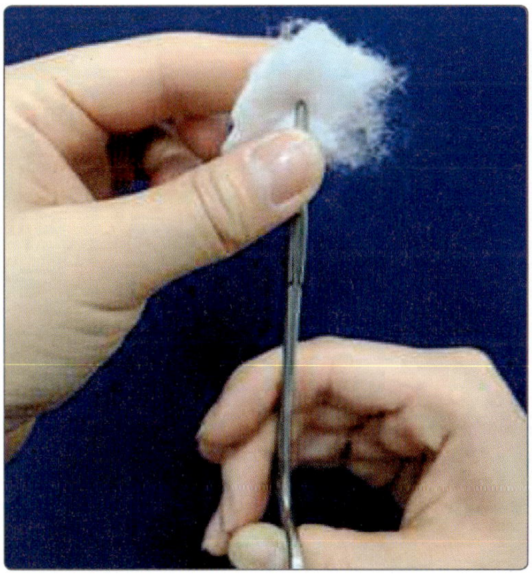

㉢ 겸자 끝을 탈지면으로 감싼 후 겸자에 탈지면이 말아지도록 한 바퀴 감는다.

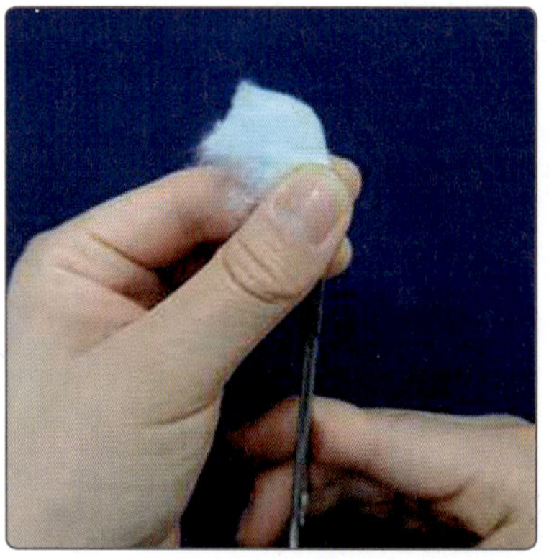
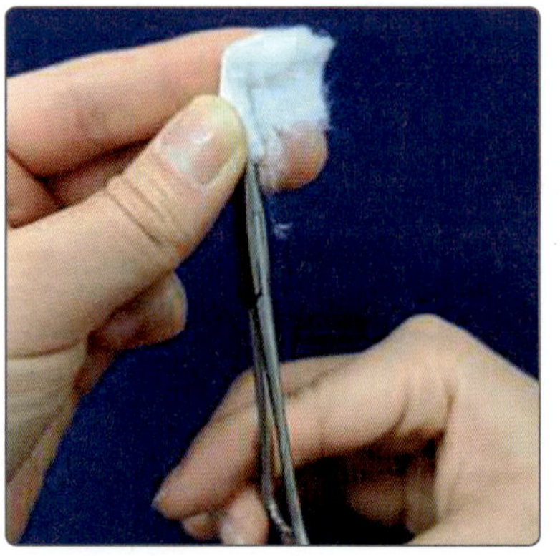

㉣ 탈지면이 정확히 안착되도록 겸자의 환에 손가락을 넣고 시계방향으로 여러번 돌려 탈지면을 고정시켜준다.

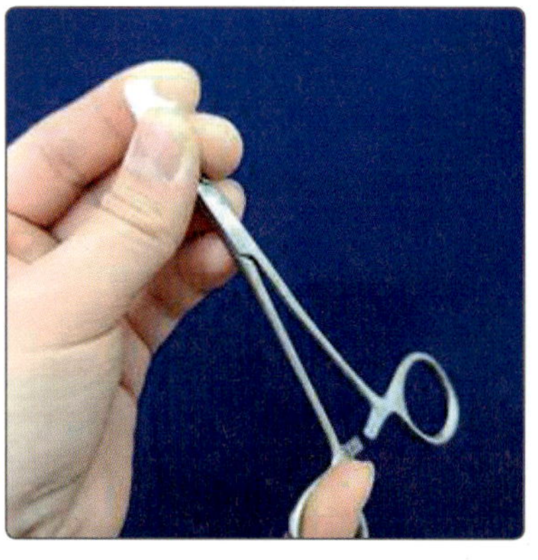
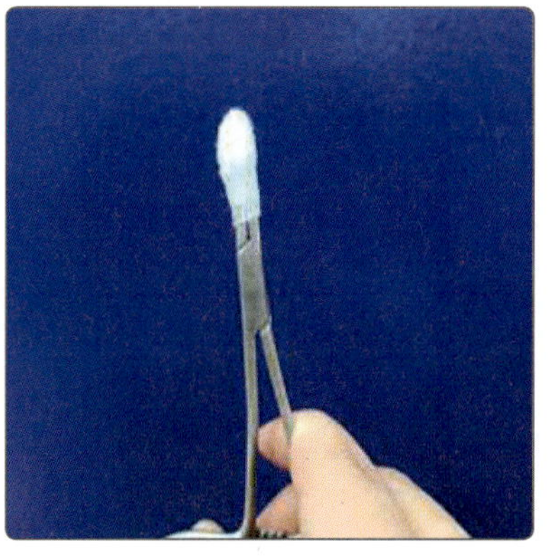

(3) 귀 관리 안전 유의사항

① 겸자의 방향이 귀를 향해 직선이 되도록 한다.
② 이어 파우더와 이어 클리너는 적당량을 사용한다.
③ 겸자 가위로 귓속 피부를 잡아당기지 않도록 한다.
④ 피부에 외이염이 있는 경우에는 무리해서 털을 뽑거나 자극을 주지 않도록 한다.
⑤ 겸자에 탈지면으로 말아 사용 시, 겸자 끝을 확실하게 탈지면으로 말아서 개체의 귓속 피부에 상해를 입지 않도록 주의한다.

(4) 귀 관리 도구 소독

① 관리가 끝난 후 알코올 또는 소독제로 겸자를 소독한다.
② 자외선 소독기에 넣어 관리한다.

교수 방법

① 귀의 구조를 설명한다.

② 귀의 상태와 그에 따른 귀 청소 방법을 설명한다.

③ 귀 관리 시, 올바른 보정 자세를 설명하고 시연한다.

④ 이어 파우더 용기 안의 공기를 빼는 이유와 방법을 설명하고 시연한다.

⑤ 이어 파우더를 사용하여 귓속 털을 제거하는 방법을 설명하고 시연한다.

⑥ 손으로 귀 주변의 털과 귓속 털을 제거하는 방법을 설명하고 시연한다.

⑦ 겸자를 사용하는 방법과 귓속 털 제거하는 방법을 설명하고 시연한다.

⑧ 이어 클리너를 사용하여 귓속 마사지 하는 방법을 설명하고 시연한다.

⑨ 겸자에 탈지면을 감싸는 방법을 시연한다.

⑩ 겸자의 탈지면으로 귓속의 이물질을 제거하는 방법을 설명하고 시연한다.

⑪ 겸자의 탈지면을 제거하는 방법을 설명하며 시연한다.

⑫ 탈지면으로 귀 주변의 이물질을 제거하는 방법을 설명하고 시연한다.

학습 방법

① 귀의 구조를 학습하여 귀의 구조와 명칭을 이해한다.

② 귀 청소를 싫어하는 애완동물의 움직임에 대한 보정 자세를 이해하고 실습한다.

③ 귓속이 보이도록 보정 자세를 익힌 후 반복하여 실습한다.

④ 이어 파우더 용기 안의 공기를 빼는 작업을 이해하고 반복하여 실습한다.

⑤ 귓속에 이어 파우더를 뿌리는 방법을 습득하고 반복하여 실습한다.

⑥ 손으로 귓속 털을 제거하는 방법을 습득한 후 반복하여 실습한다.

⑦ 겸자를 사용하는 방법을 익히고 귓 속털을 겸자로 뽑는 작업을 반복하여 실습한다.

⑧ 이어 클리너를 귓속에 넣고 마사지하는 방법을 학습한 후 실습한다.

⑨ 겸자에 탈지면을 장착하고 탈착하는 방법을 익히고 반복하여 연습한다.

⑩ 귓속의 이물질이 깨끗이 제거될 때까지 실습한다.

실습 과정 사진		
사진		설명

실습 완료 사진
귀 관리 전 사진
완성 사진

학생 자가 진단 및 교수평가

능력단위명 〈코드〉	애완동물 목욕 〈2402010604_15v1〉_2수준 애완동물 기본미용 〈2402010605_15v1〉_2수준

<table>
<tr><th rowspan="2">진단 영역</th><th rowspan="2">진 단 문 항</th><th colspan="5">학생 평가</th><th colspan="5">교수평가</th></tr>
<tr><th>매우 미흡</th><th>미흡</th><th>보통</th><th>우수</th><th>매우 우수</th><th>매우 미흡</th><th>미흡</th><th>보통</th><th>우수</th><th>매우 우수</th></tr>
<tr><td rowspan="5">귀관리 하기</td><td>1. 나는 애완동물을 보정한 후 귀의 구조를 파악할 수 있다.</td><td>①</td><td>②</td><td>③</td><td>④</td><td>⑤</td><td>①</td><td>②</td><td>③</td><td>④</td><td>⑤</td></tr>
<tr><td>2. 나는 겸자를 이용하여 상처가 나지 않게 귀 청소를 할 수 있다.</td><td>①</td><td>②</td><td>③</td><td>④</td><td>⑤</td><td>①</td><td>②</td><td>③</td><td>④</td><td>⑤</td></tr>
<tr><td>3. 나는 이어 파우더와 겸자로 귓속 털을 제거할 수 있다.</td><td>①</td><td>②</td><td>③</td><td>④</td><td>⑤</td><td>①</td><td>②</td><td>③</td><td>④</td><td>⑤</td></tr>
<tr><td>4. 나는 이어 클리너로 귓속 이물질을 용해할 수 있다.</td><td>①</td><td>②</td><td>③</td><td>④</td><td>⑤</td><td>①</td><td>②</td><td>③</td><td>④</td><td>⑤</td></tr>
<tr><td>5. 나는 겸자와 탈지면으로 이물질을 제거하고 건조시킬 수 있다.</td><td>①</td><td>②</td><td>③</td><td>④</td><td>⑤</td><td>①</td><td>②</td><td>③</td><td>④</td><td>⑤</td></tr>
</table>

[교수 평가의견]

[평가자 체크리스트]

학습 내용	평가항목	성취 수준		
		상	중	하
귀관리 하기	1. 귀 관리를 위한 안정된 보정 자세와 겸자를 사용하는 방법			
	2. 이어 파우더를 이용한 귓속 털 제거			
	3. 이어 클리너를 사용하는 방법 및 귀 마사지			
	4. 겸자와 탈지면을 사용하여 귓속 이물질 제거			

[작업장 평가]

학습 내용	평가항목	성취 수준		
		상	중	하
귀관리 하기	1. 귀 관리를 위한 안정된 보정 자세			
	2. 이어 파우더와 겸자를 이용한 귓속 털 제거			
	3. 귓속 이물질을 용해하기 위한 이어 클리너 사용 귀 마사지			
	4. 겸자와 탈지면을 이용한 이물질 제거와 건조			

[진단 결과]

진단영역	평가 문항 수	점수	점수 ÷ 문항 수
귀 관리하기	5		

※ 점수를 문항 수로 나눈 값이 '3점' 이하에 해당하는 영역은 직무수행 능력이 부족한 것으로 향상 학습이 요구되며 4점 이상이면 직무수행 능력 우수로 심화학습이 요구됨.

12th week

발톱관리

학습내용(단원명)	수업 목표
발톱관리하기	• 니퍼형 발톱깎이로 발톱을 자를 수 있다. • 혈관이 보이는 발톱과 보이지 않은 발톱관리를 할 수 있다. • 변형된 발톱의 종류를 파악할 수 있다. • 발톱갈이를 사용할 수 있다.

1. 발톱관리하기

반려견의 발은 다섯 개의 앞 발가락과 네 개의 뒷 발가락을 가지고 있다. 앞발의 가장 안쪽에 있는 짧은 발톱은 2개의 관절(기절골과 말절골)로 된 듀 클로우(Dew claw)로 갈고리발톱 또는 낭조, 며느리발톱이라 한다. 듀 클로우는 땅을 디디지 않으며 먹이를 잡을 때나 목적물을 붙잡을 때 쓰인다. 반려견의 견종에 따라 앞, 뒷발 모두에 있는 종과, 듀 클로우가 2개씩 있는 경우도 있다.

다른 네 발가락은 세 마디의 뼈로 되어 있다. 첫 번째 뼈는 기저골로 제일 길고 점차 짧아지며 중절골과 말절골 끝에는 발톱이 있다. 반려견의 앞발은 몸의 무게를 지탱하고 미끄러지지 않도록 구조되어 있다. 다리의 제동을 걸고 발로 잡는 기능을 가지고 있다.

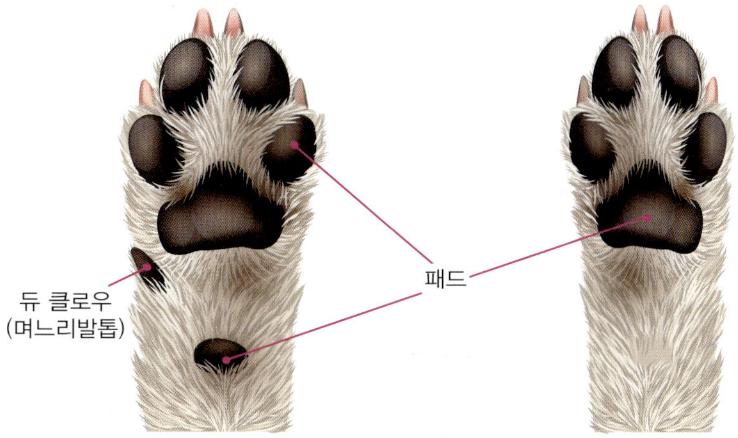

1. 발톱의 구조

발톱의 성분은 케라틴 단백질로 이루어져 있으며 날 끝이 뾰족하다. 발톱의 단면은 혈관과 신경으로 구성되어 있다. 사람의 경우 각질로 된 손, 발톱이라 잘라도 아프지 않지만 반려견의 경우는 신경과 혈관이 함께 있어 통증이나 출혈이 있을 수 있다. 반려견의 발톱은 길이가 자라면서 신경과 혈관이 함께 자라기 때문에 주기적인 관리가 필요하다.

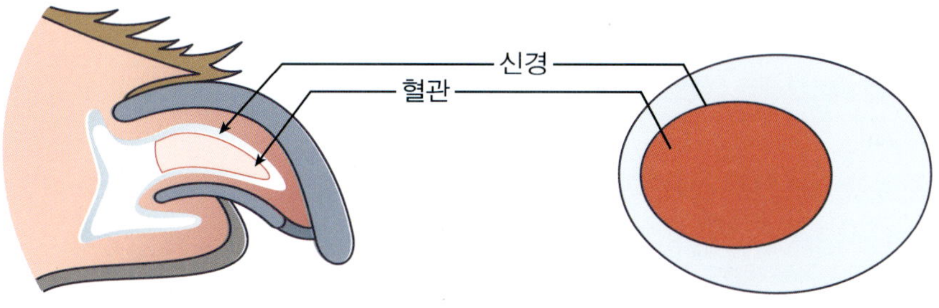

(1) 발톱의 혈관과 신경

개체의 발톱에는 혈관과 신경이 함께 분포되어 있어 발톱이 자라면서 혈관과 신경은 함께 자란다. 발톱관리를 하지 않게 되면 혈관의 길이가 자라기 때문에 조금만 잘라도 발톱에서 출혈이 일어나게 된다. 출혈이 일어났을 때 개체는 아픈가요? 라는 질문을 자주 받는다.

출혈이 있다는 것은 혈관과 신경이 모두 잘린 것이기 때문에 개체는 아프 하고 다음 발톱 자르는 것을 싫어하고 예민하게 반응하게 된다. 이를 방지하기 위해서는 주기적으로 발톱관리를 하는 것이 바람직하다.

(2) 발톱의 색

반려견의 발톱은 검정색이나 어두운 밤색, 또는 투명한 발톱으로 되어있다. 발톱에 색이 있는 것은 멜라닌 색소로 인해 검거나 어둡게 보이기 때문이다. 보통 유색의 모질을 갖고 있는 반려견이 어둡거나 검은 발톱을 갖고 있다. 흰색의 모질은 발톱이 투명한 경우가 많다.

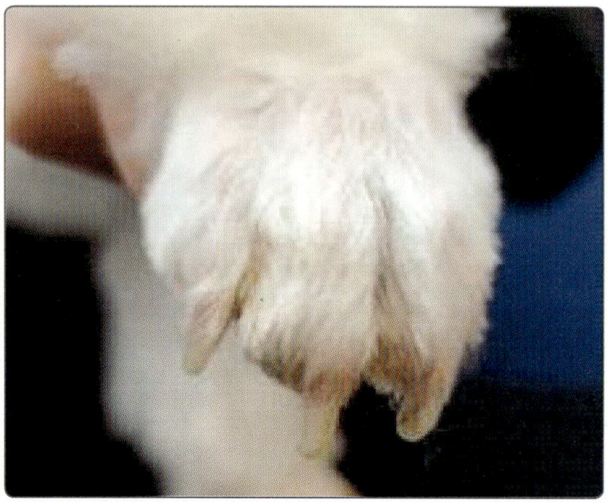

혈관이 보이는 발톱

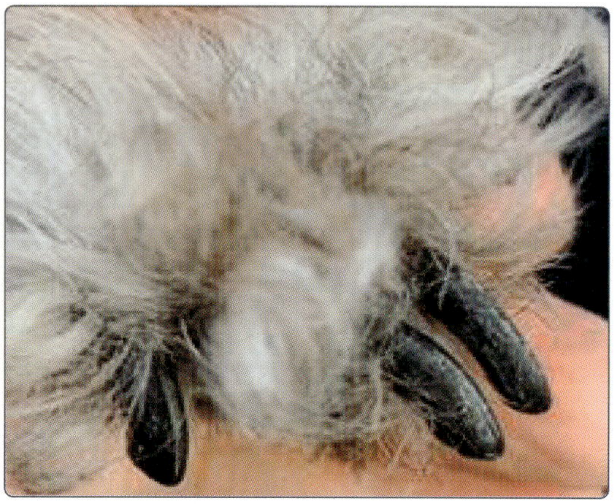

혈관이 보이지 않는 발톱

(3) 발톱의 기능

발톱은 반려견이 보행 시 힘을 지탱해 주는 발가락뼈와 발가락을 보호해 주는 역할을 한다.

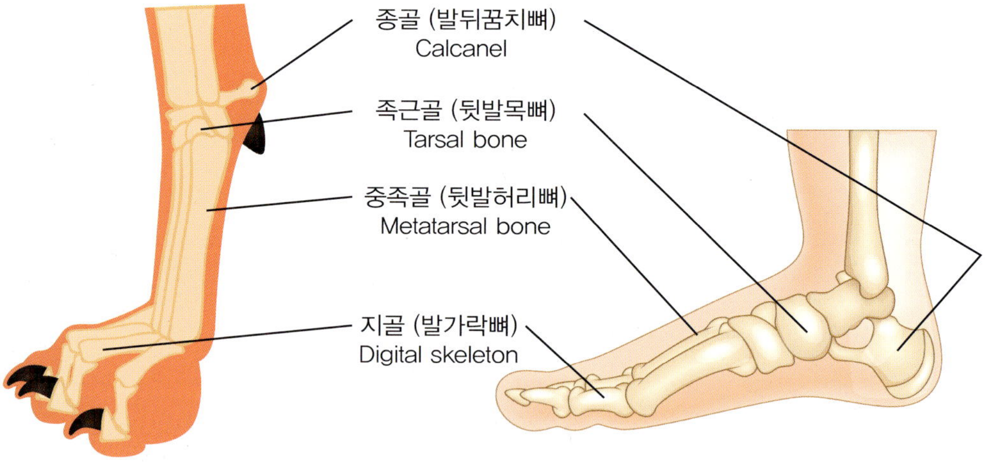

개와 사람의 발

① 발톱은 조렵견이 사냥감을 잡거나 땅을 팔 때 발을 보호하는 역할을 한다.
② 보행 시 발의 뼈를 보호하고 걷는 힘을 지지해 준다.
③ 발바닥 패드와 관절을 보호한다.

2. 발톱관리

(1) 니퍼형 발톱깎이

니퍼 모양의 발톱깎이로 중 · 대형견용 발톱을 깎는 용도이다. 현재는 반려견의 크기와 상관없이 사용되고 있다.

① 혈관이 보이는 발톱 자르기

㉠ 작업자의 손으로 반려견이 움직이지 않도록 고정 후 손으로 발과 발톱 부분을 살며시 잡아준다. 혈관 앞을 확인하고 잘라야 할 부분에 발톱깎이를 고정시킨다.

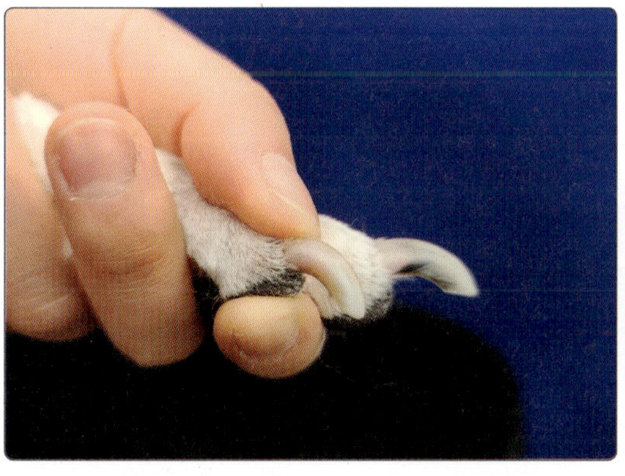

㉡ 혈관이 보이는 곳 앞까지 길이를 자른 후 발톱표면의 각을 발톱깎기로 잘라준다.
㉢ 발톱갈이로 표면을 매끄럽게 해준다.

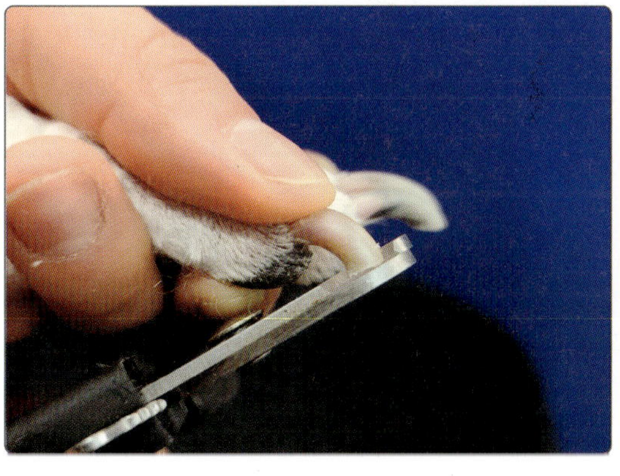

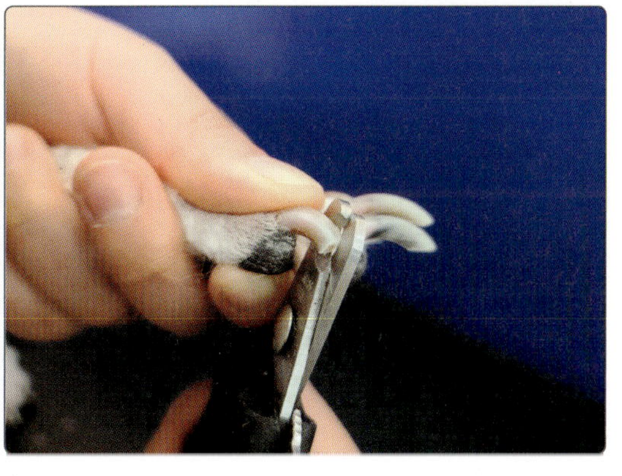

② 혈관이 보이지 않는 발톱 자르기

㉠ 반려견이 움직이지 않도록 고정 후 발톱의 길이를 자른다. 색이 검고 혈관이 보이지 않기 때문에 발톱 끝에서부터 조금씩 길이를 잘라 나간다.

㉡ 혈관 가까이의 단면이 보일 때까지 조금씩 발톱 길이를 잘라 준다. 혈관 앞 단면이 보이면 잘라주는 것을 멈추고 표면의 각을 없앤다.

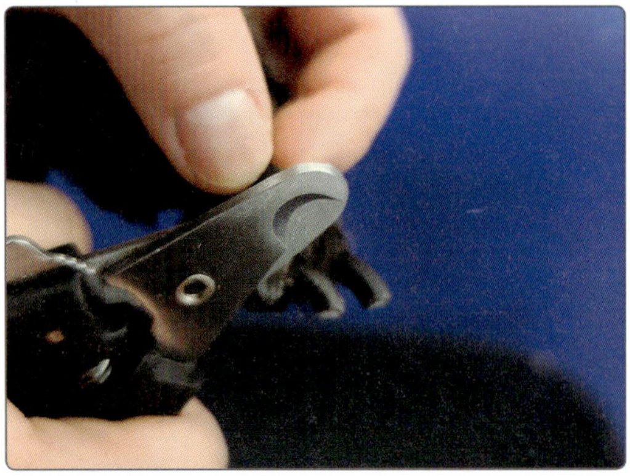

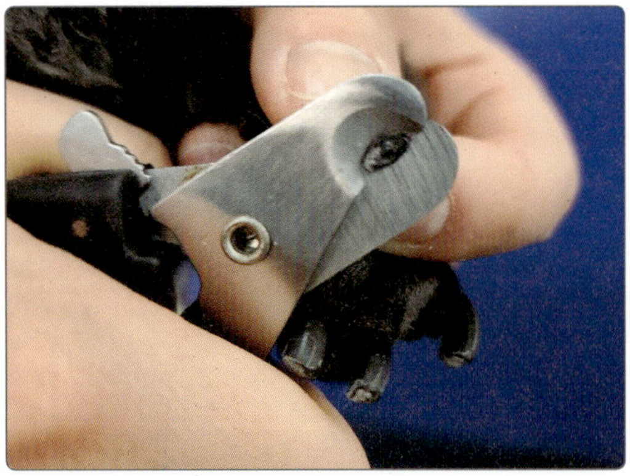

③ 듀 클로우(며느리발톱) 관리

보행 시 땅을 디디는 발톱과 다르게 발목 위쪽에 있는 발톱을 듀 클로우라 한다. 듀 클로우(며느리발톱)는 자라는 속도가 다른 발톱에 비해 더디 자란다. 이로 인해 관리를 하지 않고 그냥 지나치는 경우가 있고, 간혹 뒷발에도 있는 경우가 있는데 확인하지 않고 관리를 소홀히 하는 경우가 생긴다.

- 발을 고정해서 잡은 후 손으로 듀 클로우(며느리 발톱)를 잡는다.
- 발톱깎이로 혈관 앞까지 잘라준다.

(2) 기요틴형 발톱깎기

단두대형 모양의 발톱깎기로 동그란 홀 안에 발톱을 넣어 레버를 당겨 원하는 길이로 발톱을 자른다. 소 · 중형견에 주로 사용되는 발톱깎이였지만 현재는 크기와 상관없이 사용되고 있다.

① 혈관이 보이는 발톱 자르기

㉠ 발톱이 움직이지 않도록 고정한 후 기요틴 발톱깎이로 혈관이 보이는 곳을 눈으로 확인 후 발톱의 길이를 잘라준다.

㉡ 길이를 자른 후 발톱 표면의 각을 자른다.

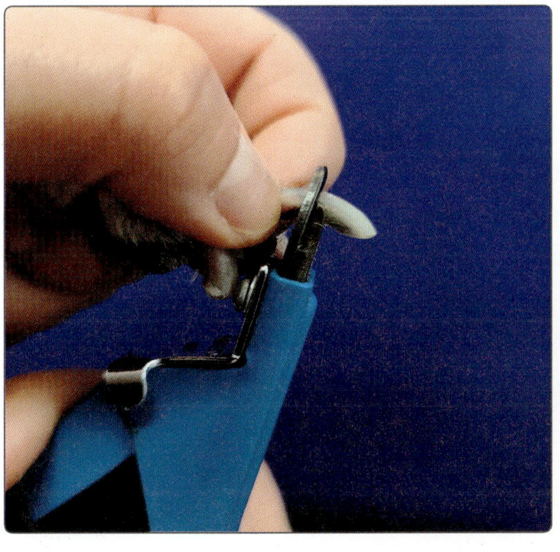

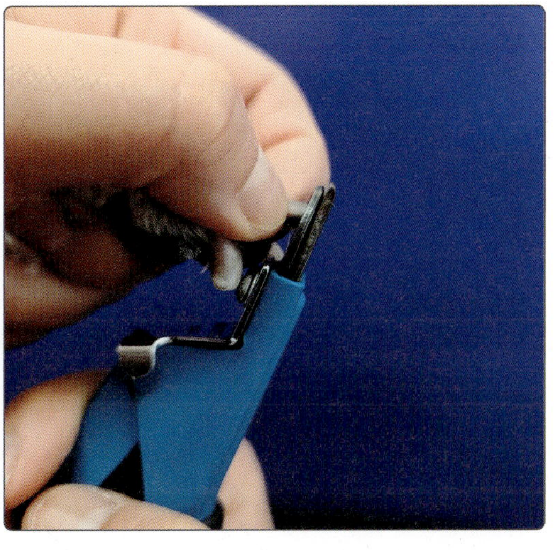

② 혈관이 보이지 않는 발톱 자르기

㉠ 반려견이 움직이지 않도록 고정 후 발톱의 길이를 자른다

㉡ 색이 검고 혈관이 보이지 않기 때문에 발톱 끝에서부터 조금씩 길이를 잘라 나간다.

㉢ 혈관 가까이의 단면이 보일 때까지 조금씩 발톱 길이를 잘라 준다. 혈관 앞 단면이 보이면 잘라주는 것을 멈추고 표면의 각을 없앤다.

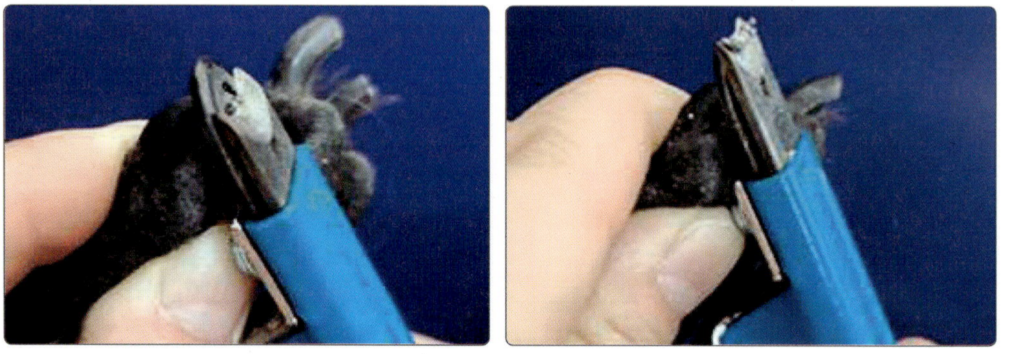

(3) 발톱갈이 사용방법

발톱을 깎고 난 후 발톱의 각을 제거하는 데 사용하는 도구이다. 수동식과 전동식이 있다.

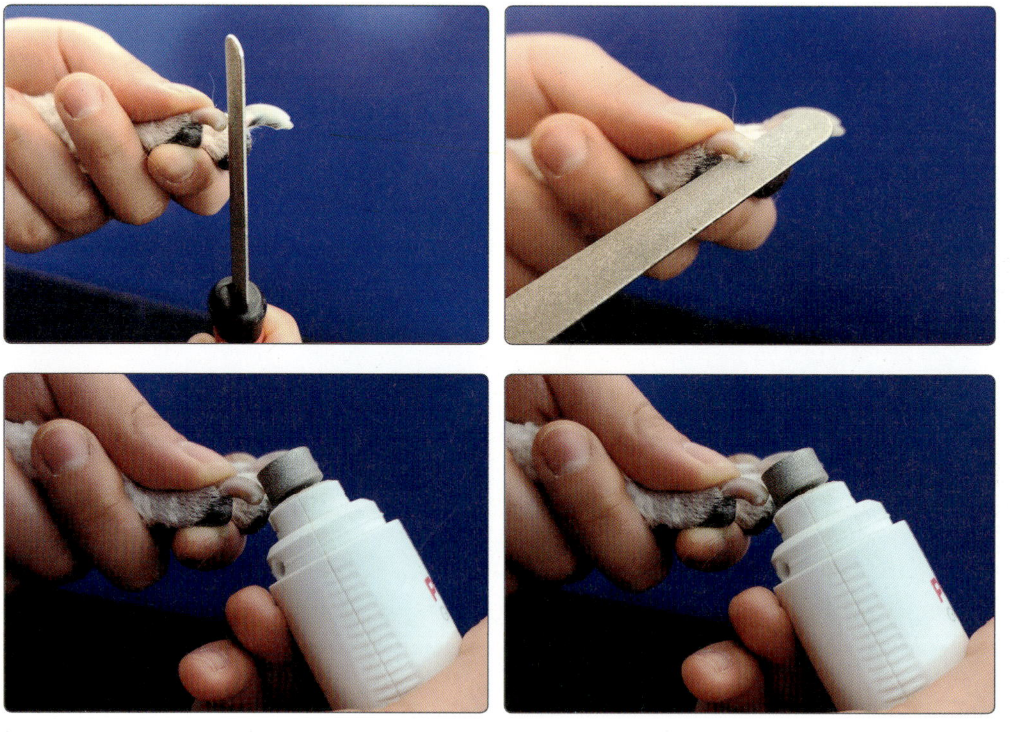

(4) 지혈제

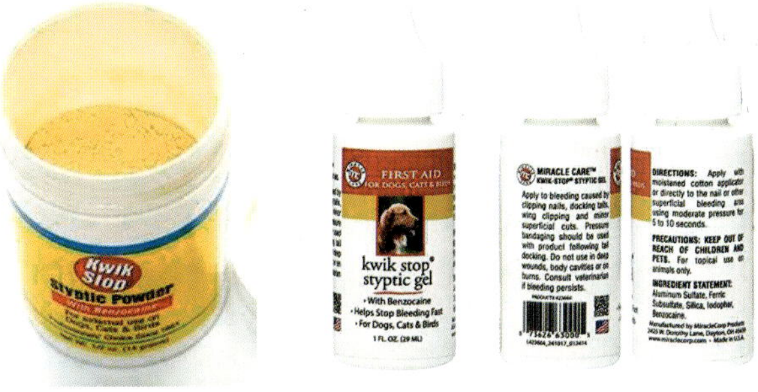

출혈이 발생할 경우 사용하는 지혈제에는 분말형 지혈제와 젤 타입이 있다. 분말형은 습기에 의해 가루가 굳어질 수 있기 때문에 주의한다. 주요 성분은 페릭서브설페이트(Ferric subsulfate), 염화알루미늄(Alumium chloride), 벤토나트륨(Bentonite), 황산구리(Copper Sulfate), 염화암모늄(Ammonium chloride), 벤조카인(Benzocaine)으로 되어 있다.

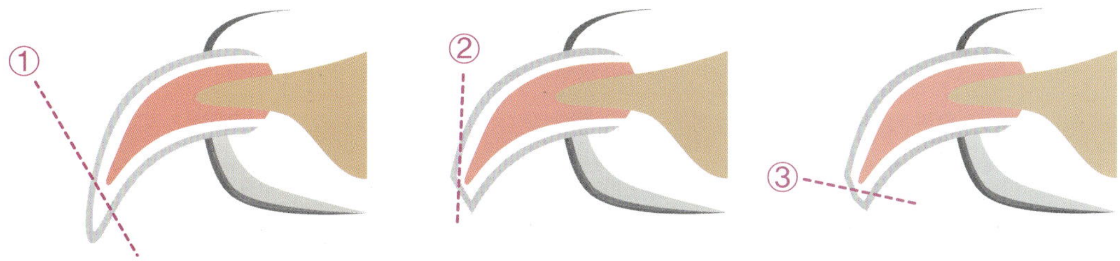

[발톱깎는 순서]

3. 몸의 구조 변형과 파행 방지를 위한 발톱관리

(1) 패드를 파고 들어간 발톱관리

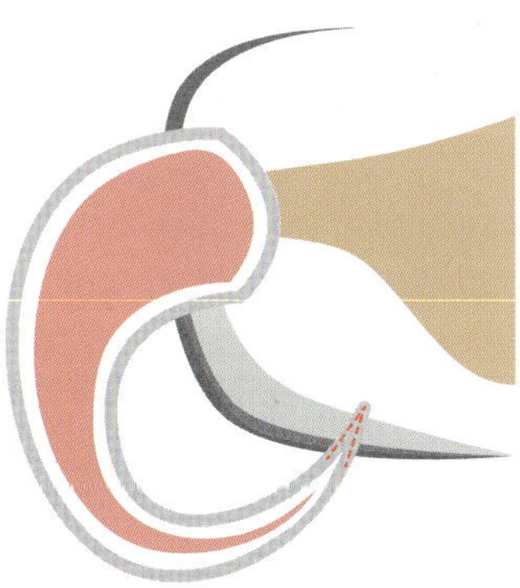

살을 파고든 발톱

발톱 관리를 주기적으로 하지 않게 되면 발톱이 휘어지게 자라면서 패드를 파고 드는 상황이 생겨난다. 이는 앞, 뒷발의 발톱과 듀 클로우 또한 이에 해당된다.

① 발톱 관리가 되지 않아 발톱이 패드의 살을 파고 들어 간 경우에는 니퍼형 발톱깎이를 사용해서 발톱을 깎아 낸다.

② 발톱을 깎은 후 패드에 박혀있는 발톱을 뽑아주고 패드 부위를 소독한다.

③ 발톱에 출혈이 있는 경우 지혈제로 지혈한다.

TIP

- 패드에 파고든 발톱은 발톱깎이가 들어 갈 틈이 없기 때문에 기요틴형은 사용할 수 없다.
- 이런 경우의 발톱은 대부분이 혈관과 신경이 많이 길어져 있기 때문에 출혈이 발생할 수 있다.

(2) 발톱 중간 부분이 갈라져 있는 발톱 관리

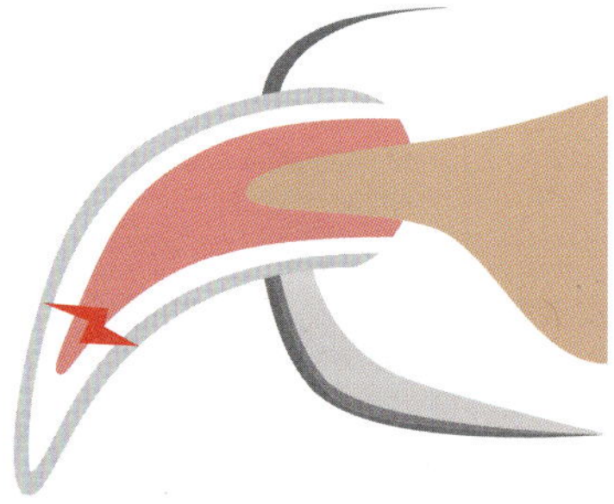

중간이 부러진 발톱

발톱 중간이 갈라지거나 상처가 있는 경우는 반려견이 어딘가에 다치거나 싸움으로 인해 발생하는 경우가 있다. 중간 부분이 갈라지거나 부러진 발톱의 틈으로 세균이 침투해서 질병이 발생할 수 있다.

① 갈라져 있는 부분의 발톱의 윗부분까지 발톱깎이로 잘라 준다.

② 발톱갈이로 발톱의 각을 없애준다.

(3) 지혈하는 방법

① 발톱에 출혈이 발생하면 출혈부위가 보이자마자 엄지손가락으로 출혈부위를 압박한다.

② 지혈제를 출혈부위에 바른 후 다시 엄지손가락으로 지압한다.

TIP

지혈제는 발톱의 출혈 부위 이외에는 사용하지 않는다.

4. 발톱을 관리하지 않을 때 발생하는 현상

(1) 발톱관리를 하지 않으면 혈관과 신경이 함께 자라기 때문에 발톱관리 시 출혈이 발생할 수 있다.

(2) 신경과 혈관이 잘라져 나가면 통증이 발생하고 반려견이 발톱깎는 것을 두려워하거나 싫어하는 작업으로 인식되어질 수 있다.

(3) 길어진 발톱으로 인해 보행에 지장을 줄 수 있다.

(4) 발톱이 휨으로 인해 발의 각도 또한 휘어질 수 있다.

TIP

생활환경에 따라 산책을 자주하거나 실외에서 생활하는 반려견의 경우

- 발톱이 자연적으로 짧아져 있을 때에는 듀 클로우만 발톱깎기로 잘라주거나 발톱갈이로 발톱의 표면의 각을 없애주도록 한다.
- 발톱이 너무 짧아진 경우에는 보행 시 출혈이 있을 수 있기 때문에 발톱의 표면만 관리해 준다.

5. 발톱관리 시 안전 및 유의사항

(1) 발톱을 자를 때 반려동물을 안전하게 보정할 수 있는 자세가 중요하다.

(2) 발톱작업을 싫어하는 반려동물은 뒷 발부터 작업을 하는 것이 좋다.

(3) 목욕 후 발톱을 자르면 발톱이 부드러워져 발톱 깎는데 용이하다.

(4) 목욕 후 발톱깎기 작업 중 출혈이 발생하면 지혈하는데 시간이 좀 더 걸린다.

(5) 발톱은 주기적으로 관리하는 것이 바람직하다.

(6) 혈관을 생각해서 너무 짧거나 길게 발톱을 남기는 것은 좋지 않다.

TIP

베이싱 작업이 끝난 후 반려견의 발톱은 수분에 의해 발톱의 표면이 부드러워져 발톱을 쉽게 자를 수 있다. 단, 출혈 시 더 많은 피가 날 수 있기 때문에 주의한다.

교수 방법

① 발톱의 구조와 혈관과 신경에 관해 설명한다.

② 발톱깎이 종류와 사용하는 방법을 설명하고 시연한다.

③ 환경에 따른 발톱 상태와 관리 방법을 설명한다.

④ 발톱깎는 방법을 설명하고 발톱을 깎을 수 있도록 시연하고 지도한다.

⑤ 발톱갈이를 사용하는 방법을 설명하고 시연한다.

학습 방법

① 발톱의 구조와 혈관과 신경에 대해 학습 후 그림으로 그려서 제출한다.

② 발톱깎이의 종류와 사용하는 방법을 학습하고 실습한다.

③ 발톱의 길이를 조절하고 발톱 자르는 작업을 반복하여 실습한다.

④ 몸의 구조 변형과 파행방지를 위한 발톱관리를 이해하고 발톱 자르는 실습을 한다.

⑤ 발톱갈이를 사용하는 방법을 학습하고 반복하여 실습한다.

⑥ 지혈제를 이용하여 출혈이 있는 발톱을 지혈하는 방법을 학습하고 실습한다.

발톱의 구조와 신경	
발톱의 구조 · 혈관 · 신경	설명

실습 완료 사진
발톱관리 전 사진
완성 사진

학생 자가 진단 및 교수평가

능력단위명 〈코드〉	애완동물 목욕 〈2402010604_15v1〉_2수준 애완동물 기본미용 〈2402010605_15v1〉_2수준

진단 영역	진 단 문 항	학생 평가					교수평가				
		매우 미흡	미흡	보통	우수	매우 우수	매우 미흡	미흡	보통	우수	매우 우수
발톱 관리 하기	1. 나는 애완동물의 특성에 따라 발톱 길이를 조절하여 발톱을 깎을 수 있다.	①	②	③	④	⑤	①	②	③	④	⑤
	2. 나는 애완동물의 생활환경에 알맞은 발톱길이를 결정하여 발톱을 깎을 수 있다.	①	②	③	④	⑤	①	②	③	④	⑤
	3. 나는 애완동물의 몸의 구조 변형과 파행을 방지하기 위하여 발톱을 깎을 수 있다.	①	②	③	④	⑤	①	②	③	④	⑤
	4. 나는 발톱깎이 후 애완동물의 특성과 생활환경에 따라 발톱을 갈 수 있다.	①	②	③	④	⑤	①	②	③	④	⑤
	5. 나는 발톱에 출혈이 있을 때 지혈제로 지혈시킬 수 있다.	①	②	③	④	⑤	①	②	③	④	⑤

[교수 평가의견]

[서술형 시험]

학습 내용	평가항목	성취 수준		
		상	중	하
발톱관리 하기	1. 발톱깎기의 종류와 사용하는 방법			
	2. 발톱관리 시 주의사항			

[평가자 체크리스트]

학습 내용	평가항목	성취 수준		
		상	중	하
발톱관리 하기	1. 발톱을 깎을 때 올바른 보정 방법			
	2. 몸의 구조 변형과 파행을 방지하기 위한 발톱깎기			
	3. 발톱깎기 후 발톱의 각을 없애는 방법			
	4. 발톱에 출혈이 있을 때 지혈제로 지혈하는 방법			

[진단 결과]

진단영역	평가 문항 수	점수	점수 ÷ 문항 수
발톱 관리하기	5		

※ 점수를 문항 수로 나눈 값이 '3점' 이하에 해당하는 영역은 직무수행 능력이 부족한 것으로 향상 학습이 요구되며 4점 이상이면 직무수행 능력 우수로 심화학습이 요구됨.

Chapter 6

베이직 그루밍

Chapter 6 베이직 그루밍

13th week

기본 클리핑

학습내용(단원명)	수업 목표
기본 클리핑	• 클리퍼 사용범위를 이해하고 클리퍼 날의 면과 피부 면을 평행하게 유지할 수 있다. • 발바닥 클리핑을 할 수 있다. • 발등과 발가락 사이 클리핑을 할 수 있다. • 머즐 클리핑을 할 수 있다.

1. 기본 클리핑

1. 기본 클리핑의 이해

기본 클리핑은 소형 클리퍼 또는 전문가용 클리퍼에 1mm 이하의 날을 장착하여 발바닥, 발등, 복부, 항문 부위의 털을 잘라내는 작업이다. 기본 클리핑에서 중요한 것은 클리퍼 사용 각도이다. 피부와 평행하게 클리퍼 날을 사용하지 않으면 피부에 상처를 낼 수 있고 클리퍼 날을 세워 클리핑을 하게 되면 피부가 긁힐 수 있어 상처와 사고로 이어질 수 있다.

올바른 클리퍼 사용 방법

바르지 못한 클리퍼 사용 방법

2. 발바닥 클리핑

개채의 발바닥의 털은 자라게 되면 보행에 지장을 주게 된다. 배변활동을 욕실에서 하는 개체는 물기에 발이 젖어 발바닥과 발가락 사이에 습진이 생길 수 있다. 이를 방지하기 위해 발바닥 클리핑을 한다.

(1) 발가락의 생김새

개체의 발가락 모양과 길이에 따라 발의 생김새가 구분된다.

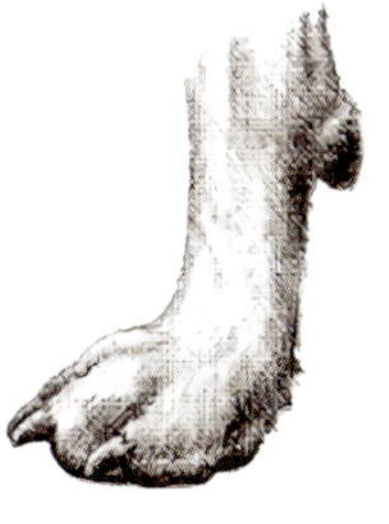

고양이 발

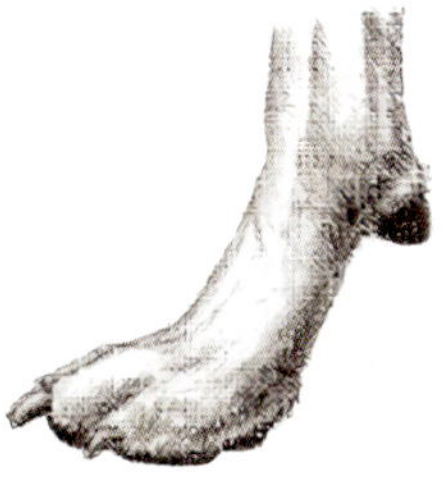

토끼 발

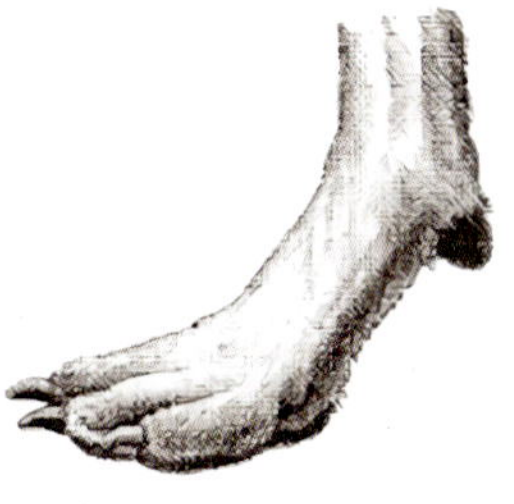

길고 얇으며
앞발목이 약한 발

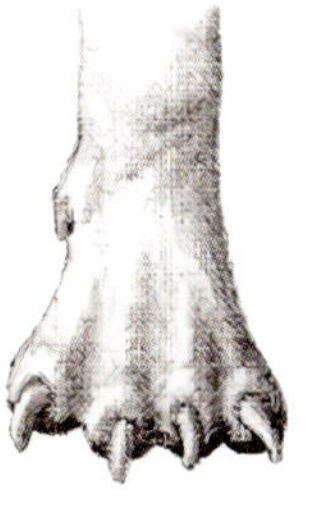

퍼진 발

발의 생김새

① 캣 풋 (Cat foot)

발가락 뼈마디의 끝이 짧아 발가락 모양이 봉긋 보이는 고양이 발을 닮은 모양

② 스플레이 풋 (splay foot)

발가락 사이가 넓은 발 모양

③ 페이퍼 풋 (Paper foot)

발바닥의 패드가 얇은 발

④ 헤어 풋 (hear feet)

중앙의 두 발가락이 옆 발가락보다 긴 발모양으로 그레이 하운드, 휫핏처럼 빠른 견종에서 볼 수 있는 특징이다.

대표 견종: 배들링턴테리어, 사모예드, 파피용 등

(2) 클리핑 작업을 위한 보정자세

① 뒷다리 보정

관절에 무리가 가지 않도록 작업해야 할 다리를 들어 준다. 뒷발 발바닥 클리핑 작업을 할 경우 작업자의 팔로 몸통을 가볍게 감싸고 작업자의 손은 개체의 발목을 지긋이 잡도록 한다.

반대편 발의 경우 몸통을 감싼 작업자의 팔을 다리 사이에 넣고 반대편 발의 발목을 동일하게 잡아준다. 뒷다리 관절에 무리가 가지 않도록 들어주며 작업자가 허리를 숙여서 작업한다.

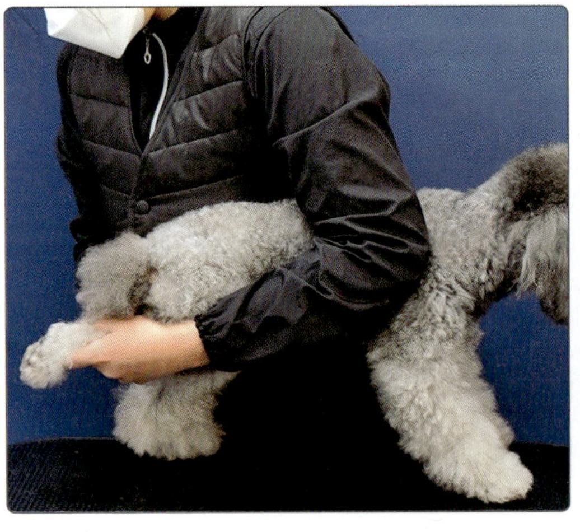

② 앞다리 보정

앞다리의 관절에 무리가 가지 않도록 작업자의 팔로 어깨부위를 지긋이 감싸고 작업자의 손은 앞다리의 발목을 가볍게 잡고 발바닥이 보이도록 잡아준다. 반대편의 다리의 경우 작업자의 팔을 개체의 몸통 사이에 넣어 반대편 다리를 잡고 발바닥이 보이도록 발목부위를 가볍게 잡아준다. 작업자가 허리를 굽혀 클리핑 작업을 한다.

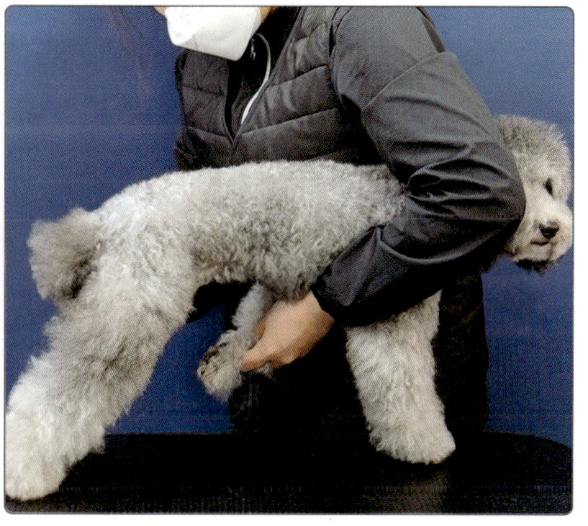

(3) 잘못된 보정 자세

뒷다리의 관절을 무리하게 올리면 관절이 탈구될 수 있다. 작업자는 개체의 관절을 무리하게 끌어 올리거나 다리를 옆으로 잡아 당기는 행동은 절대로 해서는 안되며 작업자가 허리를 굽혀 개체의 높이에 맞추어 작업한다.

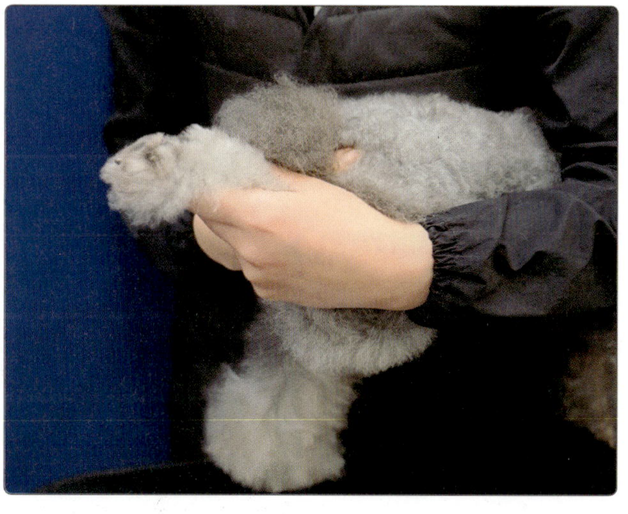

(4) 보정 시 안전 유의사항

① 클리핑을 싫어하는 개체를 무리하게 힘을 주어 보정하려 하지 않는다.
② 관절이 움직이는 범위 이상으로 꺾지 않도록 한다.
③ 작업자가 개체의 높이에 맞추어 작업을 한다.
④ 대형견의 경우 몸통을 감싸는 것이 아닌 발목 부위를 잡고 작업한다.

3. 발바닥 클리핑 (동그란 발)

(1) 개체의 몸통을 작업자의 팔로 고정시킨 후 발의 관절이 불편하지 않도록 주의해서 자세를 잡은 후 클리핑 할 발을 발바닥이 보이도록 손으로 고정한다. 엄지손가락과 집게손가락으로 발가락의 양쪽 끝을 잡고 나머지 세 손가락은 발등 쪽을 감싸준다.

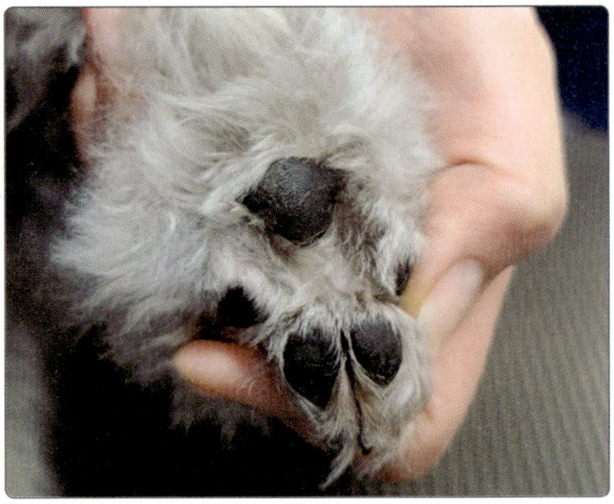

(2) 엄지와 집게손가락으로 양쪽 발가락 끝을 벌려서 발바닥 사이를 넓힌 후 소형 클리퍼로 털을 밀어낸다. 이 때 발바닥의 왼쪽 부위는 클리퍼 날의 왼쪽부분으로, 발바닥의 오른쪽 부위는 클리퍼 날의 오른쪽 부분을 사용해서 발바닥 패드의 생김 그대로 클리퍼가 패드와 평행하게 들어갔다 나오면서 털을 밀어낸다.

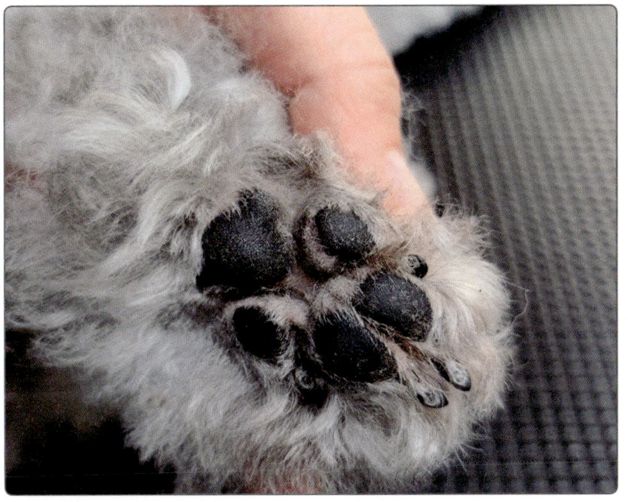

발바닥 클리핑 완성 사진

TIP

- 발바닥패드와 발가락패드를 가리고 있는 털은 모두 제거해 준다.
- 대형견의 경우 발바닥 패드 안쪽의 털을 모두 제거하지 않는다. 발이 크기 때문에 실외를 보행 시 다칠 위험성이 있다.
- 앞발을 싫어하는 경우가 많기 때문에 항상 뒷발부터 작업한다.
- 클리핑의 방향은 역방향 클리핑이다.

(3) 발바닥 클리핑 안전 유의사항

① 발바닥의 털이 젖어 있다면 베이싱 후 클리핑 작업을 한다.

② 클리퍼 날을 세워서 클리핑 하지 않도록 한다.

③ 발바닥 클리핑을 위해 클리퍼 날에 피부가 다치지 않도록 개체를 보정한 작업자의 손으로 발바닥의 패드 사이를 벌려 작업한다.

④ 클리퍼 각도에 주의해서 작업한다.

4. 발등 클리핑

(1) 앞다리의 발 부분을 관절에 무리가 가지 않도록 가볍게 쥔다. 뒷발은 개체의 몸통 배 밑으로 작업자의 팔을 넣어 뒷발의 관절에 무리가 가지 않게 안정적으로 잡아준다.

(2) 엄지와 집게손가락으로 첫 번째 발가락과 네 번째 발가락을 보정하고 나머지 손가락은 발바닥을 보정해서 잡는다.

(3) 소형 클리퍼로 발등면의 털을 발목뼈의 위치까지 클리핑 한다.

(4) 발가락 사이를 벌려 틈새의 털을 클리퍼로 밀어낸다.

TIP

- 발톱 주위의 털은 작업자의 손가락으로 잡아서 세운 후 클리핑 한다.
- 발가락의 왼쪽 부위는 클리퍼의 왼쪽 부분으로, 오른쪽 부위는 오른쪽 부분으로 클리핑 한다.
- 발등의 왼쪽과 오른쪽면의 발목뼈 사이의 털은 일직선(수평)이 되도록 클리핑 한다.
- 클리핑의 방향은 역방향(털의 반대방향)으로 클리핑 한다.

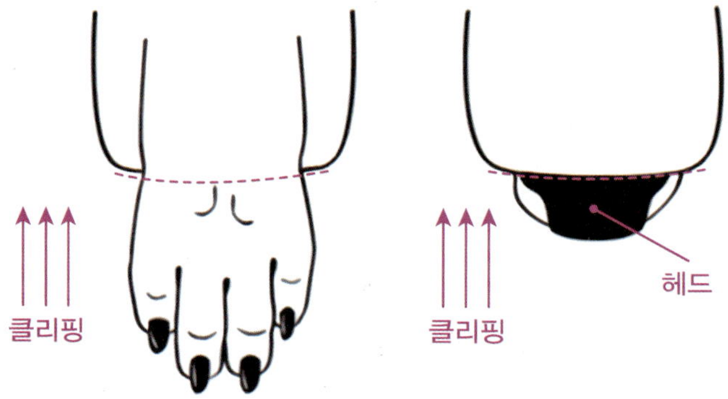

클리핑 방향

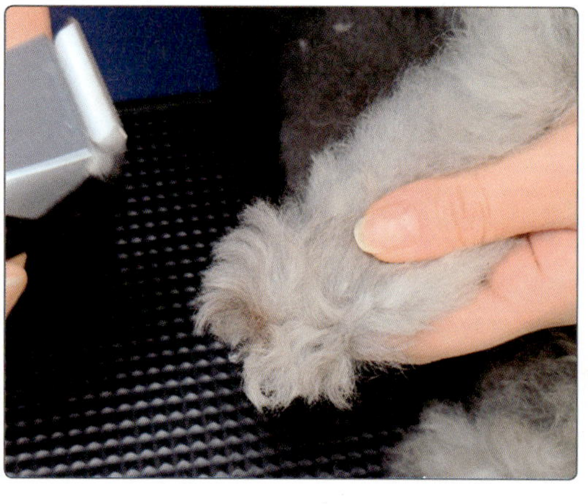

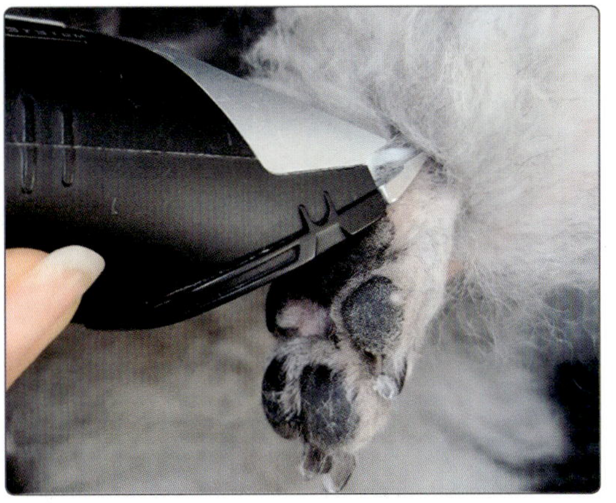

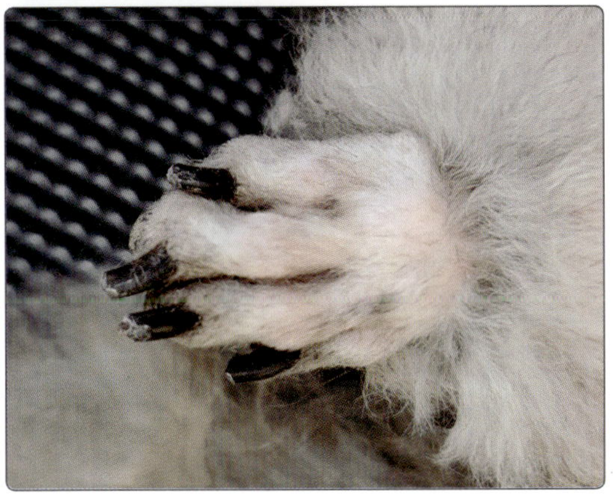

5. 복부 클리핑

복부의 털은 배변물이 묻지 않고 몸의 열을 식히기 위해 클리핑을 한다. 복부의 피부는 얇아 클리퍼 날에 의해 상처내기 쉽기 때문에 주의해서 작업한다.

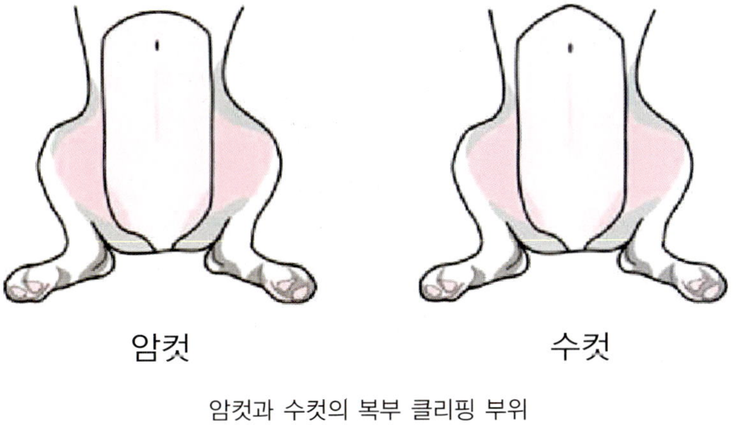

암컷과 수컷의 복부 클리핑 부위

(1) 암컷 역U자형 클리핑

① 반려견의 앞발을 포개서 관절에 무리가 되지 않도록 살며시 들어 준다.

② 복부 클리핑 부위인 배꼽 위까지 클리핑 할 범위를 손으로 털을 정리하고 눈으로 확인한다.

③ 소형 클리퍼로 배꼽 위쪽에서 생식기 쪽을 향해 털의 역방향으로 클리핑 한다.

④ 암컷은 역U자형 모양으로 클리핑

⑤ 클리퍼 날은 0.1~1mm로 클리핑 하고 2mm날로 클리핑도 가능하다. 그러나 그 이상의 크기의 날로 클리핑 하는 것은 바람직하지 않다.

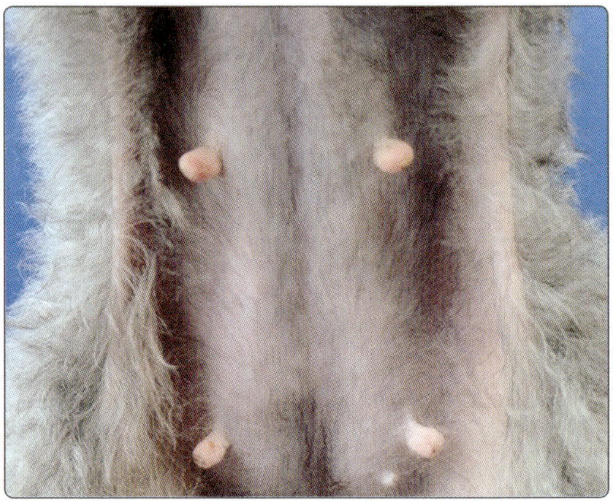

(2) 수컷 역V자형 클리핑

① 반려견의 앞발을 포개서 관절에 무리가 되지 않도록 살며시 들어 준다.

② 복부 클리핑 부위인 배꼽 위까지 클리핑 할 범위를 손으로 털을 정리하고 눈으로 확인한다.

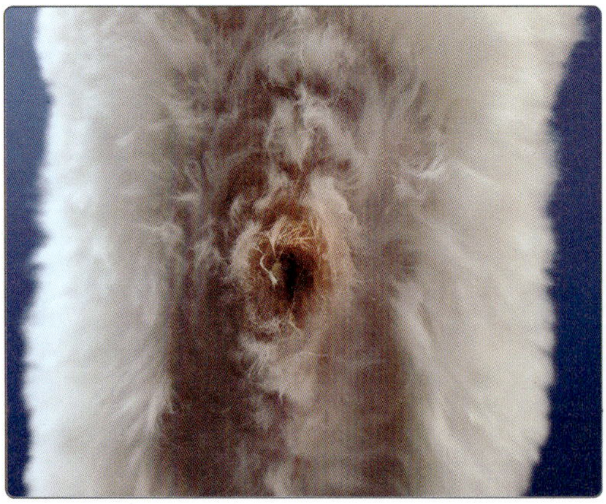
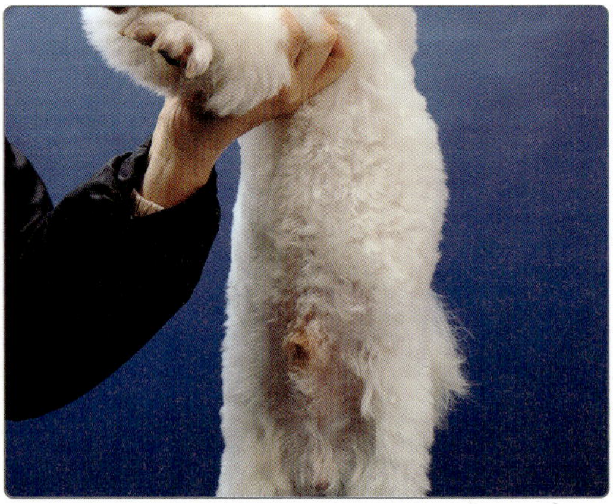

③ 소형 클리퍼로 생식기 쪽을 향해 털의 역방향으로 클리핑 한다.

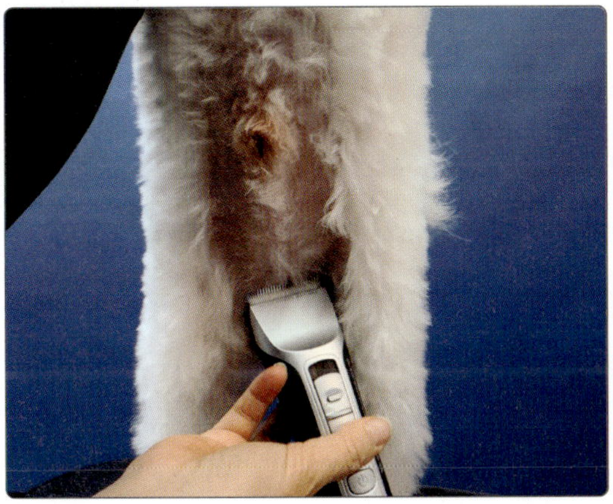
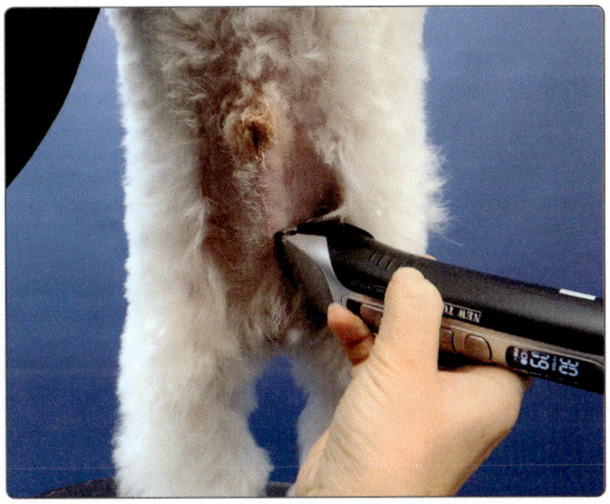

④ 수컷은 역V자형 모양으로 ∧클리핑 한다.

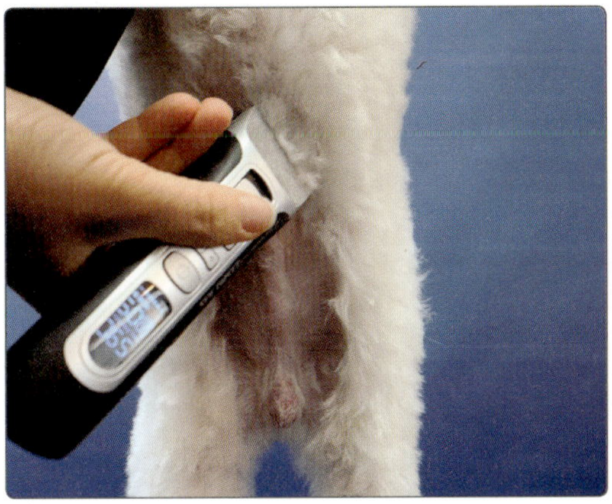
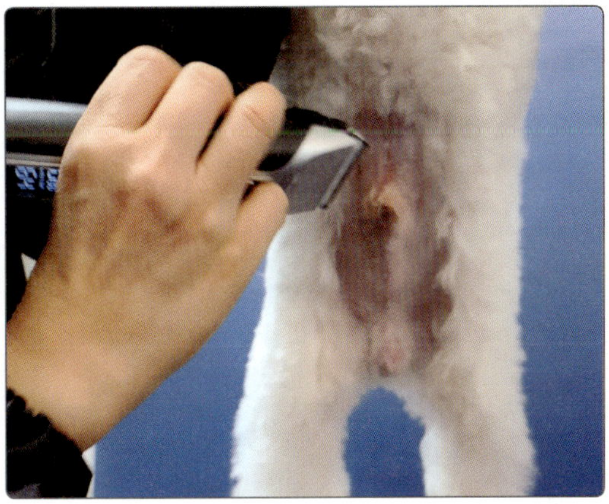

⑤ 클리퍼 날은 0.1~1mm로 클리핑 하고 2mm날로 클리핑도 가능하다. 그러나 그 이상의 크기의 날로 클리핑 하는 것은 바람직하지 않다.

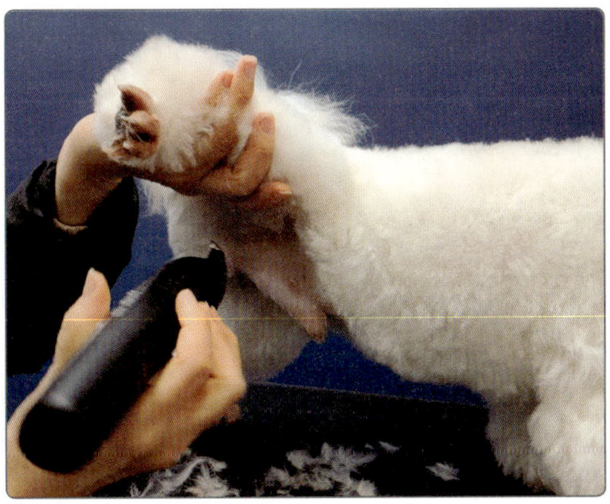
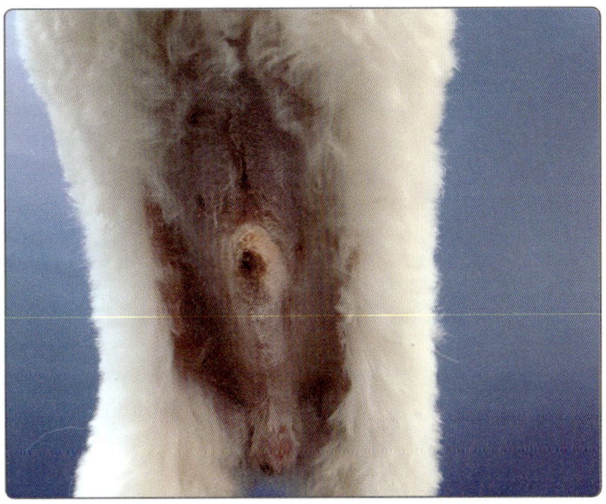

TIP

배꼽은 임신 중에 제대와 연결된 곳으로 모체에게 영양과 산소를 공급받고 분비물을 배출하는 기관으로 태어나면서 필요 없는 기관이 되어 흉터나 자국으로 남게 된다. 이것은 몇몇 동물(캥거루, 오리너구리 등)을 제외하고 모든 포유류에 존재한다.

반려견의 경우, 배꼽은 사람처럼 크기가 크거나 구멍으로 되어 있지 않다. 모양이나 크기가 다른 것은 인간은 임신을 유지하기 위해 더 큰 제대가 필요하며 그로 인해 더 큰 흉터를 갖는다. 강아지의 제대는 작으며, 임신기간도 짧다. 강아지의 탯줄 흉터는 둥근 구멍이 아닌 작은 슬릿으로 치유가 되며, 털로 덮여 잘 보이지 않는 경우도 많다.

(3) 복부 클리핑 안전 유의사항

① 복부 클리핑 위치인 배꼽 위보다 위 또는 아래까지 클리핑하지 않고 기준라인에 맞추어 클리핑 한다. (출산 전, 또는 출산 직후의 개체는 배꼽 위를 기준보다 모유 수유하기 편하도록 클리핑 한다.)

② 복부의 피부는 얇기 때문에 클리퍼 날에 의한 긁힘이나 찍힘에 주의하도록 한다.

③ 클리퍼 날이 뜨거울 경우 개체 피부에 화상을 입을 수 있으므로 클리퍼 날의 발열 상태를 항시 확인한다.

④ 개체의 움직임에 주의하면서 클리핑 작업을 하도록 한다.

6. 항문·생식기 주변 털 클리핑

항문 주위 털을 제거하지 않으면 털에 배변이 묻거나 또는 배변이 나오질 못하고 굳어져 항문을 막을 수 있다. 항문이 막히면 원활한 배변 활동을 할 수 없고 악취와 항문 주위에 염증이 생길 수 있기에 항문 주위의 털을 제거해주는 것이 바람직하다.

생식기 주변 털은 소변으로 인하여 색이 바래거나 습진이 생길 수 있어 청결을 유지해야 한다. 생식기의 피부는 매우 얇기 때문에 클리퍼 날로 피부에 상처가 날 수 있어 클리핑 시 클리퍼 날과 피부의 맞닿는 각도가 매우 중요하다.

수컷 고환의 경우도 무리해서 짧게 클리핑 하는 것보다 털에 배변이 묻지 않을 정도만 제거해 주는 것이 좋다.

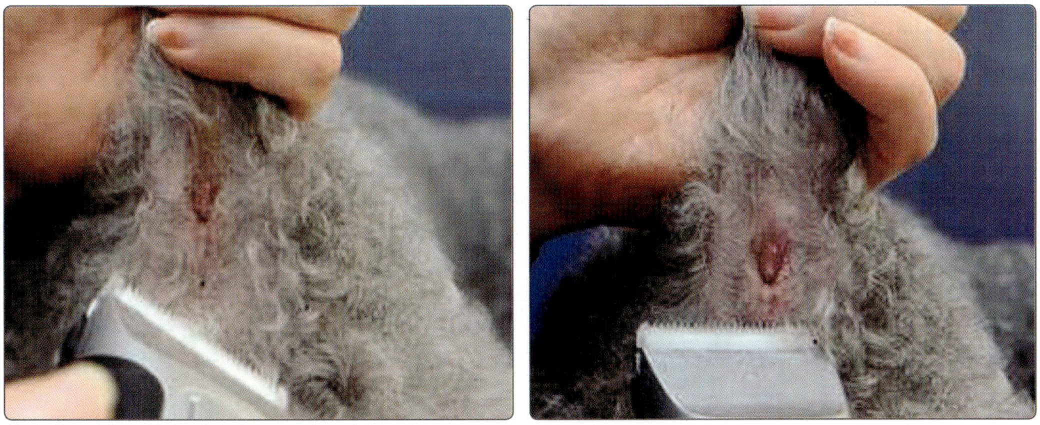

(1) 항문 주위의 털을 클리핑하기 위해서는 먼저 작업자는 개체의 꼬리를 올려 항문의 위치를 확인한다.

(2) 클리퍼의 양쪽 끝 날 부분을 사용하여 항문 주위의 털을 클리핑 한다.

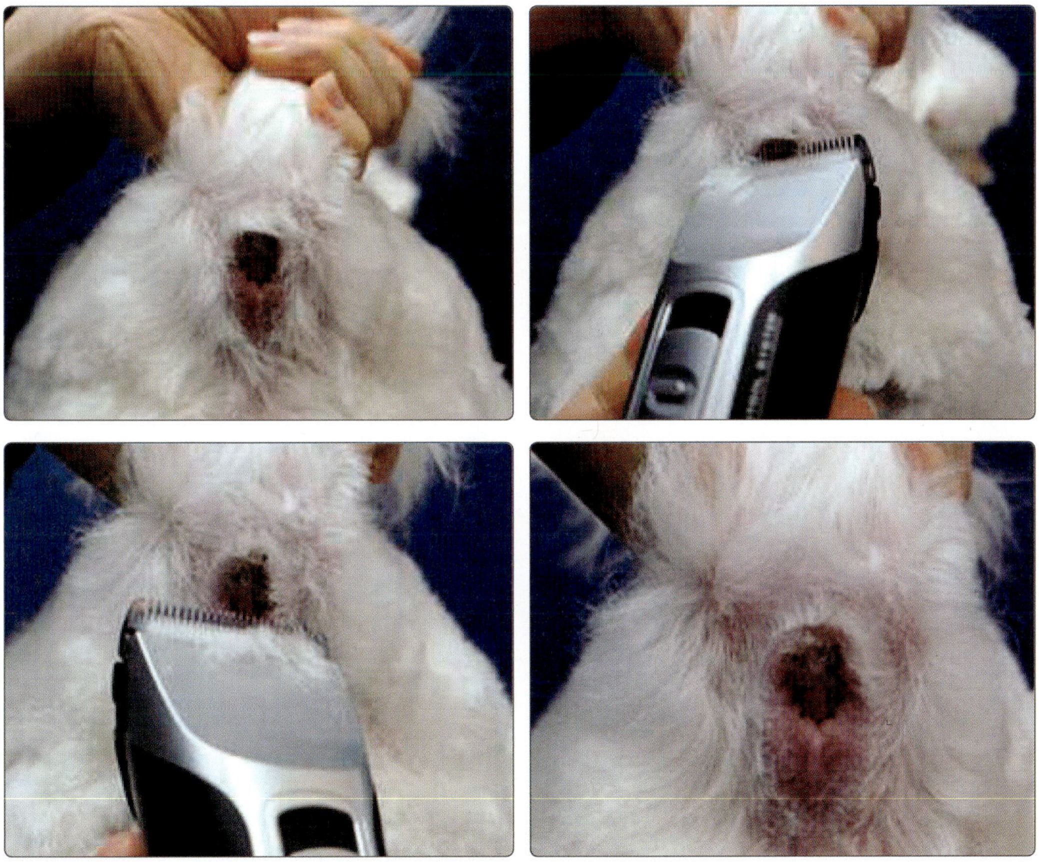

TIP

항문이 예민한 개체의 경우 2mm클리퍼 날을 사용하여 피부에 닿지 않도록 항문 주변의 털만 살짝 클리핑 한다.

(3) 항문 주위 털 클리핑 시 주의사항

① 항문 주위의 피부는 얇기 때문에 클리퍼 날에 찍히지 않도록 주의한다.
② 힘을 가해서 꼬리를 잡아 올리지 않도록 한다.
③ 클리퍼의 날의 mm수를 확인한다.
④ 클리퍼 날의 발열정도를 확인하고 클리퍼 본체 또는 클리퍼 날이 뜨거워진 경우 작업을 중단한다.

7. 귀 클리핑

생김새로 귀를 분류한다면 귀의 모양에 따라 두 분류로 나뉜다. 귀끝이 서있는 직립귀와 밑으로 쳐져있는 귀의 형태이다. 거의 대부분의 반려견은 이 두 종류의 귀의 형태로 분류되어 나뉘고 좀 더 세분화해서 들어가면, 서있는 직립에 반이 접힌 반 직립귀, 끝이 구부러진 귀, 반쯤 선 귀 등 여러 가지가 있는데 이는 다른 어떤 동물에서도 찾아 볼 수 없는 다양한 형태이다.

(1) 서있는 형태의 귀 (직립 귀)

귀가 서 있는 대표적인 견종은 테리어종, 도베르만, 셰퍼트, 웰시코기, 진돗개, 시바견, 바센지 등이 있다. 이 중에서 테리어 견종의 귀는 털이 자라 귀가 접히는 경우가 있다. 이를 막기 위함과 소리를 더욱 잘 듣기 위해 귀의 털을 클리핑 하는데 오늘날에는 귀가 접히거나 소리를 듣기 위한 목적보다 미를 추구하기 위한 털 관리가 목적이 되고 있다.

(2) 밑으로 쳐진 형태의 귀 (늘어진 귀)

귀가 밑으로 쳐져서 귓구멍을 막고 있는 경우 귀에 바람이 통하지 않아 귀가 질병에 노출되어 있는 경우가 많다. 귀가 쳐진 대표 견종으로 코카스패니얼이 있다. 귀의 피부도 두껍고 귀의 길이도 길어 귓속이 좋지 않은 편이다. 이를 관리하기 위해 귀의 털을 클리핑을 하였고 오늘날에는 코카스패니얼의 표준 미용이 되었다.

(3) 귀를 클리핑 하는 견종 표준

① **귀를 전체 클리핑 하는 견종** : 미니어쳐 슈나우져, 케리 블루 테리어, 에어 데일 테리어, 폭스 테리어, 레이크 랜드 테리어, 실리함 테리어, 노르포크 테리어 등이 있다.

슈나우져

케리 블루 테리어

에어 데일 테리어

레이크 랜드 테리어

실리함 테리어

노르포크 테리어

② 귀의 1/2을 클리핑하는 견종 : 코카스패니얼이 대표적이며, 귀의 시작점에서 1/2 지점을 안쪽과 겉을 클리핑 한다.

코카스패니얼

③ 귀 끝 1/3을 클리핑하는 견종 : 요크셔테리어, 웨스트 하이랜드 테리어, 스코티시 테리어, 케언 테리어 등이 있다.

요크셔테리어

웨스트 하이랜드 테리어

스코티쉬 테리어

케언 테리어

④ 귀 끝 장식 털을 하는 견종 : 배들링턴 테리어, 댄디 디몬드 테리어의 귀 끝 장식 털로 탓셀이라 한다. 탓셀은 견종에 상관없이 미(美)를 위한 목적으로 귀의 털을 클리핑 하기도 한다.

배틀링턴 테리어

댄디 디몬드 테리어

그림 출처 "한국애견협회 표준 견종"

(4) 표준 견종 이외 클리핑 하는 목적

① 귀에 질병이 있는 경우 치료 목적으로 클리핑을 한다.
② 견종과 상관없이 장식 털이나 미를 추구하기 위한 클리핑 한다.
③ 질병 예방을 위해 클리핑 한다.
④ 귀가 쳐져있는 개체의 귀는 귓병에 취약하다. 이때 귀 털을 클리핑하여 귓구멍에 바람이 통하게 되면 귀의 질병을 예방할 수 있고 치료에도 도움이 된다.

8. 머즐 클리핑

(1) 머즐의 형태

머즐(주둥이)의 생김새는 견종에 따라 장두형, 중두형, 단두형으로 나뉜다. 장두형의 경우에는 머즐의 길이가 20cm 정도에서 단두형은 눈과 코 사이의 간격이 2.5cm 되는 견종도 있다. 머즐이 긴 장두형의 견종은 후각이 발달한 사냥견에 많이 볼 수 있고 머즐이 짧은 단두형의 경우 후각에 약한 편이다.

장두형

중두형

단두형

① 긴 머즐형 견종

장두형. 머리의 폭이 좁고 스톱에서 코까지 완만한 형태가 많다. 아프간하운드, 저먼 세퍼드 등 미간에서 비강까지의 길이가 길다.

② 중간 머즐형 견종

중두형. 푸드, 말티즈, 슈나우져, 코카스패니얼, 요크셔테리어 등이 있다.

③ 짧은 머즐형 견종

단두형. 시츄, 퍼그, 페키니즈, 라사압소, 불독 등이 있다. 입의 근육이 발달되어 아구의 힘이 세다. 머즐의 길이가 짧을수록 시야 확보 범위가 넓어진다.

(2) 머즐 클리핑 방법

머즐 클리핑은 코카스패니얼과 푸들견종의 표준 미용이다. 머즐 측면부만 클리핑하는 슈나우져, 폭스 테리어, 댄디 디몬드 테리어, 스코티시 테리어, 에어 데일 테리어, 레이크 랜드 테리어, 배들링턴 테리어 등이 있다.

① 푸들의 머즐 클리핑 방법

㉠ 눈 끝과 귀의 앞 부분을 일직선으로 클리핑 한다. 눈의 위치와 귀의 위치는 개체별로 다르기 때문에 되도록 직선으로 클리핑 한다.

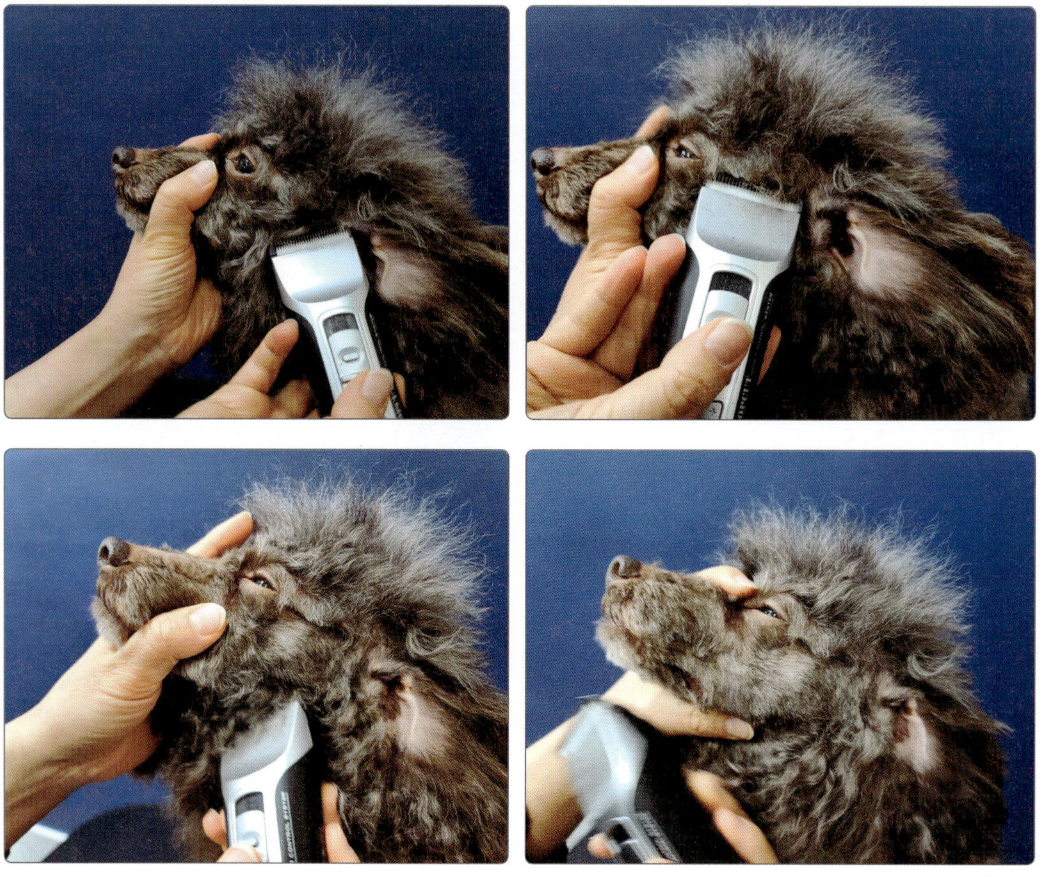

㉡ 미간 사이를 역V자형으로 클리핑 한다. (인덴테이션)

인덴테이션 : 눈과눈 사이에 역 V자형 클리핑

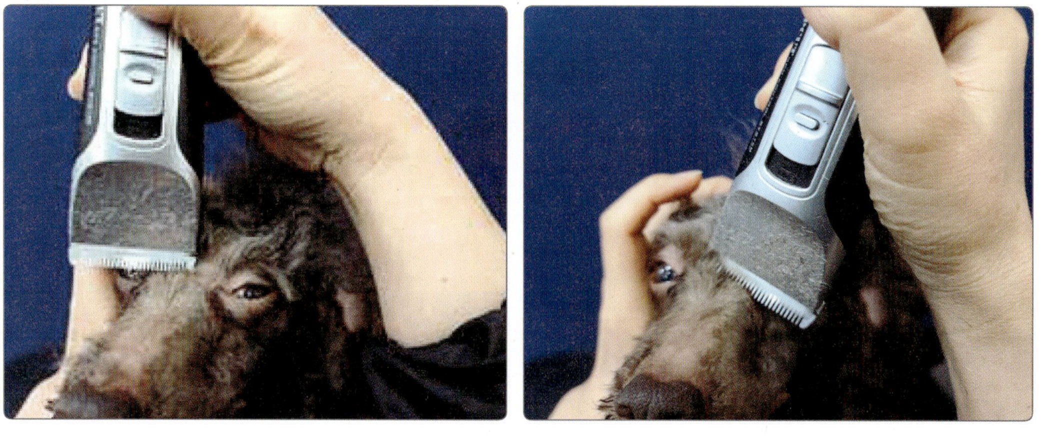

㉢ 머즐(주둥이) 부분의 털을 클리핑 한다.

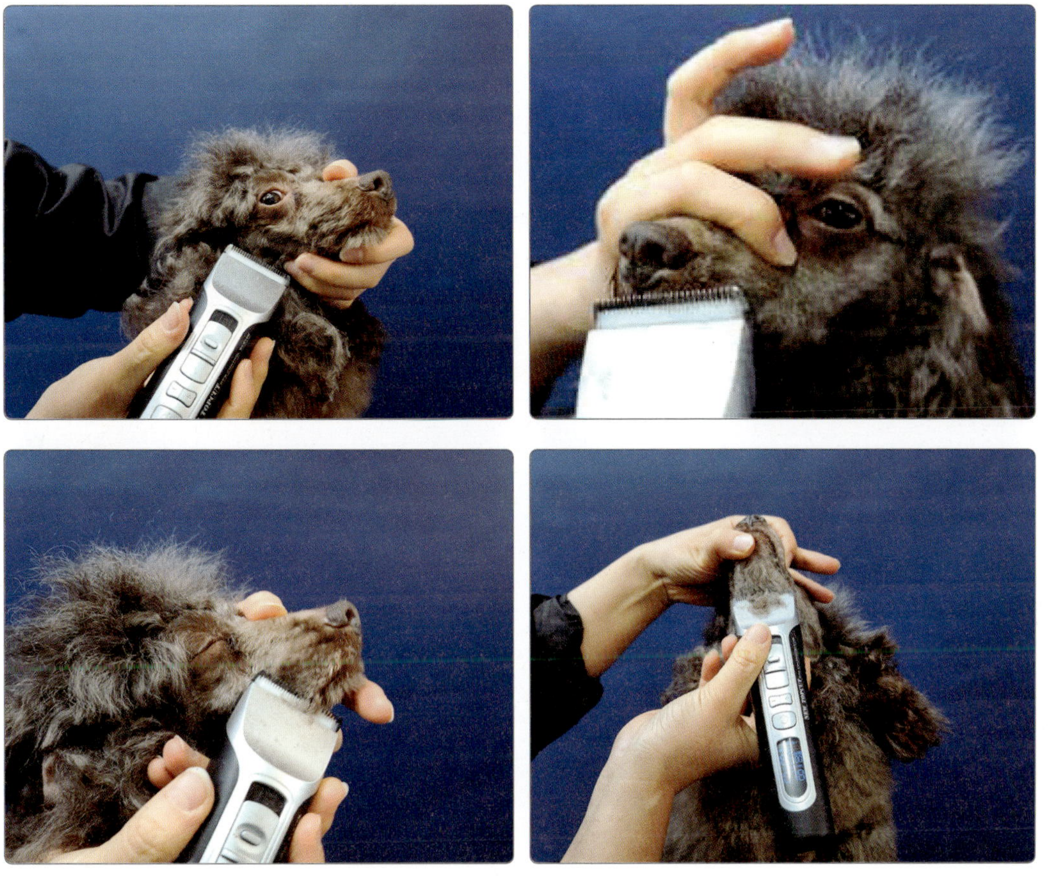

㉣ 귀 시작점에서 아담스애플의 1.5~2cm 내려간 부분을 연결하며 U에 가까운 V자 모양으로 클리핑 한다.

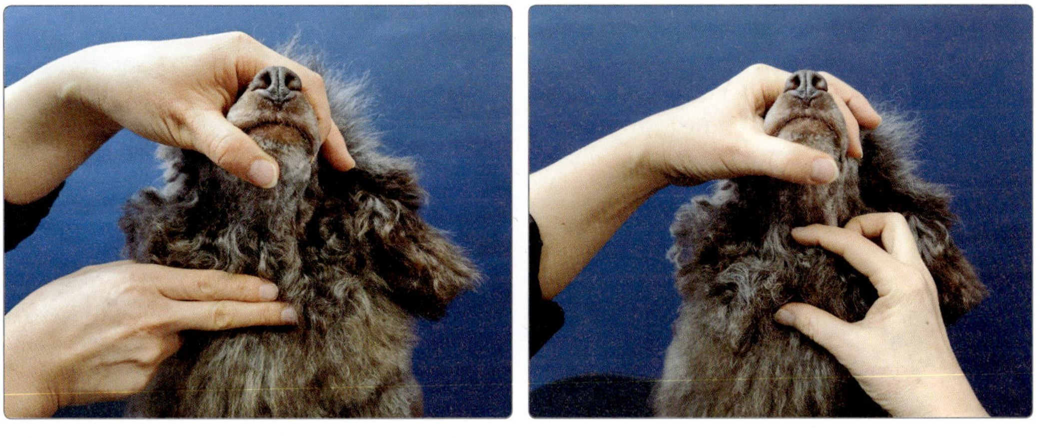

ⓜ 측면에서 봤을 때 ⓒ = ⓡ 머즐의 길이와 목의 길이가 같도록 한다.

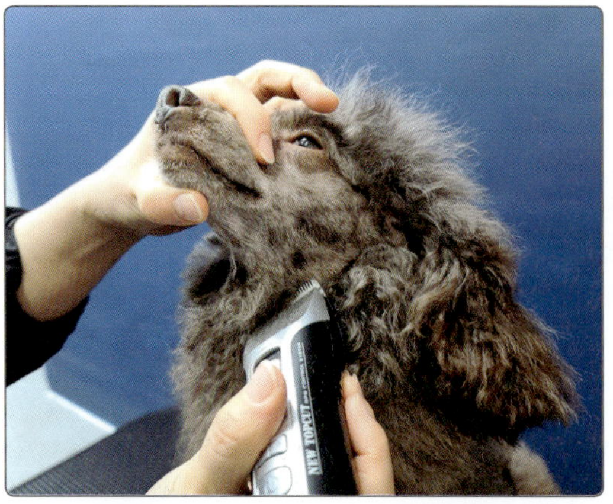

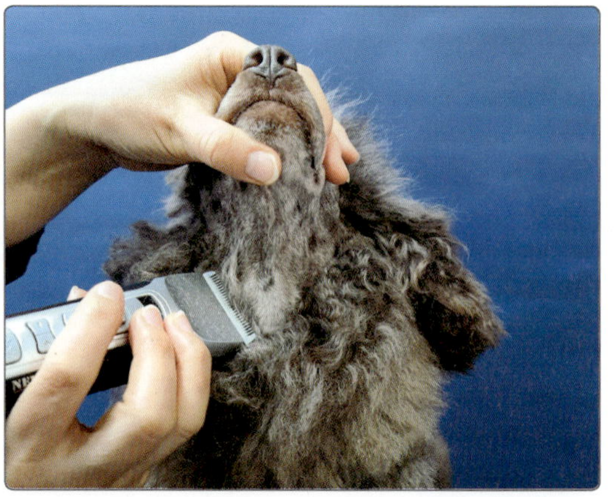

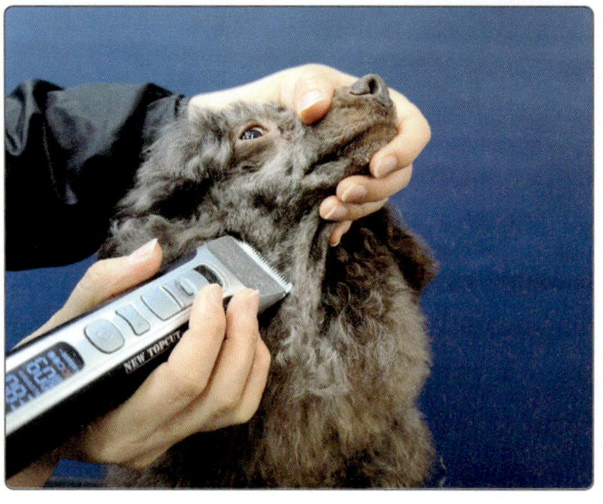

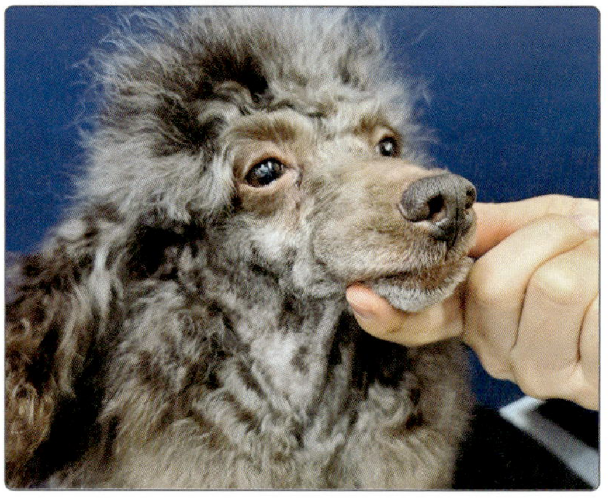

머즐 클리핑이 완성된 모습

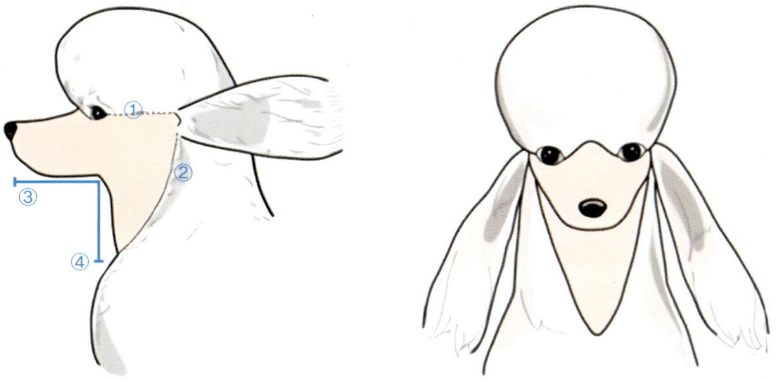

그림출처(NCS학습모듈 기본미용

(3) 코카스패니얼 클리핑 방법

2mm 클리퍼 날을 사용한다.

① 귀 시작점에서 눈 끝의 지점까지 클리핑 한다. (역방향 클리핑) 귀 → 눈 끝 향해 클리핑

② 눈 밑등에서 스톱 부위까지 클리핑 (역방향 클리핑) 눈 → 스톱 향해 클리핑

③ 눈 끝과 입술 끝을 연결하여 클리핑 한다. (역방향 클리핑) 귀 → 입쪽을 향해 클리핑

④ 귀 시작점에서 흉골단까지 U자형 클리핑 (역 클리핑)

⑤ 스톱에서 코까지 콧등 부위를 클리핑 한다. (역방향 클리핑) 스톱 → 코를 향해 클리핑

⑥ 볼 부위의 털을 클리핑 한다. (정방향 클리핑) 코에서 → 입을 향해 클리핑

(4) 슈나우져 클리핑 방법

2mm 클리퍼 날을 사용한다.

① 귀 시작점에서 눈 끝 1cm 뒤까지 클리핑 한다.

② 눈 끝 1cm 뒤의 지점에서 입술 0.5~1cm 뒤까지의 부분을 연결하여 클리핑 한다.

③ 귀 끝에서 흉골뼈 위를 기준으로 정면에서 보았을 때 V형의 클리핑을 한다.

④ V형 클리핑에서 목 턱의 1/3(목 밑에 수염)지점까지 클리핑 한다.

TIP

머즐 클리핑을 하는 목적
(머즐 클리핑을 표준으로 하는 견종 이외 클리핑을 하는 목적)

- 입 주변의 털에 물이 묻어 털의 오염방지 목적을 위한 클리핑
- 눈물로 인한 습진 방지 목적 또는 치료 목적의 클리핑
- 머즐 털이 눈을 찌르는 것을 막기 위한 클리핑
- 얼굴 부위 피부질환이 있는 경우 치료 목적으로 클리핑

(5) 머즐 클리핑 시 유의사항

① 장시간 사용 시 클리퍼 날이 가열될 수 있기에 항시 날의 발열여부를 확인한다.
② 얼굴의 피부는 얇기 때문에 날에 의한 긁힘이나 화상에 주의한다.
③ 클리퍼가 뜨거우면 날을 식힌 후 작업한다.
④ 2mm 날 이상의 클리퍼 날을 사용하지 않는다.

교수 방법

① 클리핑 실습을 하기 위한 애완동물의 바른 보정 자세를 설명하고 시연한다.

② 발의 털을 제거하기 위해 발바닥 잡는 방법과 털을 제거하는 방법을 설명하고 시연한다.

③ 발등의 털을 제거하는 목적과 방법을 설명하고 시연한다.

④ 복부의 털을 제거하는 방법과 보정자세를 설명하고 시연한다.

⑤ 클리퍼 사용 매뉴얼을 활용하여 항문과 생식기 주변의 털을 제거하는 방법을 시연하고 설명한다.

⑥ 주둥이의 털을 제거하는 방법과 보정하는 방법을 설명하고 시연한다.

학습 방법

① 클리퍼를 잡는 방법과 애완동물을 보정하는 자세를 학습하고 반복하여 실습한다.

② 발바닥의 털을 제거하는 방법을 이해하고 발바닥을 보정하는 자세를 익힌다.

③ 발등의 털을 제거하는 방법과 보정하는 방법을 익히고 실습한다.

④ 성별로 복부의 털을 제거하는 실습을 한다.

⑤ 주둥이의 털을 제거하는 방법과 보정하는 방법을 익힌다.

<table>
<tr><th colspan="3">실습과정사진</th></tr>
<tr><th colspan="2">사진</th><th>설명</th></tr>
<tr><td></td><td></td><td></td></tr>
<tr><td></td><td></td><td></td></tr>
<tr><td></td><td></td><td></td></tr>
</table>

실습 완료 사진	
발바닥 클리핑	발등 클리핑

완성 사진

학생 자가 진단 및 교수평가

능력단위명 〈코드〉	고객응대 서비스 〈1201010116_19v5〉, 헤어스타일 상담 〈1201010130_17v4〉, 헤어 샴푸 〈1201010156_19v5〉

		학생 평가					교수평가				
진단 영역	진 단 문 항	매우 미흡	미흡	보통	우수	매우 우수	매우 미흡	미흡	보통	우수	매우 우수
기본 클리핑 하기	1. 나는 애완동물을 바른 자세로 보정한 후 클리퍼 날의 면과 피부 면을 평행하게 유지할 수 있다.	①	②	③	④	⑤	①	②	③	④	⑤
	2. 나는 발에 상처를 입히지 않게 주의하며 클리퍼로 발바닥 사이의 털을 제거할 수 있고, 고객의 요구와 미용 방법에 맞게 클리퍼로 발등의 털을 제거할 수 있다.	①	②	③	④	⑤	①	②	③	④	⑤
	3. 나는 애완동물의 종류와 성별에 맞게 클리퍼로 복부 털을 제거할 수 있다.	①	②	③	④	⑤	①	②	③	④	⑤
	4. 나는 클리퍼로 항문과 생식기 주변의 털을 제거하고, 고객의 요구와 미용 방법에 맞게 주둥이의 털을 제거할 수 있다.	①	②	③	④	⑤	①	②	③	④	⑤

[교수 평가의견]

[포트폴리오]

학습 내용	평가항목	성취 수준		
		상	중	하
기본 클리핑	1. 클리퍼를 사용하여 발바닥의 안쪽 털 제거			
	2. 클리퍼로 발등의 털 제거			
	3. 클리퍼로 발가락 사이의 털 제거			
	4. 클리퍼로 성별에 맞는 복부의 털 제거			
	5. 클리퍼로 항문과 생식기 주위의 털을 제거			
	6. 클리퍼로 주둥이의 털 제거			

[작업장 평가]

학습 내용	평가항목	성취 수준		
		상	중	하
기본 클리핑	1. 올바른 보정 자세와 클리퍼 사용방법			
	2. 발바닥 사이의 털 제거하는 방법			
	3. 발등과 발가락 사이의 털 제거하는 방법			
	4. 복부의 털 제거하는 방법			
	5. 항문과 생식기 주위 털 제거하는 방법			
	6. 주둥이 털 제거하는 방법			

[진단 결과]

진단영역	평가 문항 수	점수	점수 ÷ 문항 수
기본 클리핑하기	4		

※ 3점 미만의 점수를 받은 문항이 있을 경우 직무수행능력 부족으로 향상 학습이 요구되며 4점 이상의 점수를 받은 문항이 3개 이상일 경우 직무수행 능력 우수로 심화학습이 요구됨

14th week

기초 시저링

학습내용(단원명)	학습 목표
풋라인 시저링 눈 주변 시저링	• 블런트 가위를 사용하여 푸들발의 풋라인을 시저링 할 수 있다. • 블런트 가위를 사용하여 동그란 발 미용스타일을 시저링 할 수 있다. • 눈 주변의 털을 시저링 할 수 있다.

1. 기초 시저링이란?

브러싱과 귀 관리, 발톱관리, 베이싱, 기본 클리핑 작업을 마친 개체를 풋 라인이 보이게 커트하고, 눈을 가리고 있는 털을 잘라 눈을 보이게 하는 작업, 항문과 복부 클리핑 후 주위를 커트하는 작업을 기초 시저링이라 한다. 기초 시저링은 위생 미용을 위한 커팅으로 미적추구보다는 개체가 생활하는데 있어 불편함이 없도록 각 부위의 털을 커팅하고 질병을 예방하기 위한 목적으로 커트한다.

전체 시저링을 위한 기초 작업이 되기도 한다. 기초 시저링에 사용되는 도구는 보브 가위, 블런트 가위, 커브 가위, 시닝 가위 등이 있다.

1. 풋 라인 시저링

풋 라인을 시저링하기 위해서는 먼저 클리핑을 한 발의 상태에 따라 나뉜다. 발바닥만 클리핑을 한 상태와 발바닥과 발등 모두 클리핑 한 상태에 따라 풋 라인이 달라진다.

(1) 푸들발 (발바닥 + 발등 클리핑)

발바닥과 발등을 모두 클리핑을 하여 발가락의 털을 모두 밀어 놓은 상태로 발등과 발가락, 발톱이 보이는 발의 상태를 푸들발이라 한다. 견종표준미용에서 발등과 발가락 사이를 클리핑 하는 유일한 견종은 푸들이며 푸들발이란 명칭은 여기에서 유래되었다. 푸들발의 기초 시저링은 발등의 클리핑 한 부분을 가리고 있는 털을 블런트 가위로 커트하여 발등, 발가락, 발톱이 보이게 하는 것이 풋 라인 기초 시저링이다.

푸들발 클리핑을 한 후 발등을 가려지게 커트하여 발등 노출을 하지 않은 경우도 있다. 이 경우에는 미적 장점과 클리핑을 했을 때 생활하기 편하고, 발가락 사이에 바람이 통하여 습진을 예방하기 위한 장점 모두 살릴 수 있다.

① 풋 라인을 자르기 위하여 다리의 털을 콤으로 지면을 향해 밑으로 빗질을 한다. 비절(호크) 부위에서부터 앞면, 옆면, 뒷면 등 차례로 지면을 향해 코밍한다.

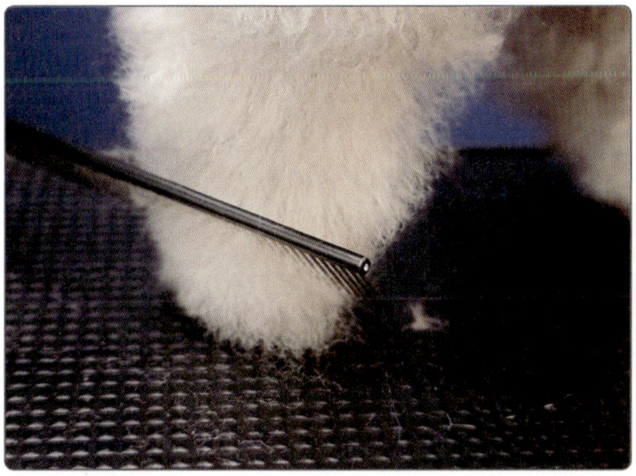
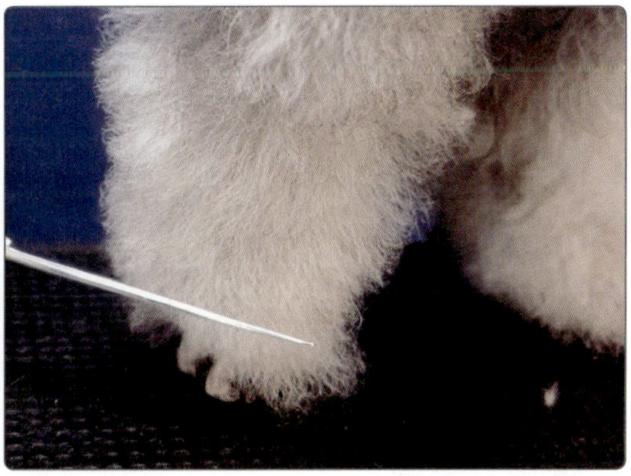

② 클리핑 한 라인에 맞추어 블런트 가위를 30° 각도로 각을 주어 클리핑 한 라인이 보이도록 커트하여 나간다. 커팅 후 콤으로 재차 코밍한다.

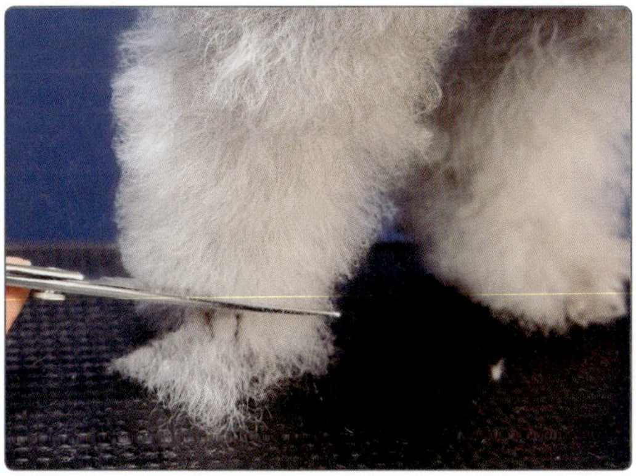
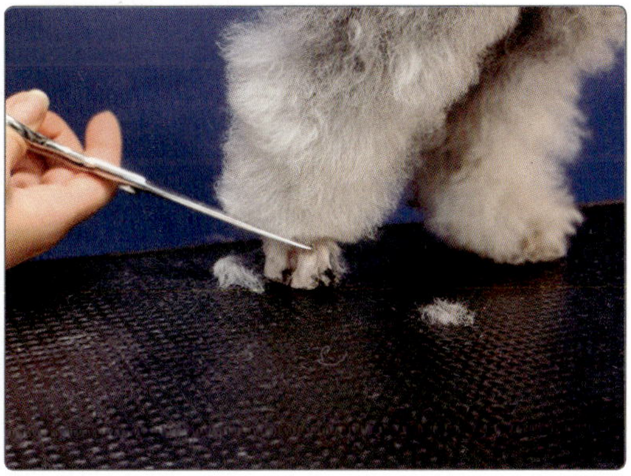

③ 코밍 후 아직 덜 잘라진 털을 가위 끝으로 커트하며 풋 라인이 정확히 보이도록 커트한다. 풋라인 커트 시 코밍을 몇 번이고 반복적으로 빗질하여 튀어나온 털을 블런트 가위 끝으로 잘라 정리한다.

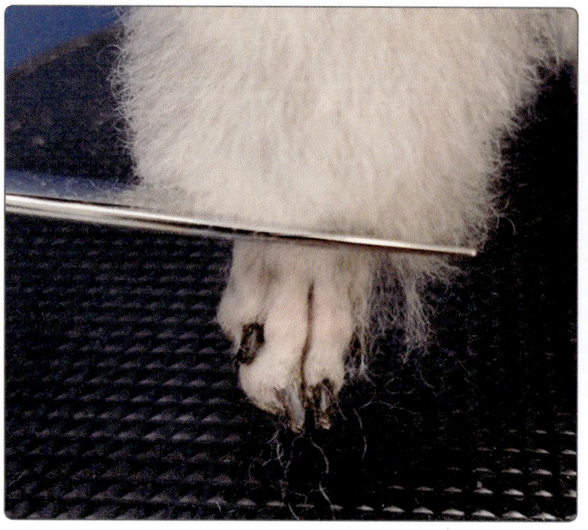

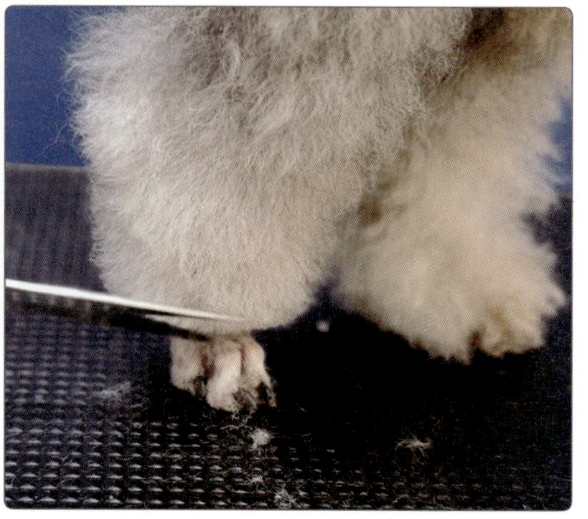

④ 풋 라인과 다리의 털이 연결되도록 45° 각도로 다리와 풋 라인을 연결시켜 완성하도록 한다.

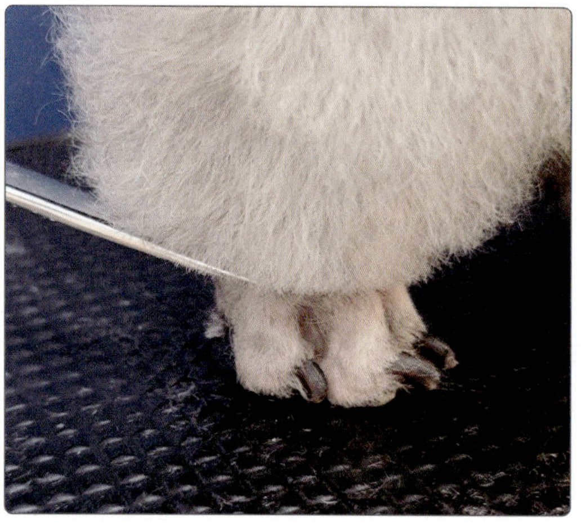

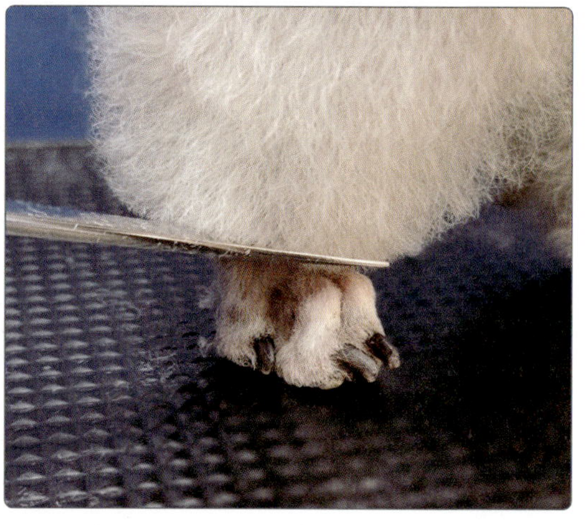

(2) 동그란 발 (원형발)

발바닥의 패드를 안쪽의 털과 패드를 가리고 있는 털을 소형 클리퍼로 클리핑 한 발을 발의 생김새대로 동그랗게 자른 발의 미용스타일을 동그란 발이라 한다. 개체 대부분의 견종 표준 미용스타일이다.

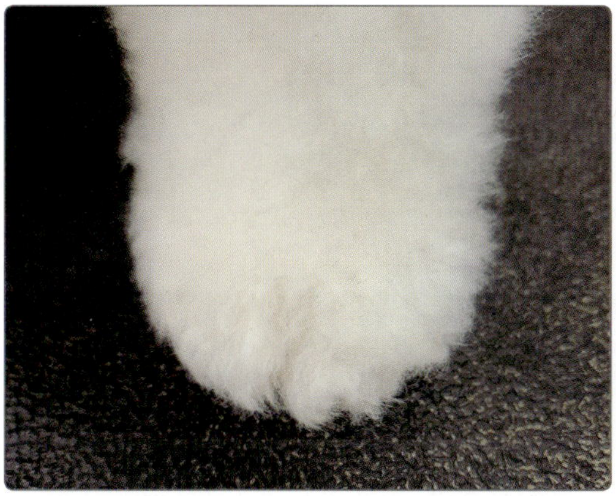

① 미용테이블 위에 개체를 고정시킨다. 콤으로 미용을 해야 할 발의 털을 지면을 향해 가지런히 빗질을 한다.

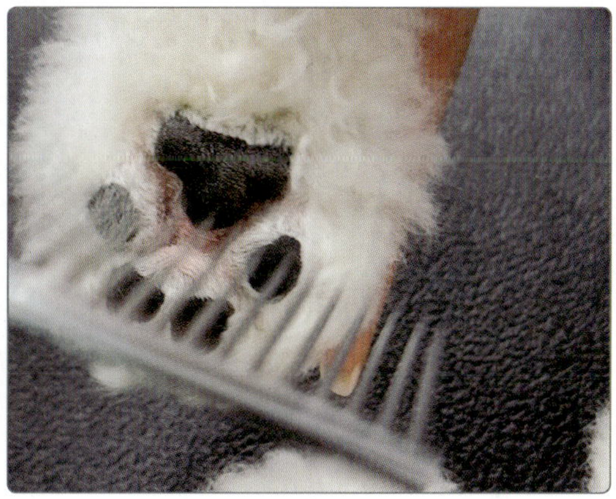

② 발 정면과 옆면, 후면 부분을 빗질을 하고 발바닥이 보이도록 작업자의 손으로 고정을 한 후 발바닥 주위의 털을 코밍한다.

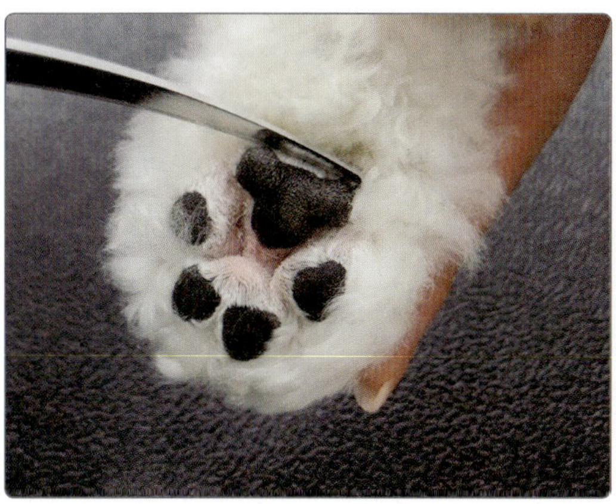
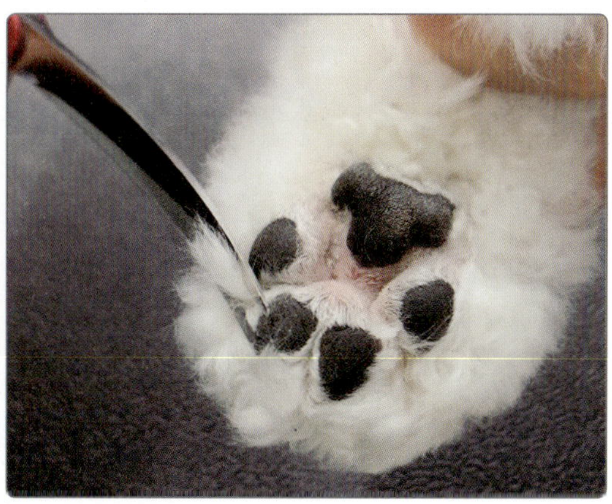

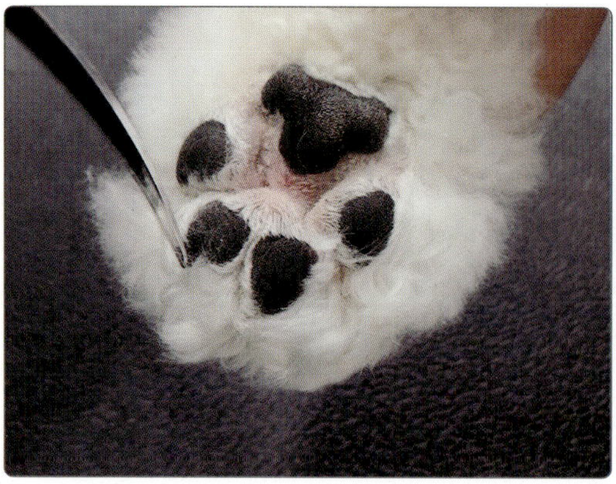
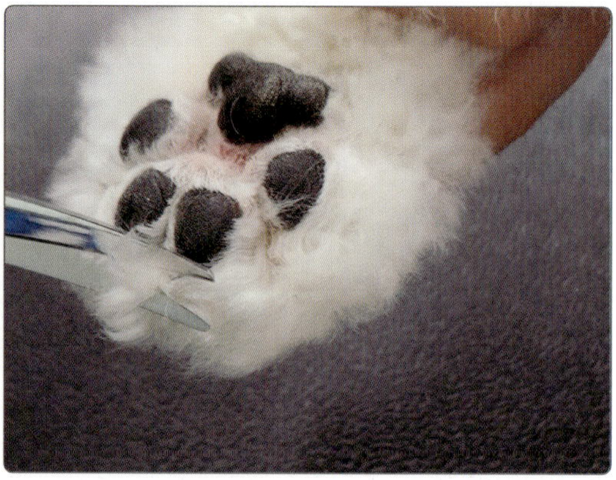

③ 발바닥의 경우 보브 가위 또는 커브 보브 가위를 사용하면 편하게 작업할 수 있다. 발바닥의 패드 부분보다 튀어나온 털을 시저링한다. 큰 패드의 밑부분과 다른 네 부분의 패드 주위의 털을 깔끔하게 시저링하도록 한다.

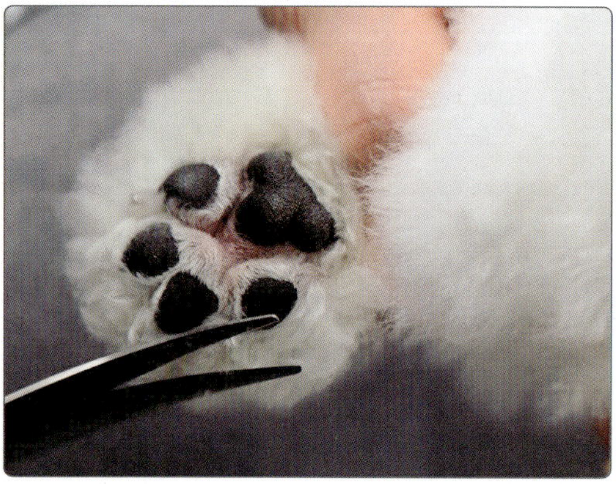
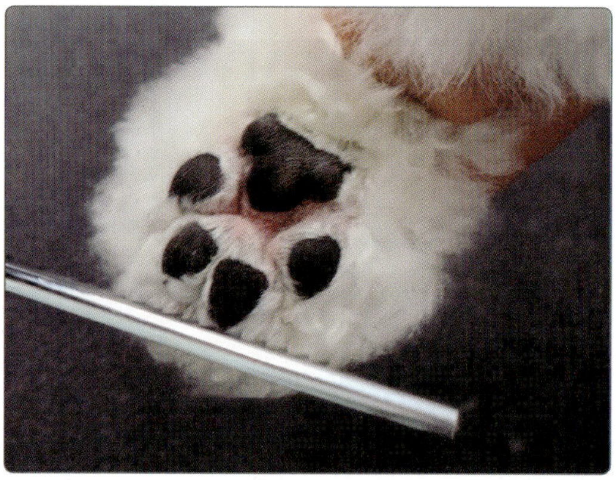

④ 패드부분의 튀어나온 부분을 시저링 후 콤으로 코밍을 하여 튀어나온 털을 확인한다. 풋 라인 시저링에서 코밍은 필요한 작업이기 때문에 코밍작업에도 신경 쓰도록 한다. 풋 라인 코밍은 털을 빗는 방향이 중요하다. 패드에서 밖을 향해 빗질한다.

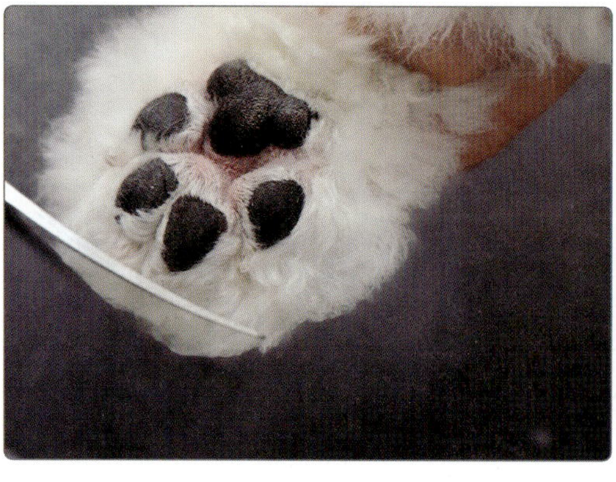
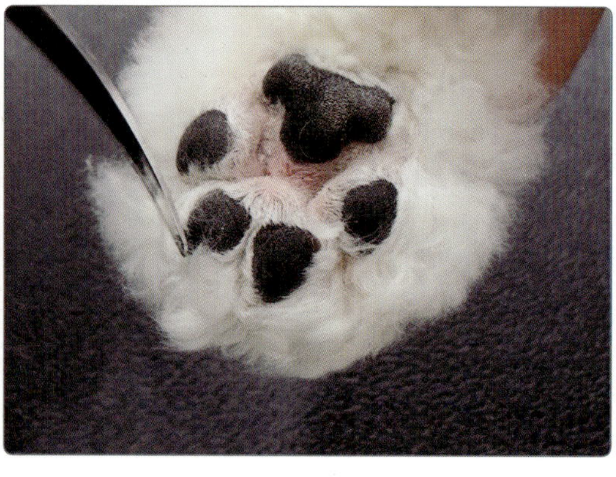

⑤ 발바닥과 주변의 털을 동그랗게 시저링한다. 패드 쪽 가리고 있는 털을 커트한

후에 발톱부분에서 블런트 가위를 15° 정도의 각을 주어 발바닥 전체적인 모양과 크기를 생각하며 동그랗게 시저링한다.

⑥ 발바닥 시저링 후 발바닥을 지면에 닿도록 한다. 콤으로 발의 정면과 후면, 옆면을 지면을 향해 코밍을 한 후 발 주변의 털을 동그랗게 시저링하며 털의 길이와 라인을 시저링한다.

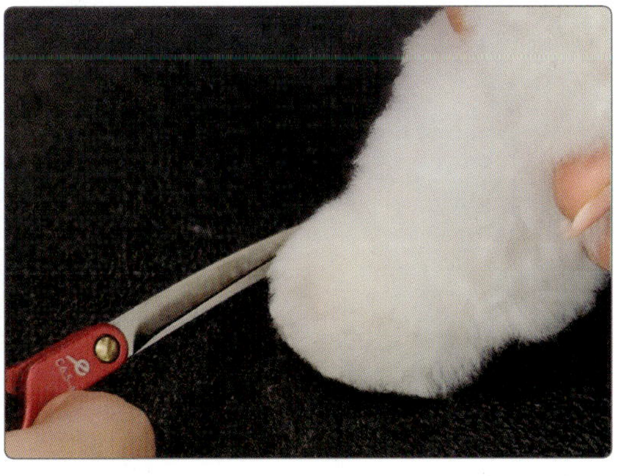

⑦ 발을 들어 풋 라인과 다리가 연결되도록 시저링하면 동그란 발이 완성된다.

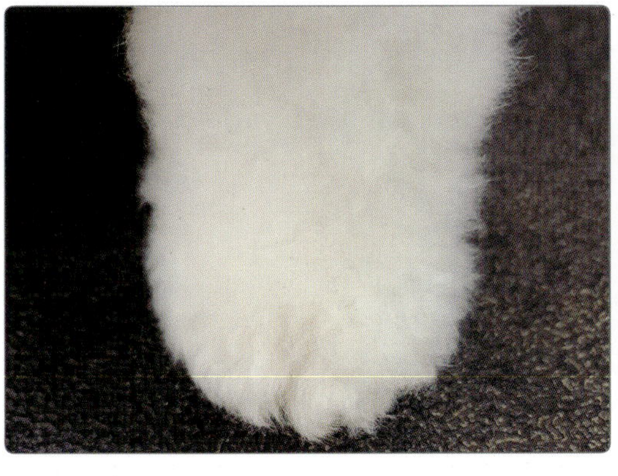
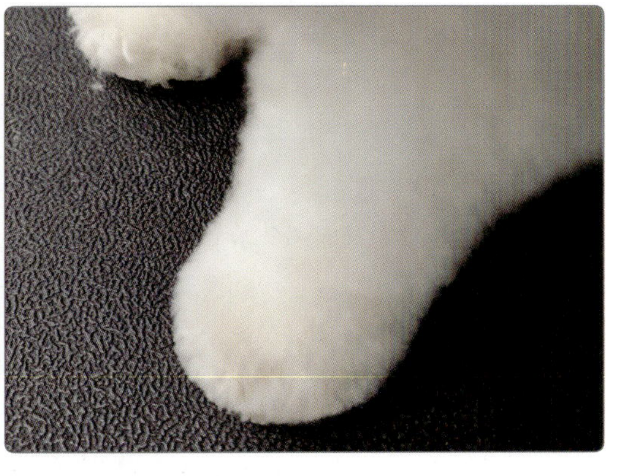

동그라발 미용 전 · 후 비교

(3) 풋 라인 기초 시저링 안전 유의사항

① 개체가 테이블에서 안전할 수 있도록 보정한다. 테이블에서 갑자기 뛰어내리거나 할 수 있기 때문에 반드시 테이블 고정 암에 개체를 고정시키고 작업자는 반드시 개체를 잡고 작업에 임하여야 한다.

② 미용도구가 테이블에서 떨어지지 않도록 관리한다.

③ 도구에 의해 개체와 작업자 모두 상해를 입지 않도록 주의한다.

종 류	미용타입	내 용
동그란발	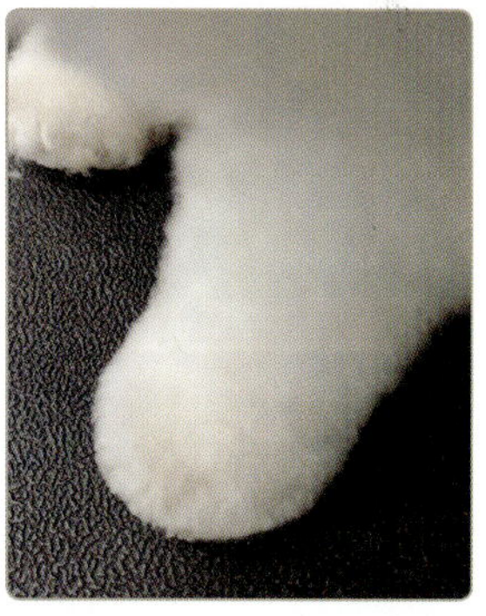	• 발바닥 클리핑 • 발의 생김새대로 동그랗게 커팅 • 대부분 견종의 표준미용 • 페키니즈, 슈나우저, 코카스패니얼, 포메라니안
푸들발	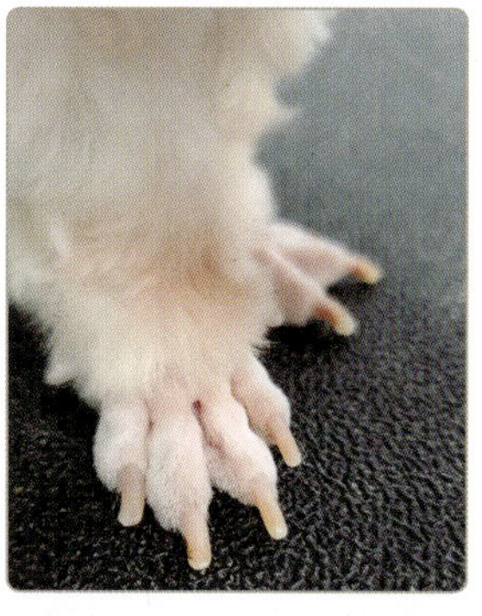	• 발바닥과 발등 클리핑 • 푸들 표준미용 • 푸들 외의 다른 견종은 고객의 요구 또는 생활환경, 미용스타일, 치료 목적에 따라 푸들발 미용을 할 수 있다.
포메라니안의 발	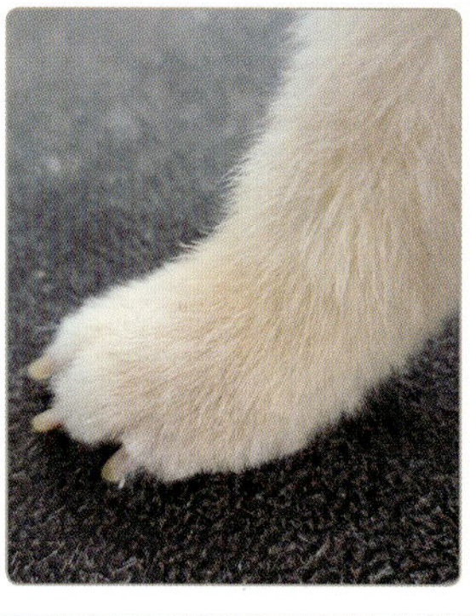	• 발바닥 클리핑 • 포메라니안의 표준미용 • 발톱 주위의 털을 잘라 발톱이 드러나게 하는 것이 포메발 미용의 특징이다. 포메라니안 견종에만 사용되지만 현재 포메라니안 견종은 포메발보다는 동그란발 스타일로 대중화 되어있다.

2. 눈 주변 털 시저링

눈앞의 털은 관리하지 않으면 털이 자라 안구를 찔러 질병이 발생할 수 있다. 눈물이 있는 개체는 눈 앞의 털이 눈물로 인해 털이 발색되어지고 눈물의 습기로 안하여 피부에 질병을 초래하기도 한다. 눈앞을 가리는 경우 시야확보가 어려워 생활에 불편함을 겪을 수 있기에 눈 주변의 털은 관리가 필요하다.

(1) 눈 앞의 털을 콤으로 코밍한다. 턱 밑의 털을 가볍게 잡아 개체의 얼굴을 보정한다. 코밍 방법은 눈 앞 콤을 넣어 시계방향으로 반원을 그리듯 빗질한다. 털을 세우기 위한 코밍은 시계방향으로 반원을 그리듯 빗질 후 튀어나온 털을 아래에서 위로 털이 세워지도록 코밍한다.

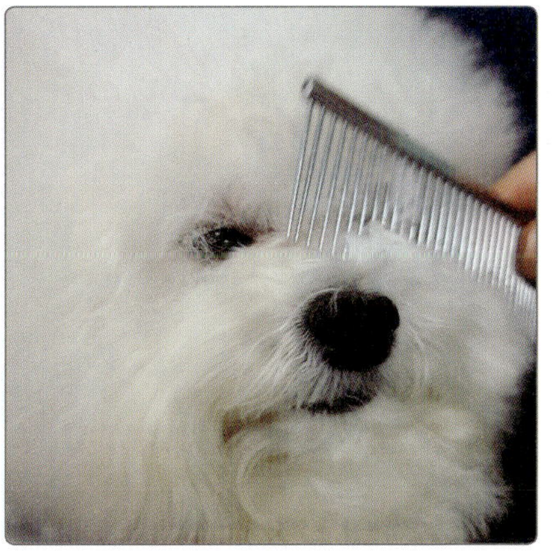

(2) 블런트 가위(보브 또는 커브 보브)를 사용하여 반원 모양으로 눈 앞의 털을 제거한다. 눈 앞의 털을 시저링과 코밍 작업을 반복하여 튀어나오는 털이 없을 때까지 시저링 한다.

(3) 눈과 눈 사이의 털을 이어지도록 시저링하면 눈 밑의 털 관리가 완성된다.

(4) 눈 위의 털을 코밍한다. 눈 위에서 작업자 방향으로 코밍으로 눈 위의 털을 밑으로 내린 후 가위를 30~45° 각도를 주어 위에서 보았을 때 아치형의 모양으로 눈 위의 털을 커트한다.

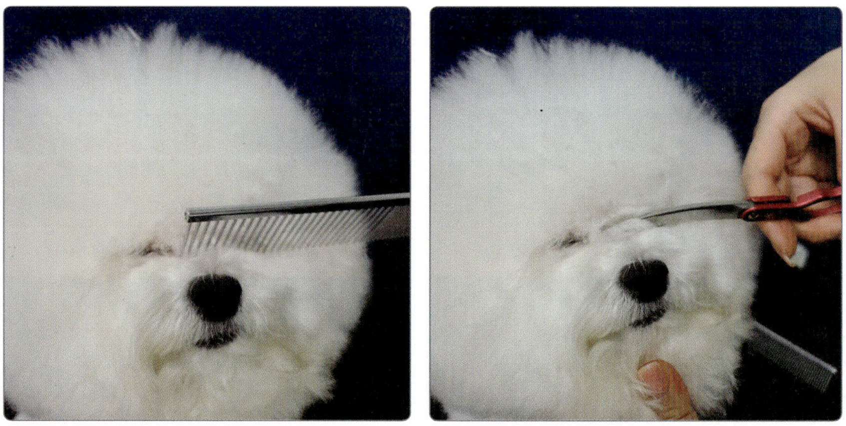

완성사진

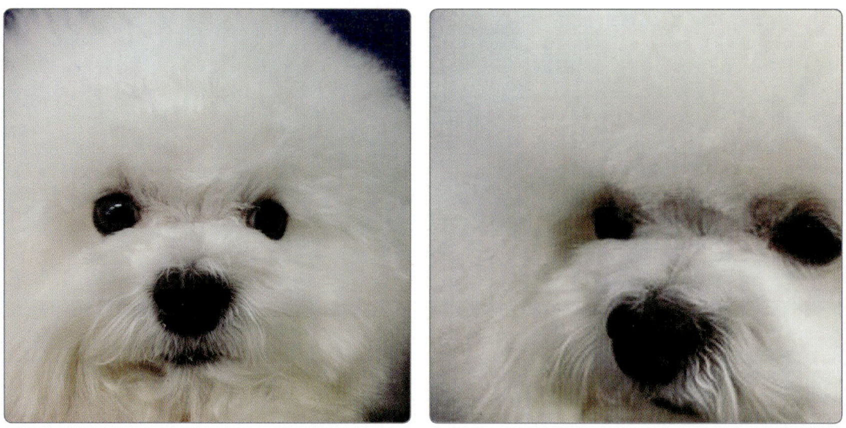

(5) 눈 주변 털 관리 시 안전 유의사항

① 개체가 테이블에 고정할 수 있도록 중심을 잡아준다.
② 코밍 시 콤의 핀이 눈을 찌르지 않도록 주의한다.
③ 블런트 가위에 개체가 상해를 입지 않도록 주의한다.
④ 블런트 가위를 떨어뜨리지 않도록 한다.

교수 방법
① 시저링할 부위별로 안정적인 보정 자세를 설명하고 시연한다. ② 시저링할 부위로 빗을 사용하는 방법을 설명하고 시연한다. ③ 부위별로 기초 시저링 하는 방법을 설명하고 시연한다. ④ 눈 주변의 털을 빗질하고 털을 제거하는 방법을 설명하고 시연한다. ⑤ 발 주변의 털을 커트하는 방법을 설명하고 시연한다.

학습 방법
① 안정적인 보정 자세를 이해하고 학습한다. ② 시저링을 하기 위해 빗을 사용하는 방법을 이해하고 실습한다. ③ 눈 주변의 털을 빗질하고 털을 제거하는 방법을 이해하고 실습한다. ④ 발 주변의 털을 커트하는 방법을 이해하고 실습한다.

실습과정사진		
사 진		설명

실습 완료 사진	
푸들발 시저링	동그란발 시저링
눈 주변 털 시저링	

학생 자가 진단 및 교수평가

능력단위명 〈코드〉	애완동물 목욕 〈2402010604_15v1〉_2수준 애완동물 기본미용 〈2402010605_15v1〉_2수준

진단 영역	진 단 문 항	학생 평가					교수평가				
		매우 미흡	미흡	보통	우수	매우 우수	매우 미흡	미흡	보통	우수	매우 우수
기초 클리핑하기	1. 애완동물을 바른 자세로 보정한 후 가위를 안정적으로 잡을 수 있다.	①	②	③	④	⑤	①	②	③	④	⑤
	2. 모근부터 빗질하여 해당 부위의 털을 세울 수 있다.	①	②	③	④	⑤	①	②	③	④	⑤
	3. 가위를 안정적으로 사용하여 발 주변의 털을 커트할 수 있다.	①	②	③	④	⑤	①	②	③	④	⑤
	4. 가위를 안정적으로 사용하여 눈 주변의 털을 커트할 수 있다.	①	②	③	④	⑤	①	②	③	④	⑤

[교수 평가의견]

[평가자체크리스트]

학습 내용	평가항목	성취 수준		
		상	중	하
기초 시저링	1. 애완동물의 바른 보정 지세와 가위를 사용하는 능력			
	2. 콤으로 모근부터 빗질하여 해당 부위의 털을 세우는 능력			
	3. 가위를 사용하여 발 주변의 털을 커트하는 능력			
	4. 가위를 사용하여 눈 주변의 털을 커트하는 능력			

[작업장 평가]

학습 내용	평가항목	성취 수준		
		상	중	하
기초 시저링	1. 애완동물의 바른 보정 지세와 가위를 사용하는 능력			
	2. 콤으로 모근부터 빗질하여 해당 부위의 털을 세우는 능력			
	3. 가위를 사용하여 발 주변의 털을 커트하는 능력			
	4. 가위를 사용하여 눈 주변의 털을 커트하는 능력			

[진단 결과]

진단영역	평가 문항 수	점수	점수 ÷ 문항 수
기초 시저링	4		

※ 점수를 문항 수로 나눈 값이 '3점' 이하에 해당하는 영역은 직무수행 능력이 부족한 것으로 향상 학습이 요구되며 4점 이상이면 직무수행 능력 우수로 심화학습이 요구됨.

Chapter 6 베이직 그루밍

15th week

기본미용실습

학습내용(단원명)	수업 목표
기본미용	• 기본미용에 대해 이해할 수 있다. • 기본미용 순서대로 작업을 할 수 있다. • 미용도구를 활용할 수 있다. • 반려동물을 보정할 수 있다.

1. 기본미용

1. 기본미용

기본미용은 위생미용으로 청결미용 또는 부분미용이라 한다. 브러싱, 코밍, 귀 관리, 베이싱, 발톱관리, 기본클리핑, 기초 시저링이 포함된다. 위생미용은 가정에서도 관리할 수 있는 기본적인 미용으로 개체가 생활하는데 있어 불편함이 없도록 하는 것이 중요하다. 위생미용 관리는 4~6주마다 하는 것이 바람직하다.

개체의 털이 긴 장모의 모질이라면 핀 브러시를 사용하여 털 관리를 하고 털의 길이가 장모가 아니라면 슬리커 브러시를 사용하여 털을 빗는 작업을 시작한다. 브러싱 작업 후에는 코밍 작업을 해주는 것이 좋다.

브러싱과 코밍 작업이 끝나면 귀 관리를 한다. 귀 관리는 목욕작업 전에 하도록 한다. 목욕 후에 작업하게 되면 귓속 털에 수분이 함유되어 귀 털 제거하는데 어려움을 겪게 된다. 목욕 전 가능한 작업은 귀 관리뿐만 아니라 기본클리핑 작업도 가능하다. 클리핑 작업은 목욕 전에 시행하면 드라이 시간을 단축할 수 있는 장점이 있다.

	미용순서
기본 미용방법	① 브러싱 → 코밍 → 귀 관리 → 발톱관리 → 베이싱 → 기본클리핑 → 기초 시저링
	② 브러싱 → 코밍 → 귀 관리 → 기본클리핑 → 발톱관리 → 베이싱 → 기초 시저링
	③ 브러싱 → 코밍 → 귀 관리 → 기본클리핑 → 베이싱 → 발톱관리 → 기초 시저링
	④ 브러싱 → 코밍 → 귀 관리 → 베이싱 → 발톱관리 → 기본클리핑 → 기초 시저링

2. 기본미용 작업 순서

기본미용을 하기 위해 필요한 미용도구를 준비한다.

[준비 할 도구 및 재료]
• 미용테이블, 슬리커 브러시, 콤, 소형클리퍼, 블런트가위, 겸자, 이어 파우더, 이어 클리너, 탈지면, 발톱깎이, 발톱갈이, 지혈제, 타월, 샴푸, 린스, 스텐드 드라이기

(1) 슬리커 브러시를 사용하여 머리에서 꼬리까지 몸통 구석구석을 빗질을 한다. 관절에 무리가 가지 않도록 작업자는 반려동물이 편안한 자세를 취할 수 있도록 유도하여 엉킨 털이 있다면 피부가 당겨지지 않도록 빗질한다. 브러싱 작업을 하며 피부의 상태, 피모의 상태 또한 관찰한다.

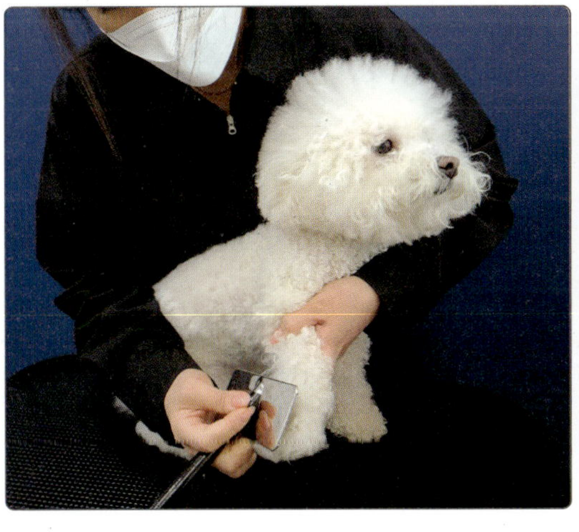

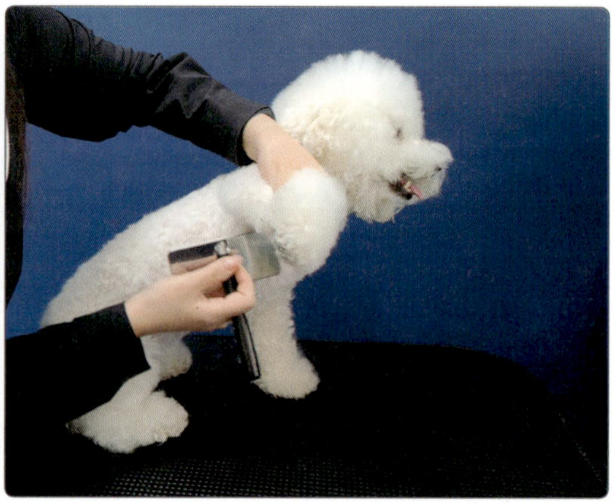

(2) 브러싱 작업 후 귀 관리를 한다. 한 손은 반려동물의 귀를 고정하여 잡은 후 귓속 상태를 확인한다. 이어 파우더를 귀에 뿌려준 후 손으로 귀 주변의 털을 제거한다. 겸자를 이용하여 귓속 털을 제거한 후 겸자 끝에 탈지면을 장착하여 이어 클리너로 귓속 및 귀 주변을 닦아내어 귀 관리를 한다. 귓속 이물질이 많다면 이물질이 제거될 때까지 하도록 한다.

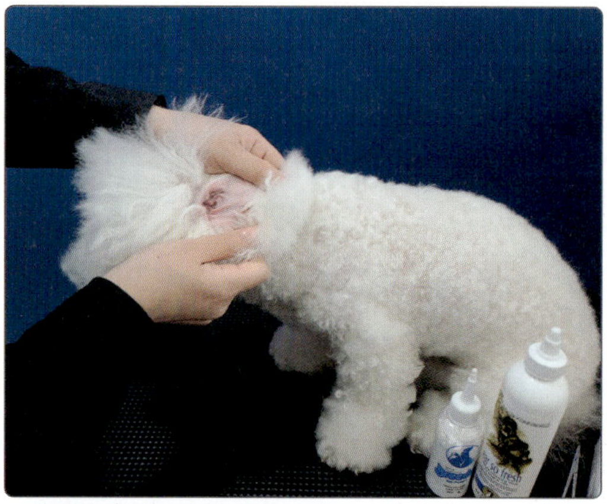
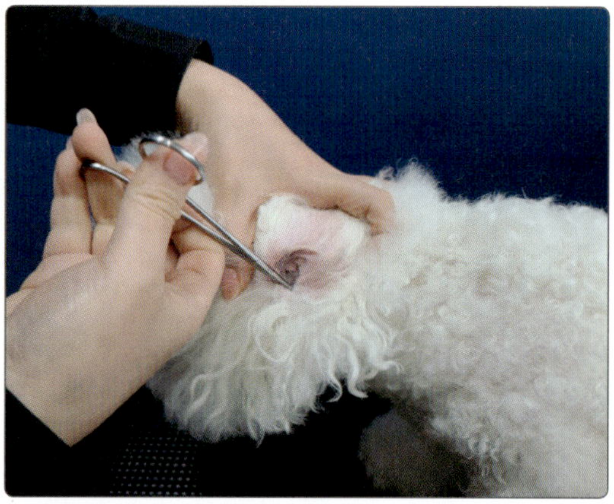

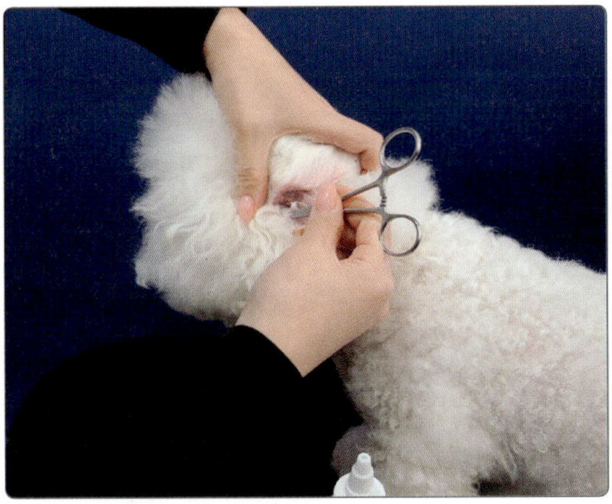

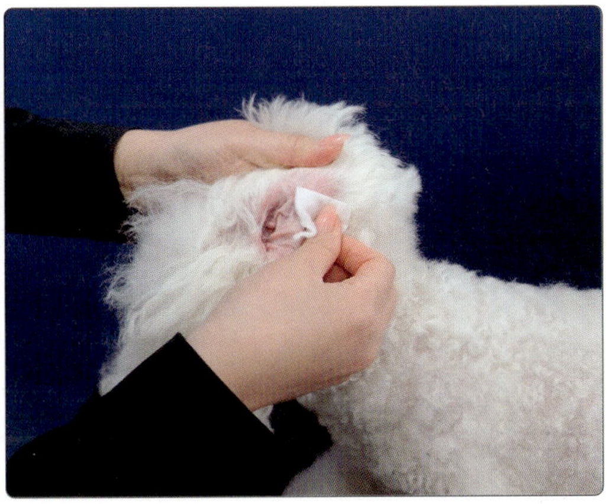

(3) 베이싱 작업을 한다. 작업자의 손으로 물의 온도를 확인 후 항문낭 제거 작업을 위해 항문낭을 물에 적셔준다.

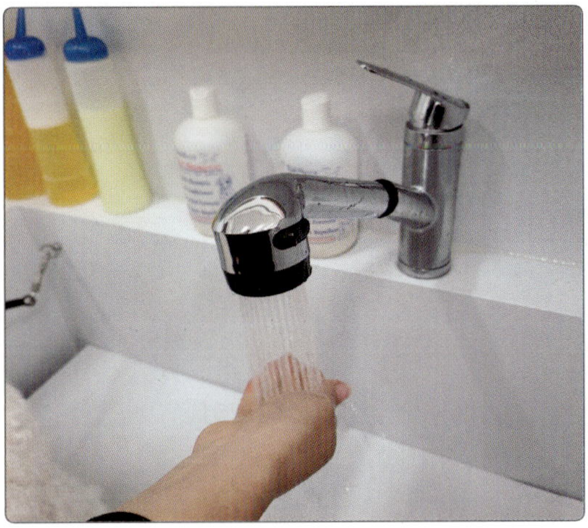

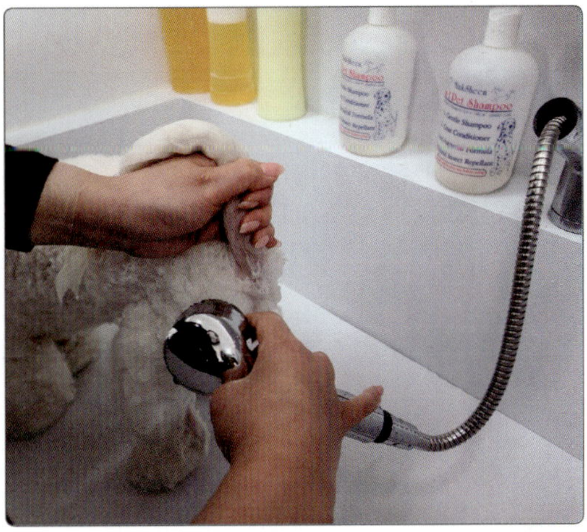

(4) 항문낭의 위치를 확인하고 힘껏 항문낭을 짠다. 항문낭 제거 후에는 샴푸로 거품을 내어 항문낭 주위와 항문을 샴핑한다.

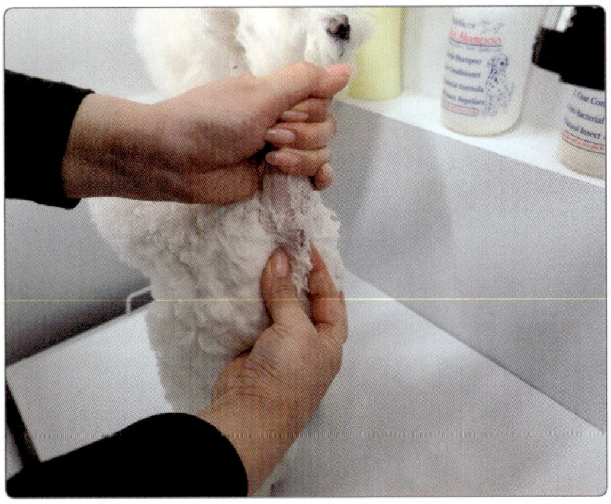

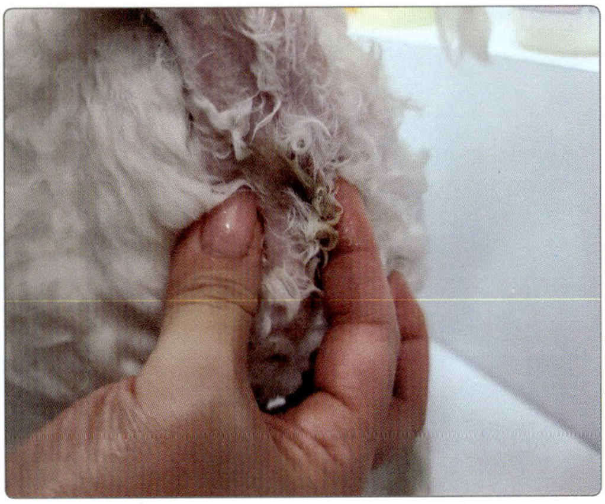

(5) 항문낭 제거 후에는 본격적으로 샴핑 작업에 들어간다. 먼저 꼬리에서 시작하여 → 몸통 → 다리 → 머리 방향으로 몸을 적셔준다. 털에 물기가 충분히 입혀지면 샴푸를 뿌려준다. 몸통에서 샴푸를 시작하고 눈에는 샴푸가 들어가지 않도록 목 뒤편이나 정수리에 샴푸를 뿌려 거품을 낸다.

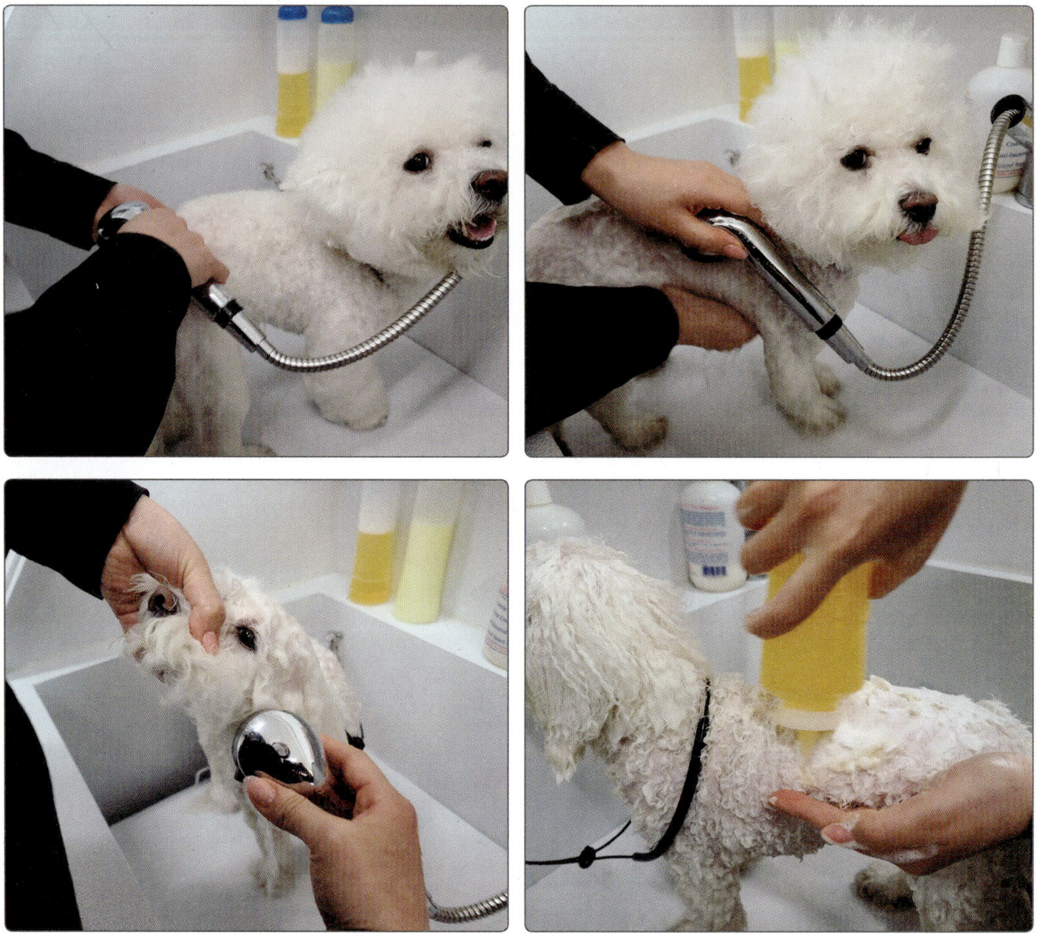

(6) 샴푸로 충분한 거품을 내어 얼굴의 눈앞, 볼, 귀, 발가락 사이, 몸통, 다리, 꼬리 등 전신을 마사지 하듯 샴핑한다. 반려동물의 피모 상태가 오염이 있는 상태라면 샴푸 1회 후 헹굼 과정을 한 후 샴푸를 1회 더 하도록 한다. 피모의 상태가 매우 좋지 않다면 샴푸를 3회 하도록 한다.

TIP

기본적인 샴핑은 1~2회로 한다. 피모의 상태가 좋지 않을 경우 3회의 샴핑 작업을 실행한다. 샴핑 작업을 2회 할 경우 1회 샴핑 후 헹굼 작업은 머리에서 꼬리를 향해 샤워기가 지나가는 정도로 물만 흐르게 한 후 2회 차 샴핑을 시작한다. 3번 샴핑할 경우에도 2회 차 샴핑을 마친 후 머리에서 꼬리 방향으로 샤워기가 지나가게 물을 적신 후 3회 차 샴푸를 실행한다.

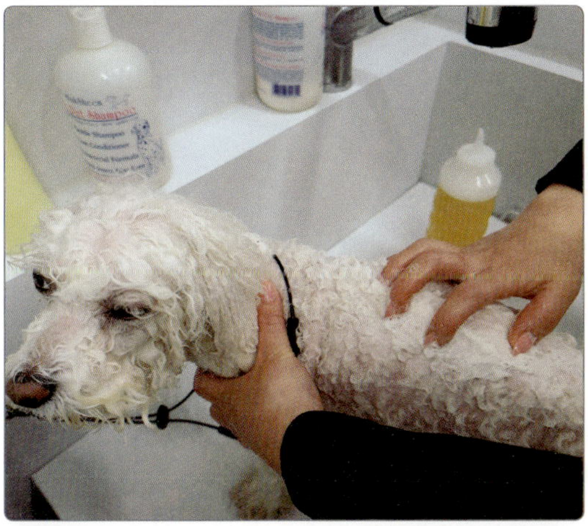

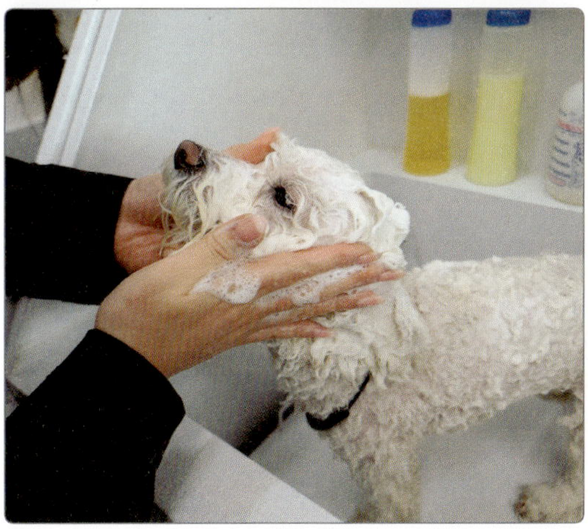

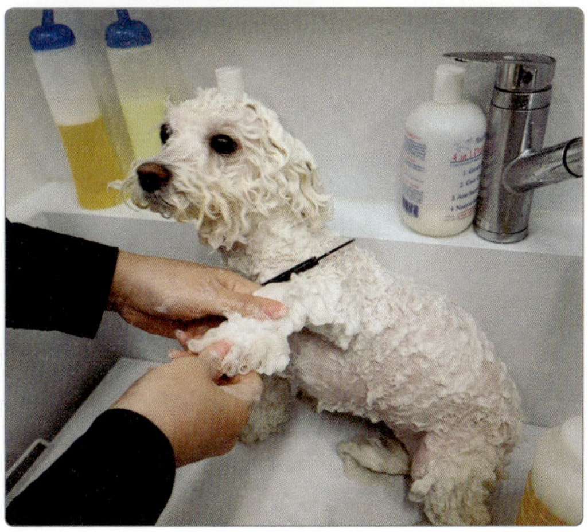

(7) 헹굴 때에는 머리 → 꼬리 방향을 향해 헹구어 준다. 높은 방향에서 낮은 방향으로 물이 흐르기 때문이다. 마지막 샴핑 작업 후 거품이 남아있지 않도록 머리, 얼굴, 귀, 귀 안쪽, 눈앞, 볼, 턱밑, 가슴, 몸통, 앞다리, 겨드랑이 사이, 앞뒤 발가락 사이, 뒷다리, 뒷다리 안쪽의 거품을 제거하도록 한다.

(8) 헹굼 작업 후 반려동물의 물기를 작업자의 손으로 제거 후 샴핑 작업과 동일하게 몸통, 얼굴, 다리, 꼬리 등 린스를 뿌린 후 마사지 하듯 피모에 바른다.

TIP

린스는 정전기 방지 목적과 샴푸로 알칼리화 된 피모를 중화시키는 역할로 반드시 해야 하는 작업이다.

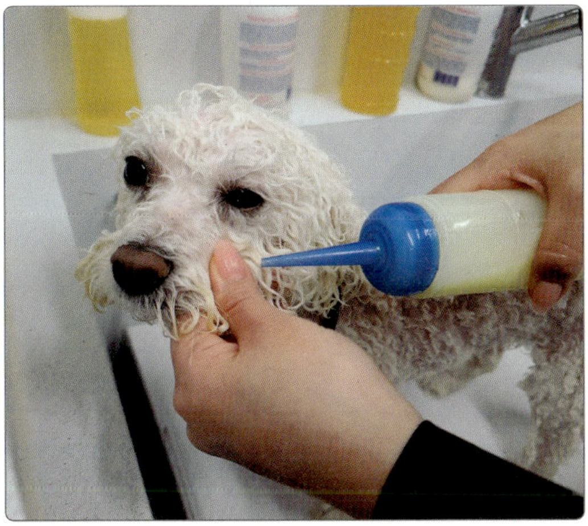

(9) 린스 작업을 마친 후 머리에서 꼬리 방향으로 헹굼 작업을 한다. 몸에 린스가 남아 있지 않도록 충분히 헹구도록 한다.

TIP

반려동물의 피모의 상태가 좋지 않은 경우 3회 이상의 샴핑을 할 수 있지만 린스 작업의 경우 반드시 1회만 실행하도록 한다.

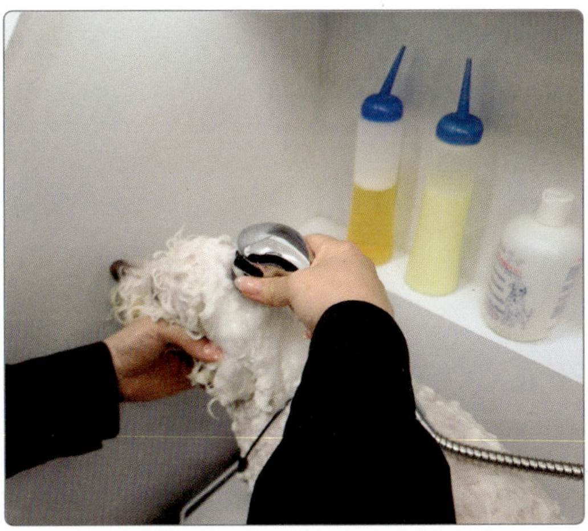

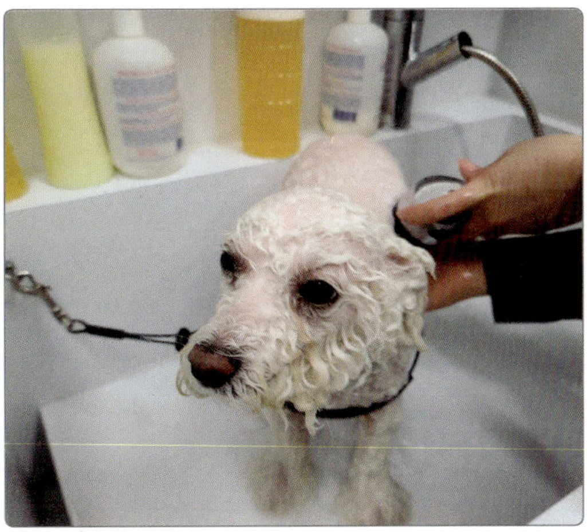

(10) 헹굼 작업이 끝나면 몸의 물기를 작업자의 손으로 제거해 준다. 머리, 귀, 얼굴, 가슴, 앞다리, 뒷다리, 꼬리 털 등 관절에 무리가 가지 않도록 작업자는모근에서부터 물기를 제거한다.

TIP

물기 제거를 하는 이유는 드라이 작업 시간을 단축할 수 있기 때문이다. 간혹 물기 제거를 하지 않고 바로 타월로 감싸는 경우가 있는데, 털이 긴 경우에는 일차적으로 작업자의 손으로 물기 제거 후 타월링에 들어가도록 한다.

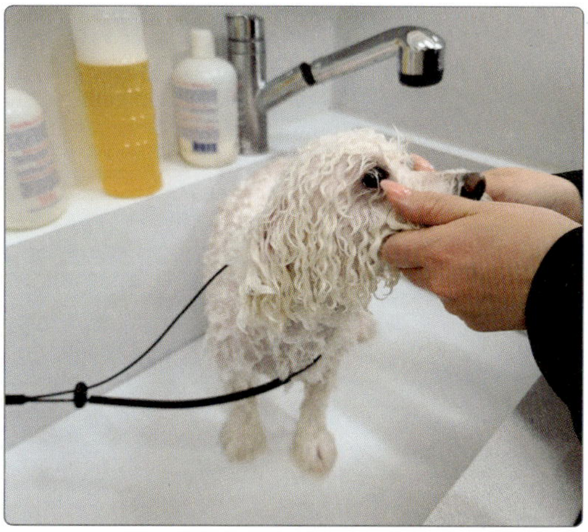

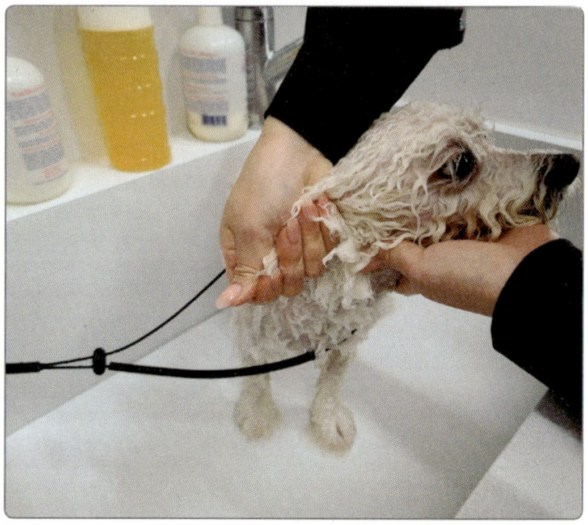

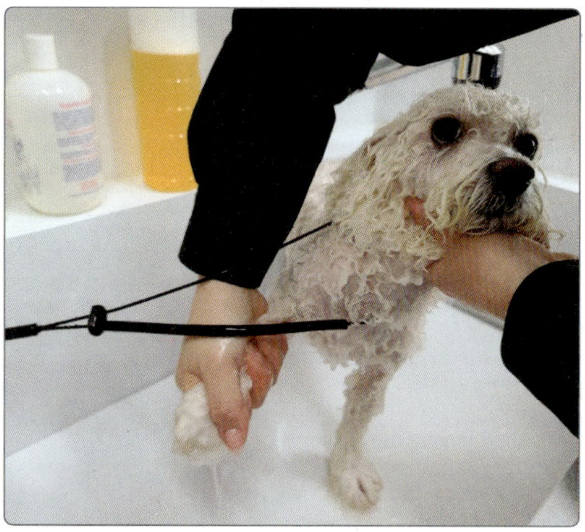

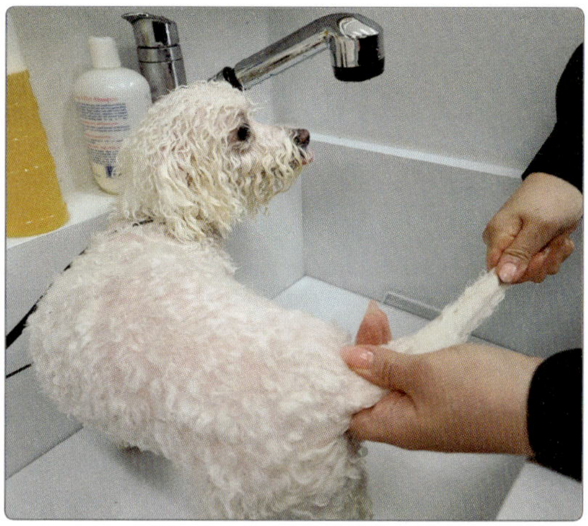

(11) 타월링을 한다. 머리에서 꼬리까지 타월로 수분제거를 하고 타월이 물에 젖게 되면 새로운 타월을 사용하도록 한다.

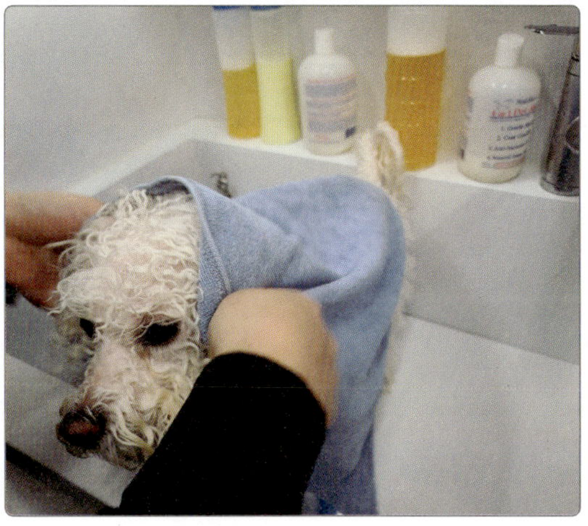

(12) 타월링이 끝나면 드라이 작업을 실행한다. 말려야 할 털이 아닌 다른 부위에 바람이 가지 않도록 타월로 몸을 감싸는 새킹 작업을 하며 털을 드라이 하도록 한다.

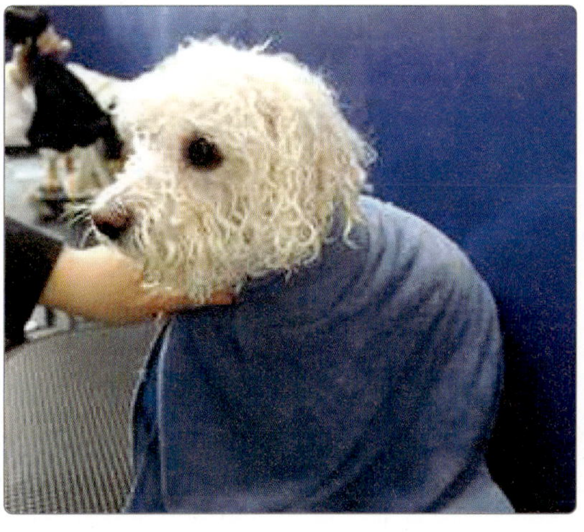
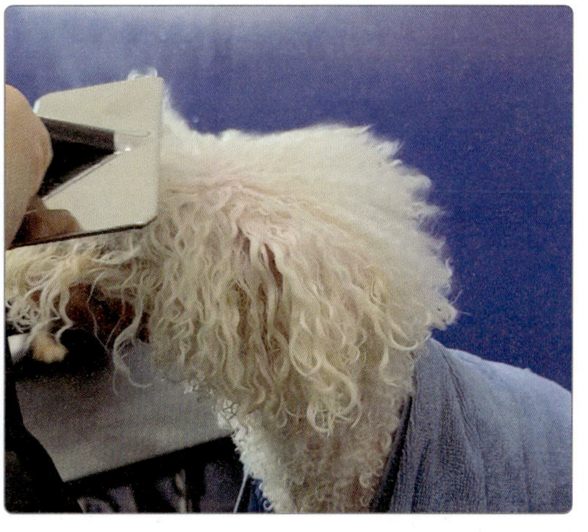

(13) 드라이 작업을 한다.

슬리커 브러시를 사용하여 털을 드라이 한다. 정수리 → 얼굴 → 귀 → 귀 안쪽 → 볼 → 눈앞의 털 → 머즐 → 턱 밑 → 앞가슴 → 앞다리 → 몸통 → 뒷다리 → 꼬리 순으로 작업하면 좀 더 편하게 작업할 수 있다.

TIP

눈앞, 머즐, 볼, 턱밑, 귀 끝, 뒷다리 · 앞다리 안쪽의 털, 발가락 사이의 털은 잘 마르지 않는 부분으로 주의해서 잘 말릴 수 있도록 확인하며 작업하는 것이 좋다. 눈 앞의 경우 드라이 바람이 눈에 직접 들어가지 않도록 풍향의 각도를 조절한다.

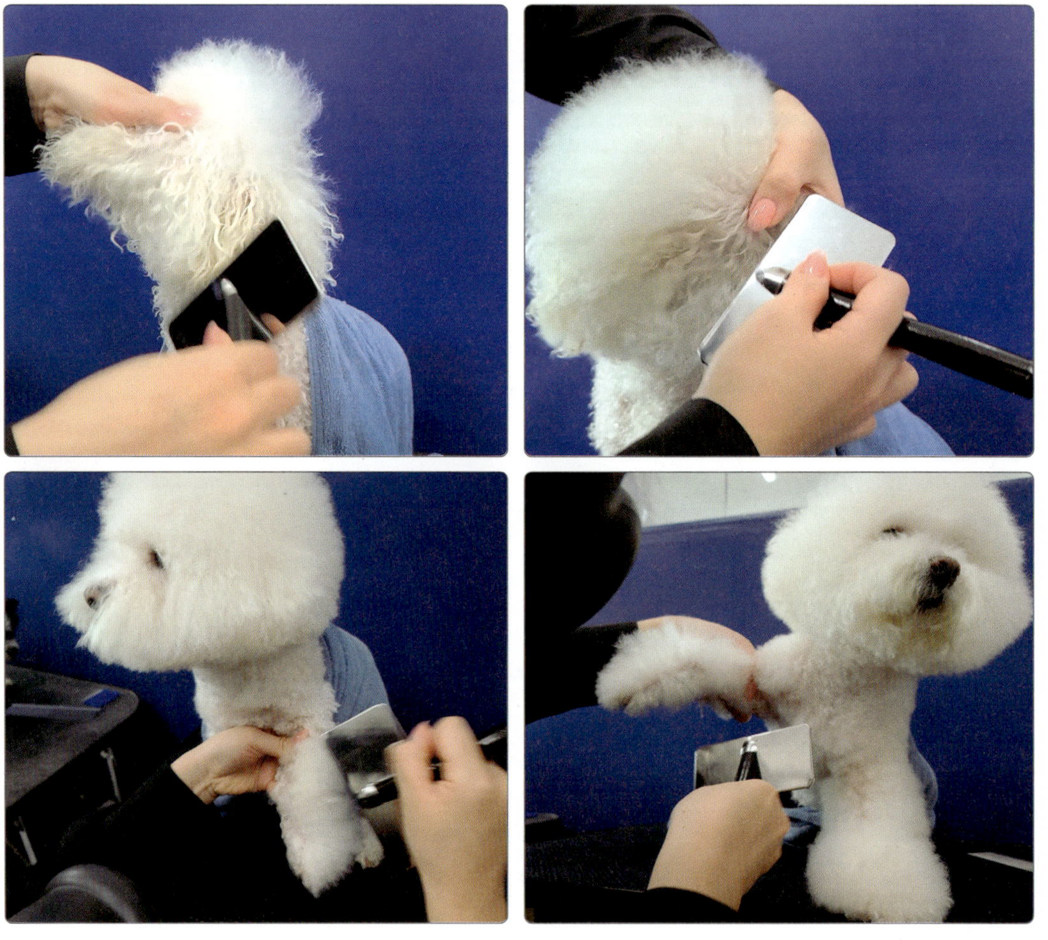

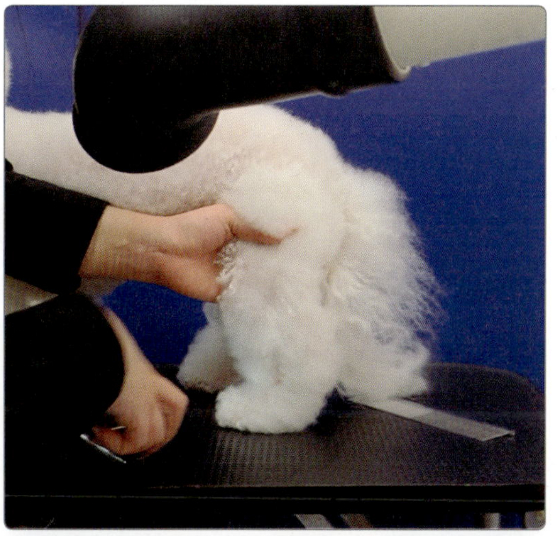

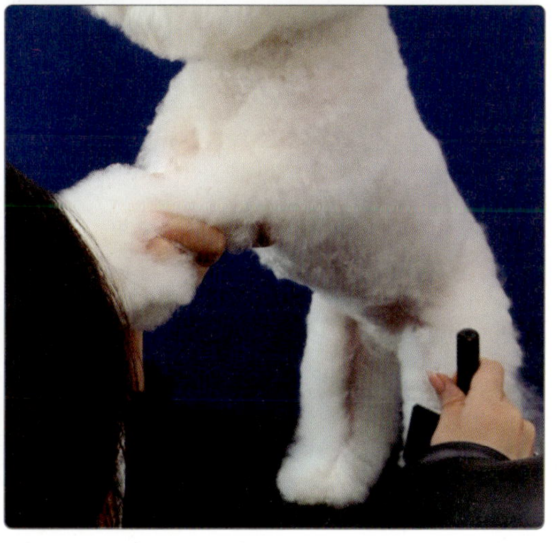

(14) 드라이 작업 후 콤을 사용하여 전체적으로 털을 빗어준다. 모근에서부터 털을 가지런히 빗질한다.

(15) 소형 클리퍼를 사용하여 발바닥 클리핑을 한다. 관절에 무리가 가지 않도록 반려동물을 보정 후 발바닥 안쪽 털을 클리핑 한다.

TIP

클리핑 작업에는 정해진 순서는 없지만 뒷다리 발바닥 클리핑 후 앞다리 발바닥 클리핑 작업을 하는 것이 좋다. 뒷다리에 비해 앞다리를 민감해 하는 개체들이 있기 때문이다.

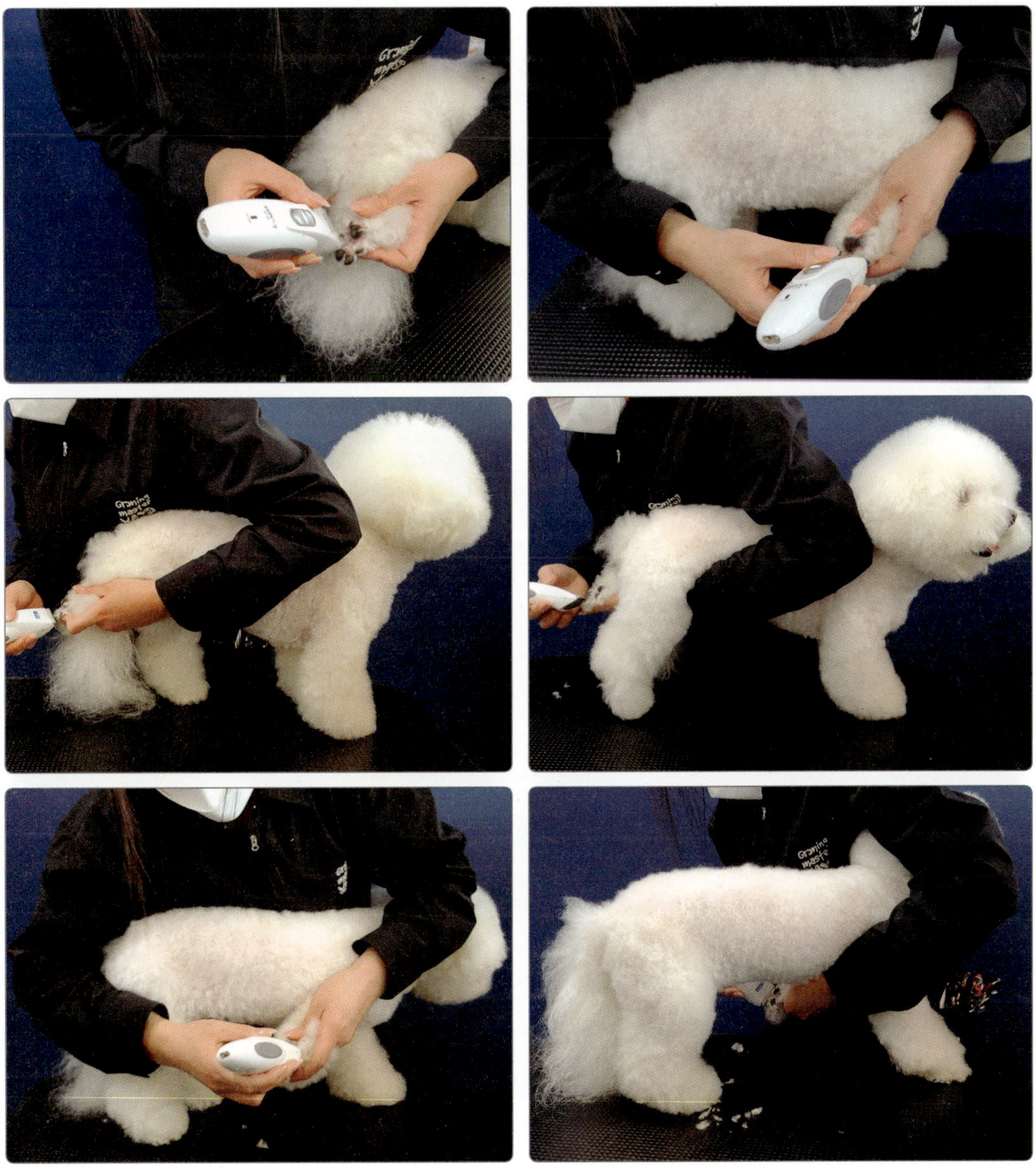

(16) 항문 클리핑을 한다. 항문 주위의 털을 동그랗게 클리핑 한다. 항문의 피부는 얇고 부드럽기 때문에 클리퍼 날에 베일 수 있으므로 주의해서 작업한다.

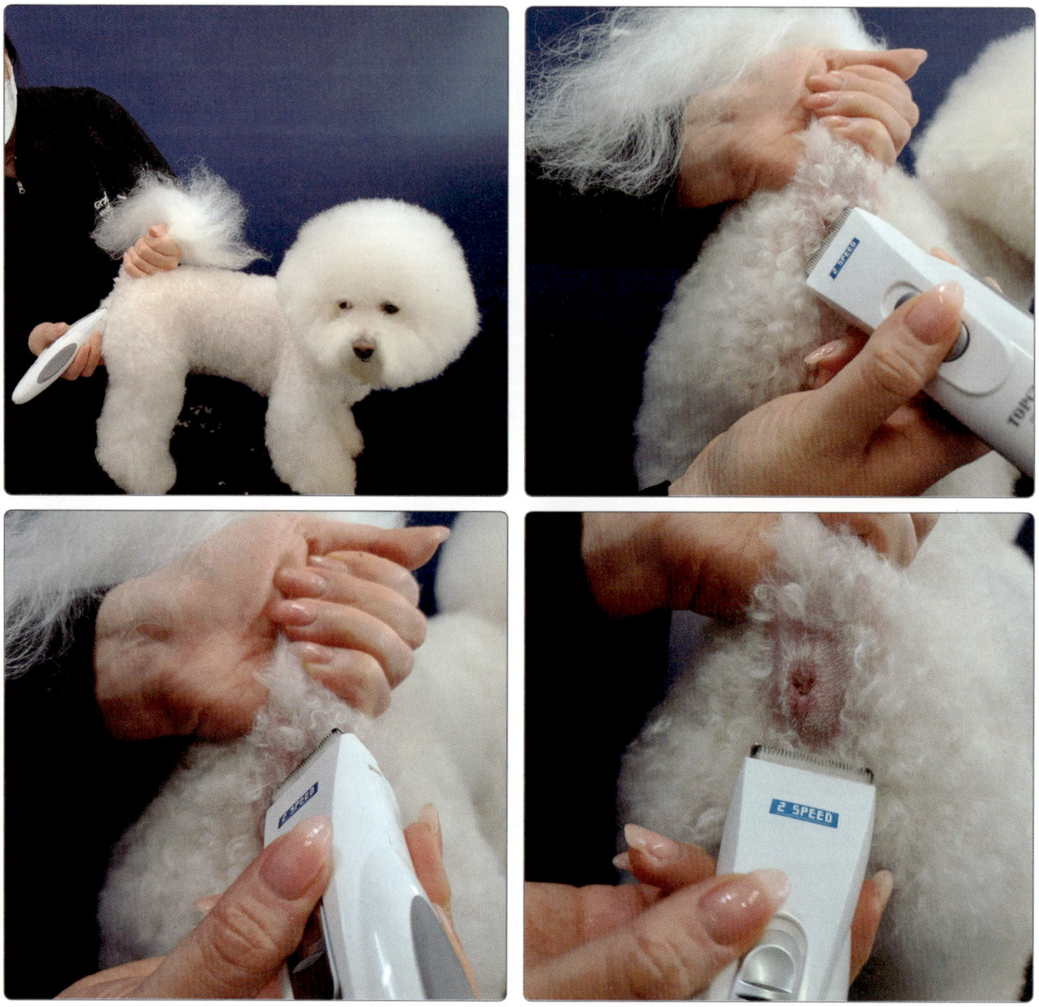

(17) 생식기 털을 클리핑 한다. 뒷다리를 관절에 무리가 가지 않도록 살며시 들어 준 후 생식기의 털을 클리핑 한다.

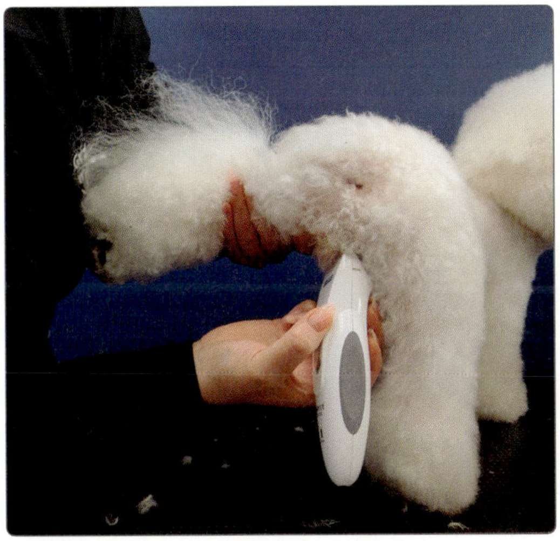
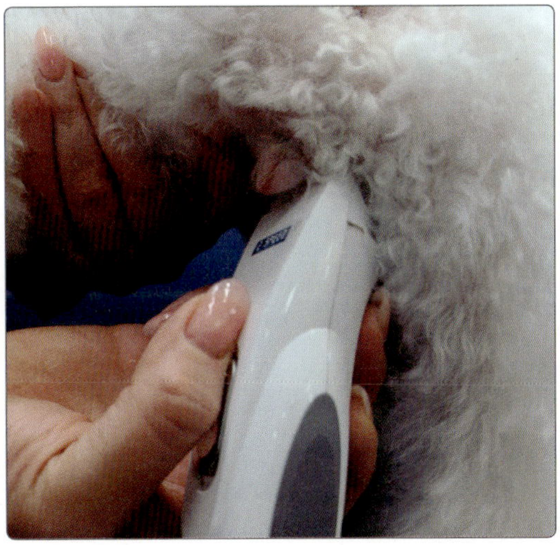
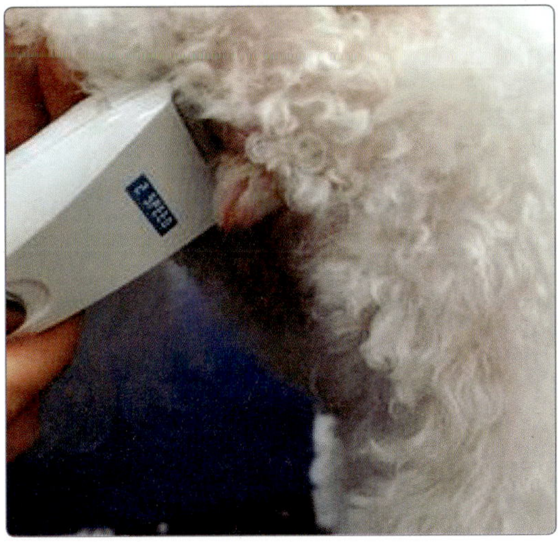
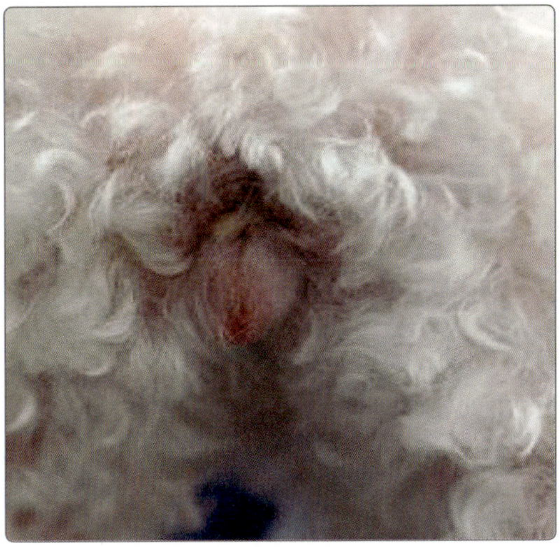

(18) 복부 클리핑을 한다. 앞발을 포개서 들어 올린 후 복부를 확인한다. 클리퍼로 배꼽 바로 윗 부분까지 클리핑 한다. 복부의 피부 또한 부드럽고 얇기 때문에 클리퍼 날에 쓸리거나 베이지 않도록 주의하며 작업한다.

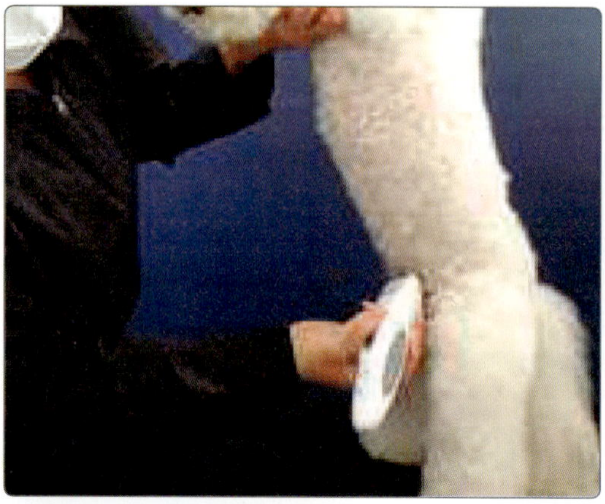
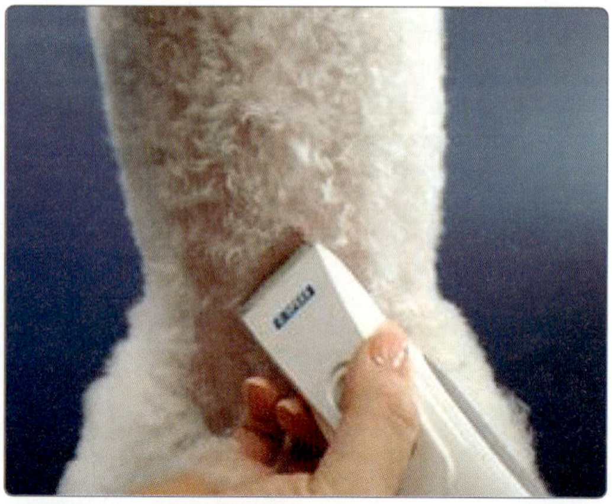
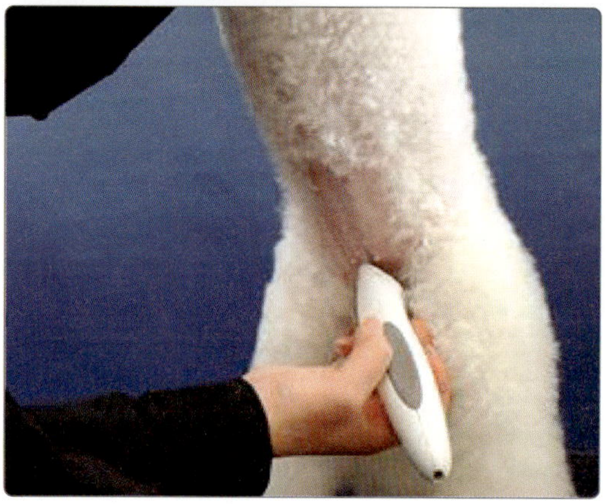
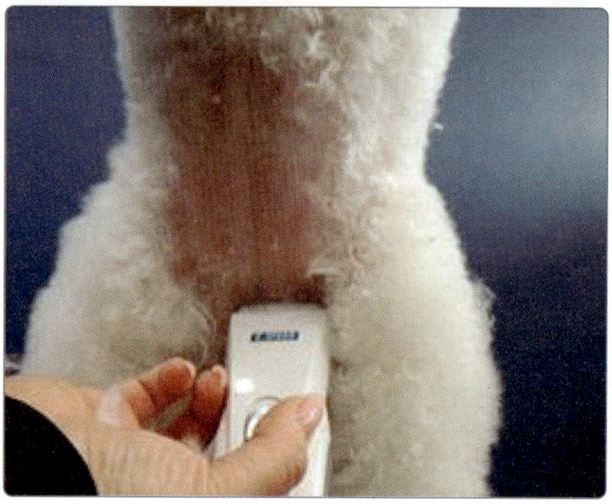

(19) 발톱 관리를 한다. 베이싱 작업 후 발톱의 상태는 수분으로 인해 부드러워진 상태이다. 혈관의 길이를 눈으로 확인 후 혈관 앞까지 커트한다. 커트 후 남은 각을 발톱 갈이로 제거한다.

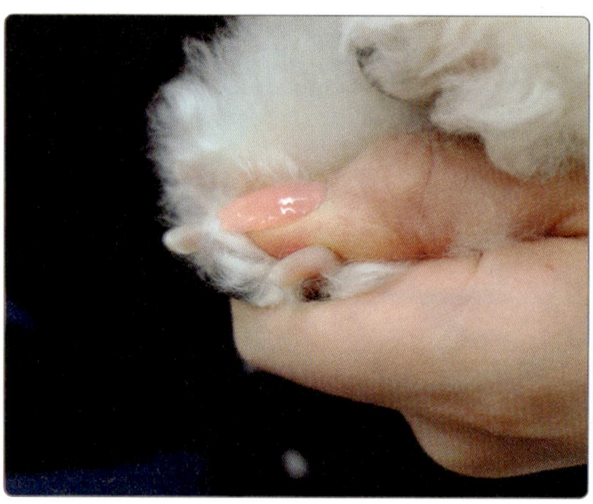
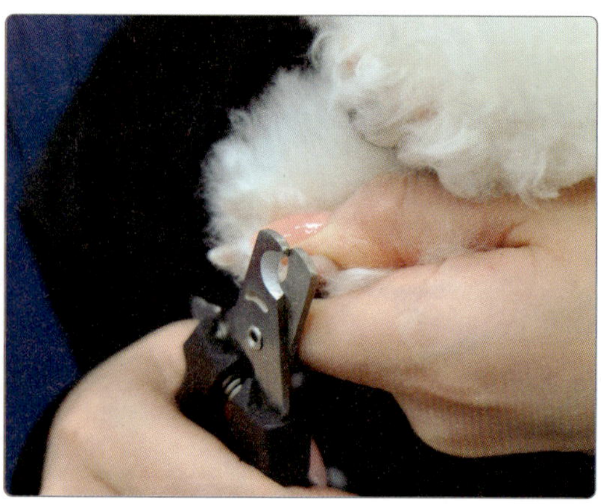

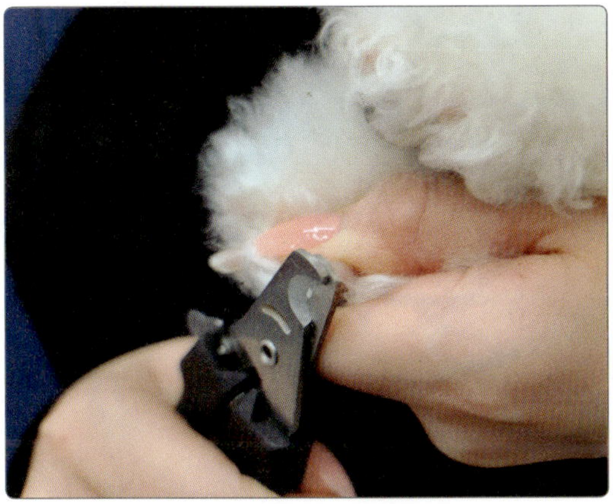

(20) 동그란 발 기초 시저링을 한다. 발바닥 부분을 가리고 있는 털을 자른 후 발을 지면에 놓고 원통형 모양으로 발을 커트한다. 이 때 블런트 가위 앞부분을 사용하여 커트한다.

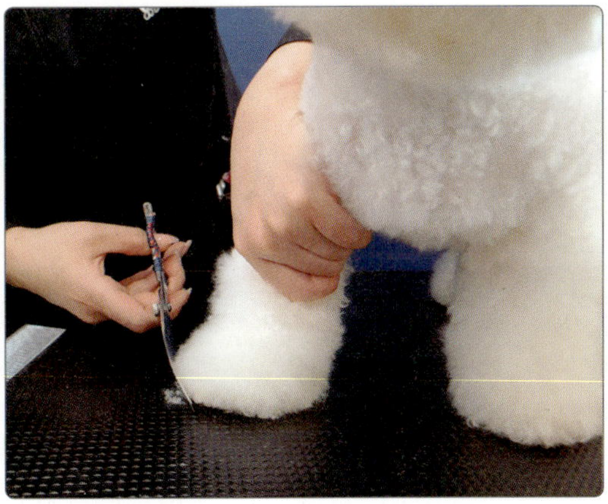

(21) 항문 주위 기초 시저링을 한다. 항문 주변을 가리고 있는 털을 시저링 한다.

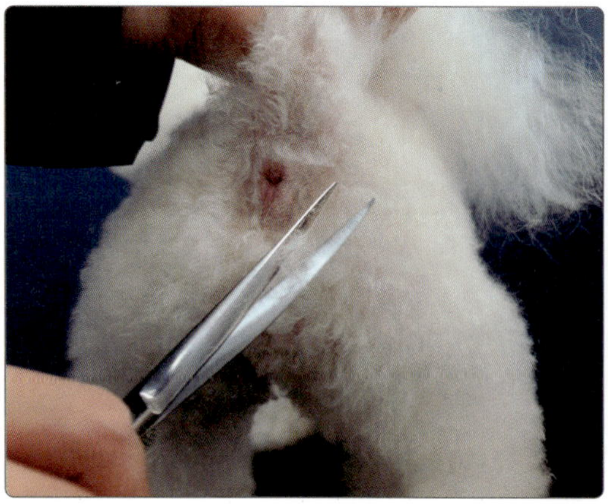

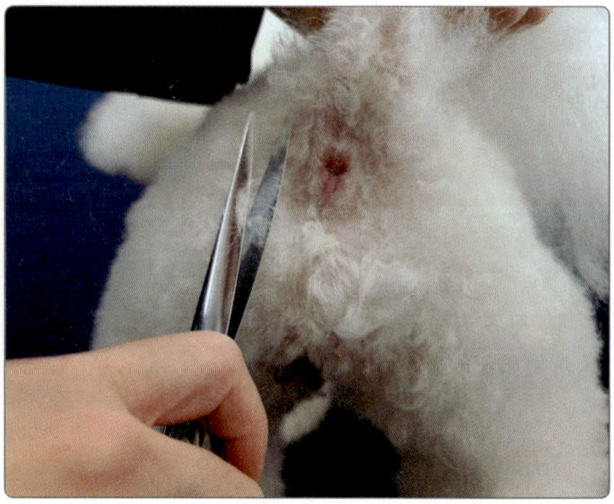

(22) 복부 시저링을 한다. 클리핑 한 복부 주변의 털을 시저링 한다. 앞발을 포개 들고 반려동물을 세운 후 블런트 가위 끝을 이용하여 클리핑 라인대로 커트한다. 움직임에 주의하도록 한다.

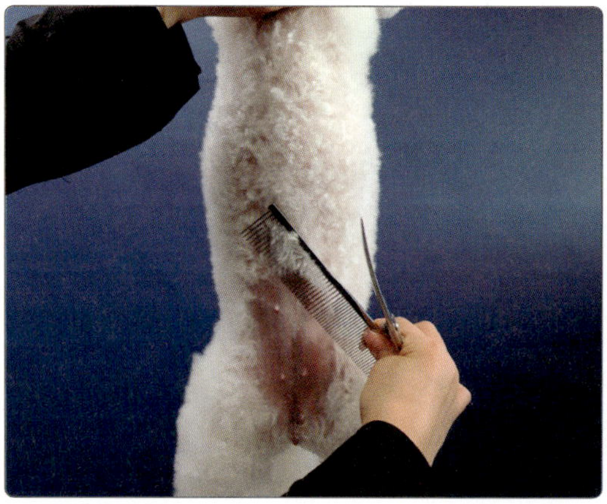

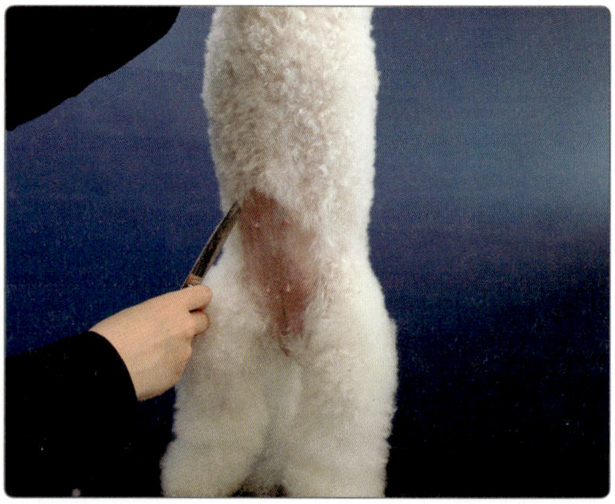

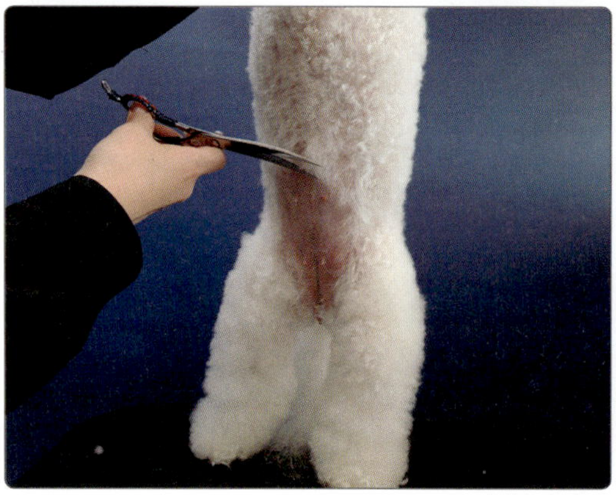

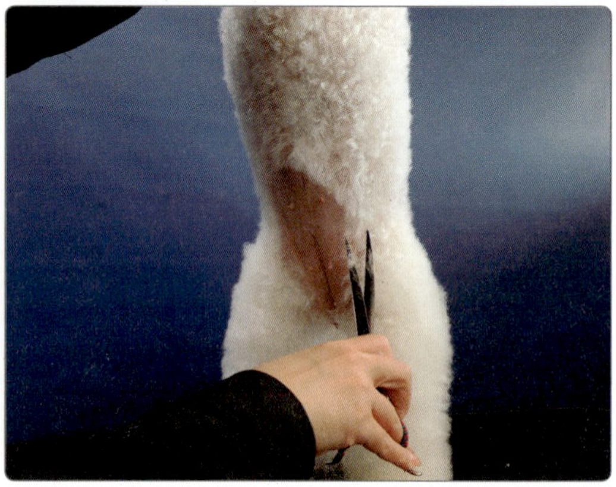

(23) 눈앞의 털을 기초 시저링 한다. 눈앞의 털을 콤으로 세운 후 눈을 가리는 부분을 블런트 가위를 45° 각도로 눕힌 후 반원 모양으로 커트한다. 움직임에 주의하도록 한다.

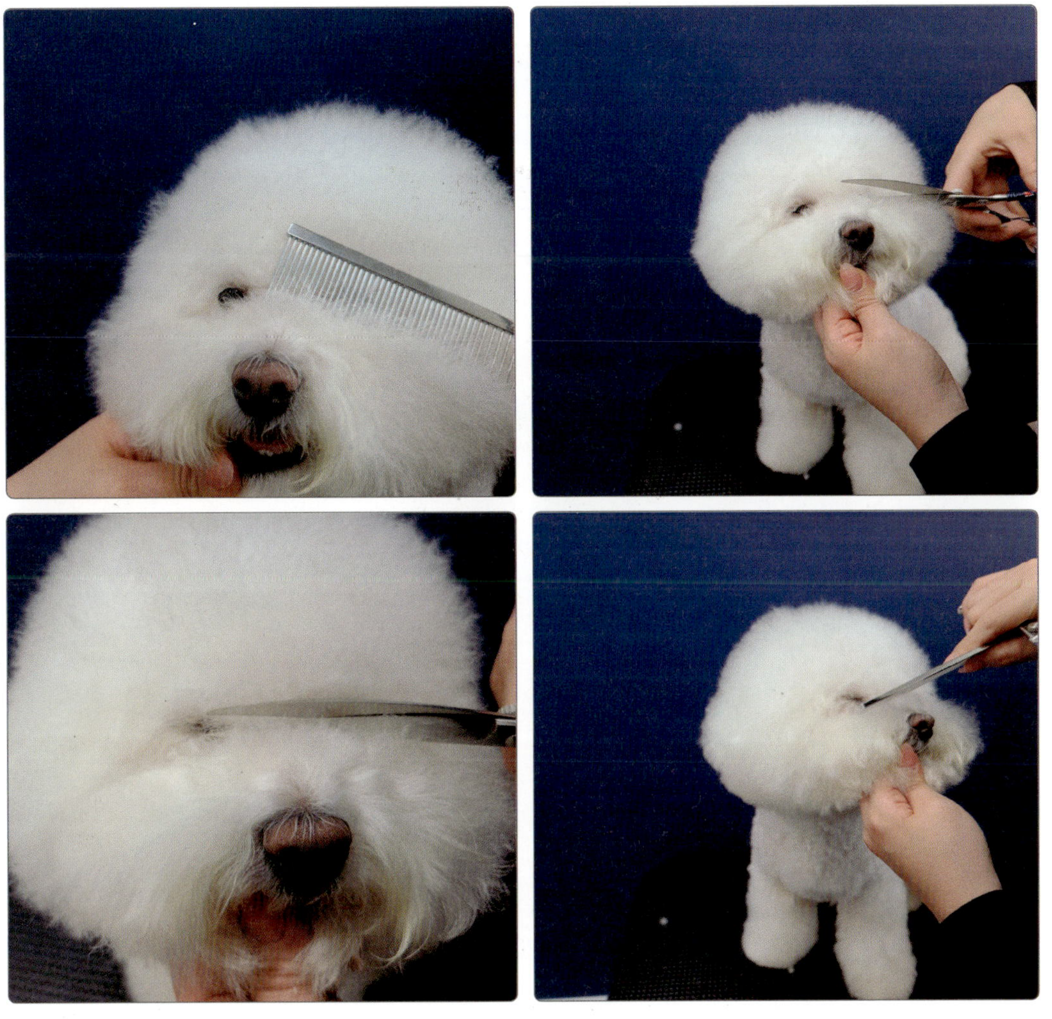

(24) 눈 위의 털을 시저링 한다. 눈 위의 털을 코밍하여 눈 앞으로 빗질한다. 블런트 가위를 45° 각도로 눕혀 눈 끝에서 반대편 눈 끝을 향해 위에서 보았을 때 반원형 모양이 되도록 커트한다.

TIP

가위의 각도는 머즐과 스톱의 경계선을 기준으로 45° 각도로 눕혀 커트한다. 눈 위의 털은 볼륨감을 살리기 위함으로 눈을 가리고 있는 털을 각도에 맞추어 커트하도록 한다.

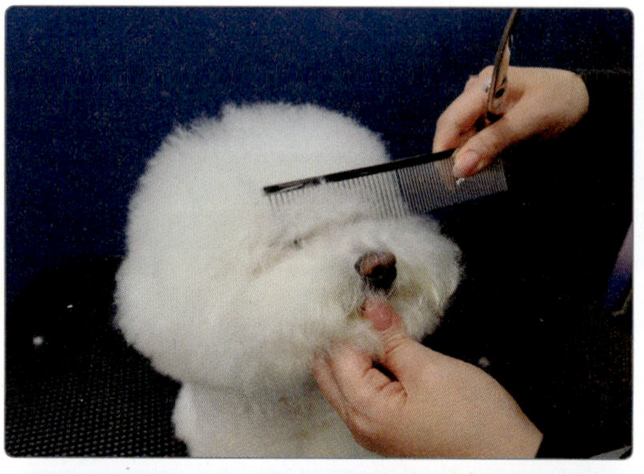

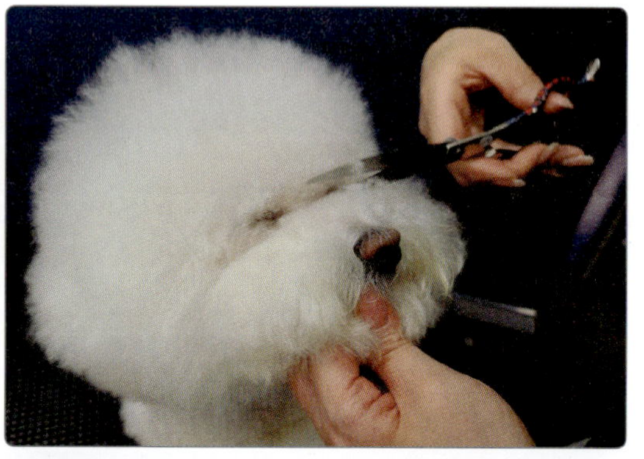

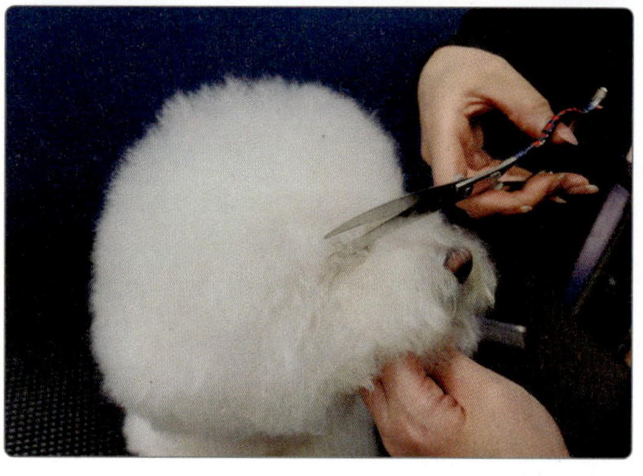

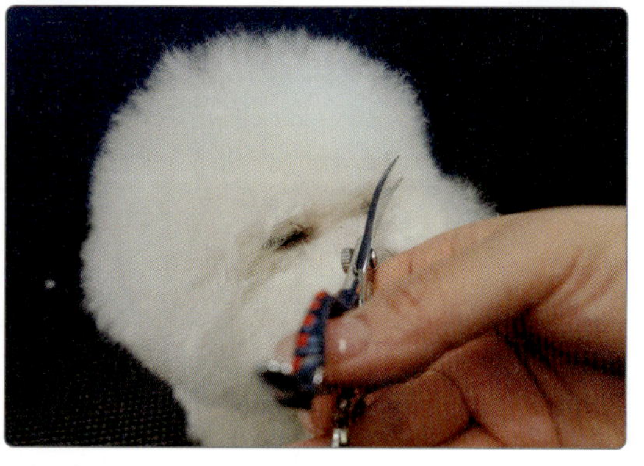

기본미용이 완성 된 모습

찾아보기

참고 문헌

- NCS 애완동물미용 학습모듈
- (사) 한국 애견협회 내부자료
- (주) 리케이 내부자료
- 아인숍인터네셔널 내부자료
- 루컴즈 전자 내부자료
- 펫토스 내부자료
- 탑독 내부자료
- 프로베티 내부자료
- 지니펫 애견미용학원 내부자료
- 이현경 애견미용학원 내부자료
- (주) 벨라루시 내부자료

반려동물(애완동물) 기본 미용

1판 1쇄 인쇄 | 2022년 3월 10일
1판 1쇄 발행 | 2022년 3월 20일

지은이 | 강수민·이현경·강효민
권혜영·이호형·유태순
서영교·엄규리·박진수

발행인 | 주병오·주민기

발행처 | 메디시안

경기도 파주시 회동길 209 (파주출판도시)
대표전화 : 031-955-2777, 031-955-7577
팩스 : 031-955-7730
홈페이지 : www.ji-gu.co.kr
E-mail : jigupub@hanmail.net
등록번호 : 2005년 2월 16일
제 406-2005-000045호

ISBN 979-11-90839-59-4 값 25,000원